KB124356

불가사의한 그리스도교

FUSHIGI NA CHRISTKYO

© Daisaburo Hashizume, Masachi Ohsawa 2011

All rights reserved.

Original Japanese edition published by KODANSHA LTD.

Korean publishing rights arranged with KODANSHA LTD. through BC Agency

# 불가사의한 그리스도교

초판 1쇄 인쇄 | 2023년 3월 25일
초판 1쇄 발행 | 2023년 3월 30일

지은이 | 오사와 마사치, 하시즈메 다이사부로
옮긴이 | 고훈석
펴낸이 | 신성모
펴낸곳 | 북&월드

디자인 | 최인경

신고 번호 | 제2017-000001호
주소 | 경기도 구리시 교문동 이문안로 51, 101동 104호
전화 | (031) 557-0454
팩스 | (031) 557-2137
이메일 | gochr@naver.com

ISBN 979-11-982238-0-7  03300

책 값은 뒷표지에 표기되어 있습니다.
파본은 구입하신 서점에서 교환해 드립니다.

# 불가사의한 그리스도교

하시즈메 다이사부로 · 오사와 마사치 지음

고훈석 옮김

북&월드

# 차례

## 제1부 일신교를 이해한다 – 기원으로서의 유대교

## 제2부 예수 그리스도란 무엇인가

## 제3부 어떻게 "서양"을 만들었을까

## 옮긴이 일러두기

보통 번역서를 보면, 저자의 글쓰기를 마친 맨 끝부분에 옮긴이의 해석을 붙인다.

그런데 이 책에는 맨 앞에 '옮긴이의 일러두기'를 붙이려 한다. 왜냐면 이 책을 처음 읽는 사람들이 제목만으로는 '뭔 이야기를 하려 하는지'를 쉽게 알지 못하기 때문이다. 곧 이 책에서 다루려 하는 그리스도교의 이야기란 무엇인지가 금방 파악되지 않는 것이다.

이는 적어도 두 가지 불투명함에서 비롯되는 것이다. 첫째로, 대담자들이 신학자나 종교학자가 아니라 사회학자라는 데서 생기는 문제다. 둘째로, 두 대담자에 대한 사전 정보를 비롯한, [일본] 사회학 분야의 현황을 잘 알지 못하기 때문이다. 그래서 이를 보충 설명할 필요가 있는 것이다.

이 책은 『불가사의한 그리스도교ふしぎなキリスト教』를 번역한 것이다. 그것도 신앙, 곧 복음의 관점이 아니라 [비교] 종교사회학의 관점에서의 그리스도교에 대한 해설 비판서

다. 그래서 그리스도교를 이해하고 해석하는 데 믿음의 측면에만 매몰되지 않고서 이성이나 과학의 측면에서의 관찰도 덧붙이고 있는 것이다.

그렇다면 왜 이러한 접근방식이 요구되는가. 그것은 대담자들의 입장에서는 지금 당대, 곧 근현대의 세계를 이해하는 데는 그리스도교에 대한 이해가 전제되지 않으면 안되기 때문이다. 대담자들이 보기에는, 근대화moderisation란 서구의 사상 및 제도가 전 세계를 지배하고, 나머지 나라들은 자기가 원하든 원하지 않든 간에 이를 스탠다드로 인정하고서 따를 수밖에 없는 것이다. 그래서 근현대를 이해하고, 그 문제를 여실히 드러내고 있는 현실을 극복하고 뛰어넘기 위해서는 그 근저에 있는 그리스도교를 '올바로' 독해하고 분석하지 않으면 안 되는 것이다.

이런 문제의식 아래서 당대 최고의 일본의 석학인 두 사회학자가, 당신네들도 자평하듯이 "재미있고, 쉽게"대담을 통해 그리스도교의 기원에서부터 예수의 수수께끼, 근대 사회에 대한 영향까지를 총망라하여 모든 의문에 답하고 있다.

흔히 서양 사상의 근거에 '헬레니즘'과 '헤브라이즘'이 있다고 한다. 헬레니즘은 그리스-로마의 철학으로 대표되고, 헤브라이즘은 그리스도교로 대표된다. 철학이나 그리스도교는 서양의 유구한 전통과 문화의 퇴적물이어서, 이런 사고방식에 익숙하지 않은 동양의 여러 나라에서는 이를 이해하고 소화해내기가 여간 어려운 일이 아니다.

우선, 철학은 우리의 사상인 유교나 도교 및 불교와 달리, 그리스에서 생겨나서 중세를 거쳐 수천 년의 이성적 활동의 산물이다. 그리고 그리스도교도 또한 유대교에서 비롯한 일신교의 전통 속에서 로마 시대, 중세를 거쳐 2천 년 정도의 서양의 지배 사상으로서 면면히 흘러왔다.

그래서 혹자는 이 뿌리가 다른, 이 두 가지 조류가 어떻게 합쳐져서 오늘날의 서양의 지적 전통이 되었는가에 대해 궁금해할 수도 있다.

이는 중세 시대의 아리스토텔레스의 철학의 복원—토마스 아퀴나스의 "철학은 신학의 시녀다"로 대표되는—과 함께 이루어지는 그리스도교와의 통합(혹은 신플라톤주의와의 종합)을 이루고 근대의 과학 혁명을 통한 자연과학 및 철학의 재정립을 거치면서 여러 우여곡절 속에서 이루어졌다.

이런 그리스도교를 제대로 이해하지 못하면 서양의 생활양식은 물론, 그들의 사고방식을 제대로 이해하지 못한다.

본 대담에서도 여러 차례 지적하고 있듯이, 과학과 종교(신앙)를 대립적 · 이율배반적인 것으로 보아서는 안 되고, 근대 이래의 세속화 과정에서 종교는 과학(이성)에 의해서 부정당하는 것이 아니라 지양止揚되는 것이다.

그리고 이런 그리스도교의 세속화 과정이 초래한 현대 자본주의 사회는 미증유의 성장을 인류에게 가져다주었지

만, 이제는 그 산물인 양극 분해, 지구의 환경 오염(여기에
핵 전쟁의 위기 등)으로 인해 우리 인류는 새로운 패러다임을
모색하지 않으면 안 되는 국면에 이르고 있다.

이에 "하늘 아래 새로운 것이란 없다"라는 생각 아래 그
리스도교의 본질을 제대로 이해하여 앞으로의 문제 해결의
실마리로 삼았으면 한다.

끝으로, 이 책은 곧 이어 나올 오사와 마사치의 『〈세계사〉
의 철학』(현재 8권)의 가이드에 해당된다. 이에 대한 심화 학
습을 바라는 분은 이 책들을 읽기를 권하는 바이다.

2023. 02. 20
고훈석

## 들어가며

 "우리 사회"를 크게, 가장 기본적인 부분에서 보자면 그
건 "근대 사회"라고 하는 셈이다. 그렇다고 한다면 근대 혹
은 근대 사회란 무엇인가. 근대라는 건, 거칠게 말하자면
서양적인 사회라는 게 글로벌 스탠다드가 되어 있는 상황
이다. 따라서 그 서양이란 것은 무엇인지라는 걸 생각해보
지 않는다면 현재 우리 사회가 어떻다는 건지도 알 수 없
고, 또한 현재 부딪치고 있는 기본적인 곤란이 무엇인지도
알 수 없다.

 그렇다면 근대의 근거가 되어 있는 서양이란 무엇인가.
물론 서양의 문명적인 아이덴티티를 기초지우는 듯한 특징
이나 역사적 조건은 다양하다. 하지만 그 중핵에 있는 게 그
리스도교인 건 그 누구도 부정할 수 없을 것이다. 한 마디
로 "그리스도교"라 말하고는 있어도, 대담에도 나오듯이 크
게 나누어보자면 로마 중심의 서쪽의 그리스도교(가톨릭
Catholic)와 정교회(오소독시Orthodoxy)로 불리는 동쪽의 그
리스도교가 있다. 서양의 문명적인 아이덴티티의 직접적인

근거가 되고 있는 건 서쪽의 그리스도이고, 우선은 이걸 "그리스도교"로 부를 것이다. 서양이란, 결국 그리스도교형의 문명이다. 곧 서양은 아무리 세속화되었다고 해도 여전히 그리스도교에 강하게 뿌리박고 있는 사회다.

근대화란 서양으로부터, 그리스도교에서 유래하는 갖가지 아이디어나 제도나 사물Ding의 사고방식이 나와서, 그걸 서양의 외부에 있던 자들이 받아들여온 과정이었다고 대략적으로 말할 수 있을 것이다.

그런데 이 사실이 일본인[물론, 한국인]에게는 커다란 걸림돌이 되고 있다. 예전에 하시즈메 다이사부로 씨와 나는 사적으로 이런 이야기를 나눈 적이 있다. 현재 어느 정도 근대화한 사회 가운데, 근대의 뿌리에 있는 그리스도교를 "이해하지 못하는 정도"를 IQ처럼 수치화해서 조사한다면 아마 일본이 톱이 될 것이라고. 그건 특별하게 일본인의 머리가 나쁘다는 게 아니라, 그만큼 일본이 그리스도교와는 상관없는 문화적 전통 속에 있다는 게 그 원인이다.

예를 들어 비교 대상으로서 이슬람교를 생각해보자. "문명의 충돌" 등으로 말할 때 서양과 충돌하는 문명으로 주로 염두에 두는 건 이슬람교권이다. 곧 오늘날 곧잘 이슬람교의 전통 아래 있는 문명권은 서양과 상당히 다른 것의 전형처럼 이야기되고 있다. 확실히 이슬람교와 그리스도교는 별개의 종교다. 그러나 그 이슬람교조차도 그리스도교와 똑같은 일신교이고, 그리스도교와 유사한 착상 위에 성립해 있다. 이슬람교와 그리스도교의 거리는 일본의 문화적 전통과 그리스도교의 거리보다는 훨씬 작다. 혹은 동아시아로 눈을 돌려서 중국에 대해서 생각해보자. 유교와 같은 중화 제국을 성립시키고 있는 관념은 일신교가 아니고, 그리스도교와는 전혀 다른 것이다. 그러나 중화 제국의 중심부에 있는 그 관념은 그 질서의 변경에 있던 일본의 전통적인 생활 태도나 상식과 비교하자면 어딘가 착상의 기본 부분에서 그리스도교와 비슷한 구석을 갖고 있다.

이것들과 비교했을 때 일본은 그리스도교와 매우 다른 문화적 전통 속에 있다. 곧 일본은 그리스도교에 대해 거의 이해하지 못한 채 근대화해왔다. 그래도 근대 사회라는 게 순조롭게 전개하고 있다면 실천적인 문제는 크지 않을 것이다. 그러나 현대, 우리 사회, 우리 지구는 대단히 커다란 난관에 봉착해 있으며, 그 곤란을 뛰어넘기 위해서 근대라는 걸 전체로서 상대화하지 않으면 안 되는 상황에 처해 있다. 그건, 결국에는 서양이라는 걸 상대화하지 않으면 안 되는 사태라는 것이다.

이런 상황 속에서 새롭게 사회를 선택한다거나 새로운 제도를 구상해야 할 크리에이티브에 대응하기 위해서는 여하튼 근대 사회의 근원 중의 근원에 있는 그리스도교를 이해해두지 않으면 안 된다. 그런 취지에서 하시즈메 다이사부로 씨와 나, 오사와 마사치가 그리스도교를 주제로 대담을 진행하게 된 것이다.

그때 우리는 이 대담에 두 가지 배반하는 조건을 내걸었다. 한편에서는 아무 기초도 없는 사람들도 이해하기 쉽도록 했다. 동시에 다른 편에서 그리스도교나 근대 사회에 대해서 이미 많은 지식을 갖고 다양한 측면에서 고찰해온 사람들에게도 "그건 본질적인 문제다"라고 생각하게 하도록 했다. 언뜻 보기에 배반하는 것처럼 보이는, 이런 양면을 바랐다. 그 양면을 한꺼번에 획득하는 데는 포인트가 있다. 그리스도교에 한[정]하지 않고서 어떠한 지적 주제에 관해서도 말할 수 있는 것이지만, 어떤 의미에서 가장 소박하고 기본적인 질문이 가장 중요하다. 그러한 질문은 초학자들에게 있어서의 최초의 의문이자, 동시에 마지막까지 끈질기게 남는 가장 중요한 수수께끼다.

그래서 내(오사와)가 도발적인 질문자가 되어서 때로는 모독하는 듯한 질문을 하고, 하시즈메 씨가 그에 대해 답변을 하는 방식으로 그리스도교란 무엇인지, 그리스도교가 사회의 총체와 어떻게 관련되어왔는지를 설명하였다. 이렇게 역할 분담을 했던 건 무엇보다도 먼저 현대 일본에서 하시즈메 씨가 가장 신뢰할 수 있는 비교종교사회학자이고, 그 입장에서 많은 책을 집필해왔기 때문이다. 특정 종교에 대한 뛰어난 연구자는 많다. 그러나 모든 세계 종교·보편종교를 횡단적으로 접근하여 그 근본적인 성격을 제대로 이해하고, 또한 사회학자로서도 뛰어난 통찰[력]을 지닌 사람으로 하시즈메 씨를 따라올 자는 없다. 그리고 동시에 내가 질문자가 되었던 건 내가 지금까지 종교, 특히 그리스도교의 존재를 전제로 한 논문이나 책을 많이 썼기 때문이다.

대담은 총 3부다. 우선 그리스도교의 베이직한 사고방식이 되는, 혹은 그 배경에 자리잡은 유대교와의 관계에서 계시 종교로서의 일신교의 기본적인 사고방식을 제대로 밝히고(제1부), 그 다음에 그리스도의 아주 독창적인 측면인 "예수 그리그도"란 무엇인지를 살펴보고(제2부), 마지막으로 그리스도교가 후대의 역사·문명에 어떤 임팩트를 남겨왔는지에 대해 고찰해갈 것이다(제3부).

자화자찬하지 말자고 생각했는데, 막상 원고를 읽고 나니 생각이 바뀌었다. 정말 재미있는 대담이었기 때문이다. 원래 나는 자신의 대담 기록을 다시 읽어본다거나 수정하는 데 익숙하지 못한 사람이다. 자신의 발언을 문자화하여 읽는 게 어색하기 때문이다. 그러나 이 대담은 내가 읽어봐도 너무 재미있다는 느낌이 든다. 그러니 독자분들도 반드시 즐기면서 지적인 흥분을 맛보실 수 있을 것이다.

오사와 마사치

제1부

# 일신교를 이해한다

－기원으로서의 유대교

# 1 유대교와 그리스도교는 어디가 다른가

**오사와** 그리스도교를 이해할 때의 포인트는, 유대교가 있었기 때문에 그리스도교가 등장할 수 있었다는 사실입니다. 유대교를 한편에서 부정하면서도, 다른 편에서 보존하고, 그 위에 그리스도가 있다. 곧 그리스도교는 2단 로켓 같은 구조로 이루어져 있습니다.

예수가 등장할 때, 그는 그리스도교라는 새로운 종교를 만들고자 했던 게 아닙니다. 유대교의 종교 개혁 같은 느낌으로 출발했다고 생각할 수 있습니다. 그렇기에 먼저, 유대교와의 관계를 통해서 그리스도교를 이해하는 게 필수적입니다.

그리스도교의 대단히 독특한 점은 스스로가 부정하고 뛰어넘으려는 것(유대교)을 자기 자신 속에 보존하고 편입시키고 있는 것입니다. 부정적인 것으로서 긍정하고 있다고도 말할 수 있죠. 이러한 점을 단적으로 보여주는 사실은 그리스도교의 성전이 구약성서, 신약성서라는 형태로 이중으로 되어 있다는 겁니다. 유대교에 대응하는 부분이 구약성서이고, 예수 이후에 덧붙인 게 신약성서입니다. 재미있는 건 구약성서를 폐기하고서 신약성서가 그리스도교의 성전이 되어 있는 게 아니라, 그리스도교 속에 구약성서가 그대로 남아 있다는 점입니다.

이 점에서의 그리스도교의 유니크함은 다른 종교와 비교한다면 잘 드러납니다. 세계 종교가 되는 그런 종교는 갑자기 하늘에서 뚝 떨어지는 게 아닙니다. 그 배경에는 항상 선행하는 여러 종교가 있는 게 틀림없습니다. 그러나 자기 자신이 부정하고 뛰어넘어야 할 선행 종교를, 자기 자신 내부에 보존하는 세계 종교는 그리스도교밖에는 없습니다.

예를 들어 불교를 생각해봅시다. 불교는 그 이전부터 있던 인도의 고대 종교 브라만교(힌두교의 전사前史)를 부정하는 형태로 등장했지요. 제3자의 입장에서 보면 브라만교와 불교에는 공통된 세계관이 있지만, 그러나 불교 자체는 브라만교적인 걸 자각적으로 자기 자신 속에 남긴다든지 하지 않고서 브라만교를 부정하는 새로운 세계관·진리로서 등장했습니다.

불교와 대조적인 건 이슬람교입니다. 이슬람교는 선행하는 유대교나 그리스도교를 명백히 전제로 삼고 있다. 다만 이슬람교의 경우에는 그것들을 부정한다기보다도 재해석한 위에서, 자신들의 세계 속에 편입시키고 있습니다. 그렇기 때문에 성전도, 구약과 신약처럼 두 종류가 있는 게 아니라, 쿠란(코란)이라는 단일 형태로 통합되어 있다.

그러나 그리스도교의 경우에는 다릅니다. 유대교적인 부분을 부정하면서 자각적으로 남기고 있다. 그 이중성은 두 종류의 성전이라는 형태로 명백한 흔적을 남기고 있습니다. 따라서 우선은 유대교를 제대로 알지 못하면 그리스도교를 이해하지 못한다고 하는 포인트가 있다고 생각되지요. 그래서 맨처음 물어보고 싶은 건 유대교와 그리스도교는 어떻게 다른가. 다른 포인트는 어디에 있지요?

하시즈메 이제 막 논의를 시작했으니 유대교에 대해서도, 그리스도교에 대해서도 잘 모른다는 전제에서 두 종교의 관계를 단적으로 설명해보겠습니다.

그러면 그 답.

거의 똑같다고 할 수 있습니다.

유대교나, 그리스도교나 "거의 똑같은" 겁니다. 단지 차이점 하나를 꼽자면 예수 그리스도가 있느냐 여부, 그 점만 다르다고 생각합니다.

조금 덧붙여보지요.

이 두 가지는 어디가 같은가. "일신교"다. 더군다나 똑같은 신을 섬기고 있다. 유대교의 신은 야훼(여호아라고도 한다). 그 똑같은 신이 예수 그리스도에게 말을 걸고 있다. 예수 그리스도는 신의 아들이지만, 그 아버지인 신은 야훼입니다. 그걸 "아버지"라든가, "주主"라든지, "God"라고 부릅니다. 유대교와 그리스도교가 전혀 다른 신을 모신다고 생각하면 안 됩니다(이와 관련하여 이슬람교의 알라도 동일한 신입니다).

다른 점은 이 "신에 대한, 사람들의 대응방식"입니다.

사람들은 신을 대할 때 신과 본인 사이에 무언가[매개체]를 두려 합니다. 신의 말을 듣는 "예언자". 구약성서를 보면 이사야나 예레미야, 에스겔이 등장하고, 그보다 더 이전에는 모세 등의 여러 예언자가 있었다고 합니다. 그들의 말을 "신의 말"이라 생각하고서 그걸 따릅니다. 그러면 유대교가 됩니다.

그리스도교도 이 태도는 똑같습니다. 그렇기 때문에 구약성서에 등장하는 예언자들을 예언자로서 인정한다. 그렇지만 그 말미에 예수가 출현했다고 생각한다.

예수의 출현은, 구약성서의 예언자가 머지않아 메시아가 도래한다고 예언하고 있던 이야깁니다. "메시아"란 히브리어로, 구세주를 의미. 그리스어와 라틴어로 번역하면 "그리스도"입니다. 특히 『이사야서』 한가운데 조금 뒤(제2 이사야의 예언이라고 하는 부분)에 그런 내용이 씌어 있다.

예수의 선배격으로 세례자 요한이라는 예언자가 있는데, 예수에게 세례를 내립니다. 요한은 "내 뒤에 올 사람은 더욱 위대하다"라는 예언을 남겼기에, 사람들은 나사렛의 예수야말로 대망의 메시아가 아닐까 하고 기대했다. 그 뒤에 예수가 십자가에 못 박혀 죽게 되자 예수가 신의 아들이라고 주장하는 사람들이 등장한다.

"신의 아들, 예수 그리스도"는 예언자는 아니다. 예언자 이상의 존재입니다. 여하튼 본인이 신(의 아들)인 것이기 때문에 자신의 말이 그대로 신의 말이다. 신의 말을 "전하는"

예언자와는 다르다. 사람들은 예수를 숭배함으로써 신을 숭배하는 셈입니다.

　그래서 구약의 예언자는 중요하지 않게 되었습니다. 여하튼 신인 예수 그리스도와 직접 연락이 이루어지기 때문입니다. 이 시점에서 유대교와 그리스도교가 분리되는 것이지요.

**오사와** 과연 이제야 확실히 이해가 됩니다. 예수 그리스도의 존재가 유대교와 그리스도교의 분기점이라는 말씀이시죠.

　그리스도교에게 있어서 예수의 존재가 얼마나 중요한지는 똑같은 일신교의 전통 속에 있는 이슬람교와 비교했을 때 더 분명해집니다. 이슬람교에는 무함마드가 있지만, 이는 예수와는 조금 다릅니다. 무함마드는 이슬람교에서 특별한 존재이긴 하나 "신의 아들"이거나 "그리스도(구세주)"가 아니라, 역시 예언자의 한 사람이지요. 그렇기 때문에 이슬람교는 유대교의 예언자라는 계열로부터 일탈하지는 않는다. 그에 반해서 그리스도교의 경우에는 예언자 계열의 첨단에, 예수 그리스도라고 하는 예언자와는 질적으로 다른 게 등장합니다. 따져보면 예수 그리스도야말로 포인트입니다. 그렇기 때문에 이제부터 예수란 어떤 존재인지 철저하게 고찰해보고자 합니다. 우선 그 전에 몇 가지 짚고 넘어가고 싶은 부분이 있습니다.

# 2 일신교의 God와 다신교의 신

**오사와** 너무나 기초적인 질문인데요, 유대교도, 그리스도교도, 이슬람교도 모두 일신교여서 신이 하나라는 것에 대해서 엄청 강력하게 집착하지요. 많은 일본인이 그런 점을 쉽게 이해하지 못하는데, 왜 신이 많으면 안 되나요. "하나"라는 게 각별한 의미를 지닌 감각적인 근거 – 논리 이전의 감각상의 근거 – 는 어디에 있는 것이죠?

생각해보면, 신들이 많이 존재하는 쪽이 보통이지요. 신들을 많이 가진 공동체 쪽이 역사적으로는 압도적으로 많았다. 결과적으로는 일신교의 전통을 가진 사회가 지구를 석권했기 때문에 신이 하나라는 게 일반적이게 되었지만, 그 전에는 신을 많이 가진 공동체도 많았다. 현재 일본에서도 역시 많은 신을 섬기고 있습니다.

그 신이 "하나"라는 게 왜 그다지나 중요한 걸까. 이 질문의 핵심은 다음과 같습니다. 아까 하시즈메 씨가 말씀하신 대로 어떻게 보면 유대교와 그리스도교는 크게 다르지 않지요. 거의 **똑같다**고 단정지어도 좋을 만큼이요. 그렇다고 한다면 결과적으로 그리스도교가 근대에 이르기까지 대단히 불가사의하고 독특한 임팩트를 가졌던 건 원래 유대교

쪽에 상당히 유니크한 특징이 있었기 때문이라고 생각할 수밖에 없습니다. 그 점을 확실히 짚고 넘어가야 일신교인 점의 의미를 이해할 수 있을 것 같습니다.

이 "하나"에 대합 고집이란 건 어떤 건가요? 신학적으로 체계화되기 이전의, 말 이전의 감각으로서 "하나"에 대한 집착, "하나"에 대한 고집의 근거 같은 게 있다고 생각하는 거지요.

**하시즈메** 일본인은 신이 많이 존재하는 쪽이 좋다고 생각합니다.

왜냐면 "신은 인간과 비슷한 존재"라고 생각하기 때문입니다. 신은 인간보다 조금 대단할는지 몰라도, 어떻게 보면 동료이지요. 친구나, 친척 같은 그런 존재요. 친구라면 되도록 많이 있으면 좋다고 생각하잖아요. 친구가 한 명밖에 없다고 하면 변변찮은 사람으로 보일 수도 있고요.

그렇기 때문에 그에 부합하는 근본은 친하게 지내는 것입니다. [친구든, 친척이든, 신이든 많이 존재하고] 그들과 좋은 관계를 유지하면 내 편이 되어줄 것이다. 네트워크가 생긴다고 할 수 있다. 이게 일본인들이 세상을 살아가는 기본 [마인드]라고 할 수 있습니다. 이런 행동방식을 인간뿐만 아니라 신에게도 적용시킵니다. 그러면 신토神道[일본 고유의 자연 종교이자 토착 신앙 — 옮긴이]와 같은 다신교가 된다.

그렇다면 일신교가 정말 불가사이합니다. 왜 일부러 많

은 신들을 버리고서 "하나"만 고집하는지? 그리고 신에게 그렇게 호되게 야단맞고도 신을 따르려고 하는 이유는 뭘 까요?

저는 솔직히 이해가 안 되거든요. 이해하려고 해도 이해할 수 없으니 일신교를 믿는다니, 이 얼마나 이상한 사람들인가 하는 결론인 셈입니다.

그럼 일신교의 입장에서 보면 어떨까요?

일신교의 God(신)는 인간이 아니다. 친척도 아니다. 생판 남입니다. 남이기 때문에 인간을 "창조하는" 겁니다.

"창조한다"란 어떤 것인가. 알기 쉽게 물건을 한번 생각해보세요. 물건은 만들 수도 있고, 마음에 들지 않으면 부술 수도 있다. 소유하든, 처분하든 자기 마음대로 할 수 있다. 물건은 만든 사람의 것. 만든 사람의 소유물인 겁니다.

God가 인간을 "창조했다"고 한다면 God에게 있어서 인간은 물건이나 마찬가지입니다. 소유물이라는 거죠. 만든 God는 "주인"이고, 만들어진 인간은 "노예"입니다. 인간을 지배하는 주인이 바로 일신교의 "God"인 것이지요.(일본어로 신이라고 하면 어떻게 해도 허물없는 뉘앙스가 들어가서 이하에서는 일신교의 신을 지칭하는 걸 확실하게 하고 싶은 경우에는 되도록 "God"라고 했습니다.)

God란 인간과 피를 나눈 사이가 아니다. 전지 전능하고 절대적인 존재. 이건 에일리언alien처럼 생각됩니다. 그래도 지능이 높고, 완력도 강하고, 무슨 생각을 하는지 꿰뚫어

볼 수도 없고, 언제 노여움을 살지 알 수 없으니 외계 생명체 같이 느껴집니다. 더욱이 God는 지구도 창조했으니 외계 생명체일까요?

결론은 God는 무섭다는 겁니다. 노하거나 인간을 멸망시킨다고 해도 당연한 것이지요.

**오사와** 하시즈메 씨다운 명쾌하고 유머넘치는 설명이군요.

하시즈메 씨의 이야기를 들으니, 예전에 마루야마 마사오丸山眞男[1914~1996. 일본의 정치학자로서 일본 정치사상사의 권위자. 일본이 제2차 세계대전에서 패한 뒤에 일본 제국주의를 심층 분석하였다. ― 옮긴이] 씨가 쓴 글이 생각났습니다. 마루야마는 우주의 기원을 설명하는 논리는 세 가지가 있다고 서술하고 있습니다. 한쪽 끝에 신이 우주를 창조한다는 논리가 있다. 구약성서는 이 버전입니다. 다른 쪽 끝에는 우주가 식물처럼 생장한다는 논리가 있다. 마루야마는 고지키古事記[일본에서 가장 오래된 문헌으로 오노 야스마로太安万侶가 서기 712년에 완성했다. 총 3권으로 상권은 일본 신들의 이야기, 중하권은 일본 천황 및 황태자들을 중심으로 한 이야기를 싣고 있다. ― 옮긴이] 등에 나오는 신화를 토대로 일본이 이 버전에 해당한다고 말하고 있다. 일본의 신의 이름들을 살펴보면 "무수히ムスヒ"가 항상 들어가는데, 이 "무수히"의 "무수"는 ["시간이 흘러서 이끼가 끼다"라는 표현의] "코케무수苔ムス"의 그 "무수"로 자연과 함께 자라났다라는 의미이지요. 이 양쪽 끝의 중간에 신

이 우주를 낳는다, 우주를 출산한다는 설명이 있습니다. 이처럼 마루야마의 유형에서도 일본과 유대·그리스도교는 정반대쪽에 있습니다.

여하튼 우주와 인간을 "창조한" God가 인간에게 있어서는 에일리언, 외계 생명체와 같은 것이라고 한다면 그렇게 무서운 God와 어떻게 부합하는지가 일신교의 중대한 테마가 될 것 같지요?

**하시즈메** 네, 그렇습니다. 그럼 순서대로 생각해볼까요.

첫 번째로, God는 무슨 생각을 할까.

이건 굉장히 중요한 점인데요, 예언자에게서 가르침을 받는 것입니다.

두 번째로 God가 생각하는 대로 행동한다. 그렇게 해서 신변의 안전을 꾀합니다.

God를 믿는 건 안전 보장 때문입니다. God가 대단한 걸 말하고 있기 때문에 믿는 게 아니라, 본인들의 안전을 위해서 신을 믿는 것이지요.

예언자의 말은 God가 생각하는 대로 행동하기 위한 좋은 실마리가 됩니다. 그게 바로 God와의 "계약"이 됩니다.

이 "계약"의 사고방식은 쉽게 말해서 "조약"이라고 할 수 있겠군요. 유대 민족이 God와 "계약"을 맺은 건 God에게 자신들을 지켜달라고 부탁하는 것으로, 이건 미일 안보 조약[일본이 샌프란시스코 강화조약의 발효와 함께 독립하면서 미국과 1952년에 맺은 조약. 주요 내용으로는 일본의 유사시에 미군의 참전과, 일본 주둔이 가능하다는 것이 포함되어 있다. - 옮긴이]의 감각에 가깝습니다. 안보 조약은 일본이 미국에게 "저희들을 위험에서 지켜주세요"라며 조약을 맺은 거잖아요? 그것과 똑같은 겁니다.

그래서 God와 부합하는 데는 허물없이 대하면 안 되는 겁니다. God와 대등하다고 착각해서도 안 되고요. 항상 신 앞에서 자신을 낮추고 예의를 지켜야 합니다. 나는 God가 만든 가치 없는 존재라고 생각하며 얌전하게 구는 게 마땅합니다.

이게 [일신교에서 말하는] God와 인간의 관계의 기본 중의 기본입니다. 하지만 이런 식으로는 신과 인간의 관계가 매우 서먹하고 딱딱하겠죠. 이런 관계를 타파하고자 예수 그리스도는 "사랑"을 외치며, 그야말로 대전환을 일으킵니다. 그전까지는 아까 말한 것처럼 엄격하고 경직된 관계가 기본이었다고 보면 됩니다.

# 3 유대교는 어떻게 성립했는가

오사와 굉장히 중요한 포인트에 한 발 가까워진 느낌이네요
(웃음). 다음 이야기로 넘어가기 전에 잠시 초보적인 지식부
터 확인해보고자 합니다.

구약성서를 읽자면 1/3 정도는 역사적인 내용이 적혀 있
습니다.『창세기』첫 부분에 천지 창조의 곳에, 방금 이야기
했던 신이 인간을 만들었다는 등의 이야기가 나옵니다. 그
건 픽션이라고 해야 하든지, 신화적입니다. 그러나 구약성
서는 뒤로 갈수록 실제 있었던 이야기가 그대로 전승되어
서 문자가 되었을 거라고 해석할 수 있는 부분으로, 곧 진
짜 역사로 바뀝니다. 구약성서의 서술은 이런 식으로 신화
와 본래의 역사, 픽션fiction과 사실fact을 섞어놓았기 때문
에 그것만으로는 유대교에 대한 객관적인 역사를 알 수 없
습니다.

그렇다고 한다면 실제 문제로서 "유대교는 언제 유대교
가 되었는가"라는 게 궁금해집니다. 대략 학자의 냉철한 눈
으로 보자면, 저 지역에 있던 유대인들도 초기 단계에는 주
변 공동체의 그것과 대동소이한 종교를 갖고 있었지요. 그
러나 그 종교는, 머지않아 엄청 독특한 엄격한 일신교에서

God와 계약을 한다고 하는 아이디어로 굳어지게 됩니다. 일반적으로 언제 쯤, 어떠한 사회적 배경 아래서 유대교는 유대교가 되었다고 설명되는지요?

**하시즈메** 우선 연표를 봐주세요.

이 연표를 잘 보시면 이집트의 사건과 메소포타미아(바빌로니아와 아시리아)의 사건 사이에 팔레스타인 일대(당시에는 가나안이라고 불리었다)의 역사가 끼어 있는 형태임을 알 수 있습니다. 두 [강]대국 사이에 낀 지역(가나안 지방)에 이스라엘 사람들이 살았다. 이집트와 메소포타미아 두 대국 사이에 낀 약소 민족이 바로 유대인이었다는 역사를 알 수 있는데요. 안전했던 섬나라 일본과는 정반대입니다.

그래서 유대교는 하루아침에 생겨난 게 아니기 때문에 성립 시기는 확실하게 말할 수 없지요.

야훼라는 신이 처음 알려지게 되었던 건 기원전 1300~1200년 무렵으로 추정됩니다. 그 무렵에 뒤에 "이스라엘 백성"이라고 불리는 사람들이 이 땅에 유입되기 시작했다. 신들 가운데 하나인 야훼가 숭앙되게 되었다. 이게 그대로 유대교다운 게 되었던 건 한참 뒤인 바빌론 유수(기원전 597~538년) 전후. 온통 유대교가 되었던 건 예수 그리스도보다도 뒤인지도 모릅니다. 로마군의 손에 의해 예루살렘의 신전이 파괴당하여 유대 민족은 전 세계로 흩어지게 되었지요. 신전이 사라졌기 때문에 율법을 중시하는 지금의 유대교 형태가 확정되었다. 이처럼 유대교는 약 1500년 정

# 고대 오리엔트 세계

| 기원전 | 이집트 | 팔레스타인 | 메소포타미아 |
|---|---|---|---|
| | 신왕국<br>(전 16세기~) | | 고古바빌로니아 왕국<br>(함무라비왕, 전 18세기<br>무렵)<br>아시리아 왕국, 강대해진다<br>(전 14세기 무렵) |
| 1270 무렵 | | 출이집트 | |
| 1230 무렵 | | | |
| 1020 무렵 | | | |
| 1004 | | | |
| 997 | | | |
| 972 | | 다윗왕 서거 | |
| 965 | | 솔로몬왕, 이집트와 동맹하여<br>예루살렘 신전 건립 | |
| 926 | | 솔로몬왕 서거. 이스라엘 왕국(북)<br>과 유대 왕국(남)으로 분열 | |
| 722 | | 이스라엘 왕국 멸망 ◀——— | 아시리아 |
| 670 | | 아시리아, 오리엔트를 통일 | |
| 622 | | 유대 왕국 요시야왕의 개혁 | |
| 612 | | 아시리아 붕괴→이집트 · 리디아 · 신바빌로니아 · 메디아가 분립 | |
| 586 | | 유대 왕국 멸망 ◀——— 신바빌로니아<br>바빌론 유수(~전 538) | |
| 525 | | 아케메네스조 페르시아, 오리엔트 통일 | |
| 334 | | 알렉산드로스 대왕의 동방 원정(이집트 정복, 페르시아 절멸) | |
| | 프톨레마이오스조<br>이집트 | | 세레우코스조 시리아 |
| 248 | | | 파르티아 건국 |
| 63 | | 로마에 정복당함 | |
| 40 | | 헤로데, 유대 왕으로 | |
| 4 무렵 | | 예수 탄생 | |

도에 걸쳐서 서서히 성립하고 있는 겁니다.

이만큼 긴 시간에 유대교는 많은 변화를 겪었는데, 이하에서는 막스 베버의『고대 유대교』(명저입니다!)를 바탕으로 설명해보겠습니다.

야훼는 처음에는 시나이 반도 일대에서 믿고 있던 자연현상(화산?)을 본뜬 신이었다. "파괴", "분노"의 신으로 힘이 굉장히 셌던 모양입니다. 그래서 "전쟁의 신"으로 모시기에 안성맞춤이었다. 이스라엘 사람들은 주변 민족과 끊임없이 전쟁을 치루지 않으면 안 되는 상황이었기 때문에 야훼를 숭배하게 되었던 것이다.

일본에도 이와 비슷한 하치만八幡이라는 신이 있습니다. 원래는 큐슈 구니사키国東 반도 근처의 신이었지만 전쟁에 강하다는 이유로 [교토] 이와시미즈石清水에서 모시게 되었고, 가마쿠라에 위치한 쓰루오카 하치만구鶴岡八幡宮에서도 모시고 있으며, 사무라이의 수호신이 되었다.

여하튼 야훼는 전쟁의 신. 이스라엘 백성이 그 아래 모입니다.

이 "이스라엘 백성"이 원래 어떤 사람인지는 사실 잘 알지 못합니다. 비옥한 저지대가 내려다보이는 산지에서 생활하며 양이나 소, 염소를 길렀고 인종도, 문화도 제각각인 그룹들이 모여 세대를 이뤘던 것 같습니다. 개중에는 도망쳐온 노예나 불량배, 외지인이 섞여 있었을지도 모르죠. 이들은 정주 농경민과 겨루기 위하여 서로 단결하여 야훼를 모시는 제사 연합도 결성했다. 막스 베버는 이를 "서약 공동체(같은 신을 모시는 종교 연합)"라고 표현합니다. 그리고 조금씩 가나안 땅으로 침입해 나갔다.

구약성서에는 모세가 사람들을 이끌고서 홍해를 건너 시나이 반도를 돌아다녔다고 하는 "출이집트[출애굽] 이야기"라든지, 모세의 뒤를 이은 여호수아가 예리코[기원전 8000년 경으로 추정되는 세계 최초의 도시. 여호수아 6장은 모세가 죽은 뒤에 여호수아를 따르는 이스라엘 백성이 최초로 정복한 가나안 도시가 이곳이라 적었다. ─ 옮긴이]를 공략했다는 이야기가 나옵니다만, 이건 한참 후세에 씌어진 것이기 때문에 그대로 역사적 사실로 받아들이기 어렵다. 실제로는 어땠는가 하면, 아주 옛날 일이기 때문에 확인할 길은 없습니다. 그래도 여하튼 때로는 평화적으로, 때로는 무력으로 선주민들 사이에 비집고 들어가서 가나안 땅에 정착했다. 그리고 그들의 나라를 세웠습니다.

이 단계에서는, 야훼는 아직 수많은 신들 가운데 하나에 지나지 않았습니다. 가나안의 선주민은 다양한 신을 믿고 있었다. 바알이라고 총칭되지만, 농경을 관장하는 신으로 우상을 숭배하고 있었다. 블레셋인[이스라엘 및 그 인근 지역을 통틀어 블레셋(팔레스타인)이라 칭하였으며, 그 지역 해안가에 살던 민족들을 블레셋인이라 한다. 이스라엘 민족들과 잦은 전쟁이 있었으며, 이스라엘의 초대 왕인 사울은 블레셋인과의 전쟁에서 전사했다. ─ 옮긴이]은 다곤을, 모아브인은 그모스라를 믿으며 각각 제사를 지냈지요.

실제로 야훼의 상象도 만들기도 했습니다. 처음에는 돌로 기둥을 세웠다(뒤에 금지됩니다). 막스 베버는, 야훼는 우상 숭배를 하지 않는 유대인에게 이렇게 빈정거리고 있습니다. 왜 야훼의 상이 없냐? 그건 기술 수준이 낮아서 우상을 만들 수 없었기 때문이다. 우상 숭배를 하면 안 된다는 말은 억지라는 거죠.

어쨌든 이스라엘 백성은 선주민이 숭배하던 신들(우상)을 믿지 못하도록 금지하고서 오로지 야훼만 섬기도록 했다. 그래도 바알을 믿는 사람이 매우 많았기 때문에 유혈 사태도 있었다. 예를 들어 왕비 이세벨이 바알을 섬겼기 때문에 예언자 엘리야가 바알의 제사祭司 450명을 살해한 사건(『열왕기 상』18장)은 유명하죠.

……이야기가 좀 정신없긴 한데, 계속 유대의 역사에 대해서 설명할까요?

**오사와** 그럼요. 끝까지 듣고 싶습니다.

# 4 유대 민족의 수난

**하시즈메**  자, 다음 포인트는 왕이 등장한다는 것입니다.

전쟁을 하는 데는 왕이 있는 쪽이 낫지요. 이스라엘 백성은 사울, 다윗, 솔로몬을 왕으로 모셨습니다. 그럼 누가, 어떻게 왕을 선택했을까요? 사무엘이란 예언자가 있어서 사울에게 기름을 발라서 그가 최초의 왕이 되었습니다. 사무엘에게 왜 그런 권한이 있었는가 하면 그 이유는 사무엘이 야훼의 소리를 들었기 때문입니다. God가 있다면, God가 선택했다는 이유로 왕[군주]제를 만들기 쉽습니다. 이렇게 야훼 신앙과 군주제는 결합하고 있었다. 이게 유대교 역사의 두 번째 전환점입니다.

God가 왕을 임명한다고 한다면 그 왕을 상대화할 수 있다. 왕이 무슨 잘못을 저지른다면 예언자가 God의 소리를 듣고서 왕을 비판해서 갈아치웁니다. "왕은 잘못된 길로 가고 있습니다. 왜냐면 신과의 계약을 저버리고서⋯⋯" 같은 식으로 연설을 하면서 돌아다닐 수도 있다.

대부분의 나라에서 왕은 자신을 비판하는 사람을 즉각 잡아 사형시켜버립니다. 죽여버리기 때문에 왕을 비판하는 지식인의 사회적 영향력이란 없는 거나 마찬가지였습니다.

그러나 God의 말을 전달하는 예언자를 즉각 사형시킬 수는 없었습니다. 바로 그 사이에 예언이 사회적 영향을 끼치게 되어버리게 되는 것입니다. 군주제가 시작되면서 왕을 비판하는 예언자도 속속 나타나게 되었다. 예언서에도 그들의 예언이 실리게 되었습니다.

예언자들이 하고 있는 건 이스라엘 백성이 처한 국제 정세나 국내 정치를 야훼의 눈으로 보는 겁니다. 왕의 행동이, 야훼 신앙에 비추어서 옳은지 여부가 체크되었다.

이런 예언들이 거듭되면서 야훼 신앙은 다음 단계로 나아가게 됩니다.

이스라엘 백성을 둘러싼 국제 정세는 더욱 악화되었고, 아시리아의 공격을 받아서 마침내 북쪽의 이스라엘 왕국이 멸망해버리게 됩니다(기원전 722년). 솔로몬 왕 이후에 북쪽의 이스라엘 왕국과 남쪽의 유대 왕국으로 분열하고 있던 겁니다. 그 북쪽, 수도 사마리아가 함락되어 많은 사람이 아시리아로 끌려가서 그들은 역사 속에서 사라지게 됩니다. 그 뒤에 신바빌로니아라고 하는 나라가 부흥해서 네부카드네자르왕이 유대 왕국을 공격해서 예루살렘을 공략해버립니다. 왕을 비롯한 기득권 세력은 바빌론으로 끌려가게 됩니다(바빌론 유수).

도대체 왜 이런 고난을 겪어야 하는 것일까. 야훼는 왜 구원해주지 않는가. 사람들은 고민에 고민을 거듭하다가 이런 식으로 생각하게 됩니다.

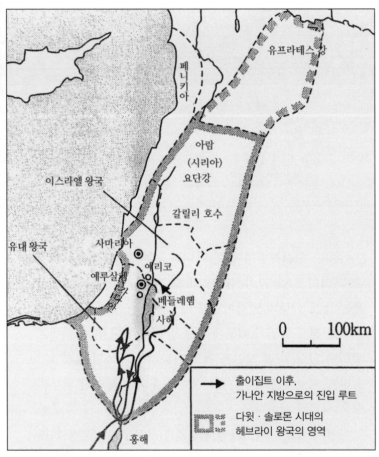

페니키아

유프라테스강

이스라엘 왕국

아람
(시리아)
요단강

갈릴리 호수

유대 왕국

사마리아

에리코

예루살렘

베들레헴

사해

0        100km

→ 출이집트 이후,
  가나안 지방으로의 진입 루트

□ 다윗 · 솔로몬 시대의
  헤브라이 왕국의 영역

홍해

가나안 주변 지도

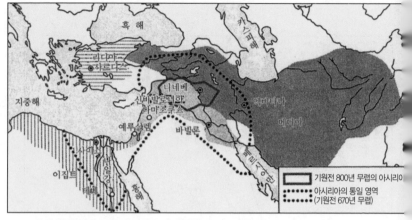

    야훼는 우리들만의 신이 아니다. 세계를 창조하고 세계를 지배하고 있다. 아시리아, 바빌로니아가 [우리를] 공격하는 것도 야훼의 명령이었기 때문이다. 우리가 야훼를 배반하고 죄를 지었기 때문에 벌을 받는 것이다. 곧 우리에게 원인이 있다. 이런 시련을 참고 견디며 이제까지 그래왔던 그 이상으로 야훼를 섬기면 반드시 우리를 둘러싼 외부의 적은 사라질 것이다…….

    여기서 야훼는 이스라엘 백성의 신으로부터 세계를 지배하는 유일한 신으로 격상되고 있는 것입니다. 만약 야훼가 자신들만의 신이라면 다른 민족이 다른 신을 섬겨도 할 말이 없거든요. 그럼에도 이를 인정할 수 없다. 야훼는 유일한 신으로 세계를 지배하고 있다. 야훼 이외의 신은 신이 아니라 우상에 불과하다. 이런 신념으로 성장했다.

바빌론에 포로로 잡혀갔던 건 야훼의 계획으로, 그 나름의 이유가 있다. 그러므로 견딜 수 있었다. 예언자의 예언대로 우리는 포로가 되었고, 예언대로 해방되었다. 귀환해서 예루살렘의 신전도 재건할 수 있었다, 야훼는 역시 위대하다. 뭐 이런 식으로 야훼 신앙은 이전보다 더욱 강해졌습니다.

바빌론에는 천지 창조의 신화나 대홍수 이야기 등이 있어서 이를 받아들입니다. 성서 서두의 『창세기』도 이런 식으로 만들어졌습니다. 다만 원래 이야기 그대로가 아니라, 야훼 신앙에 어울리도록 편집이 가해졌습니다.

그래서 야훼를 어떻게 섬겼는가. 거기에는 세 가지 방법이 있었습니다.

첫 번째는 의식儀式을 거행하는 것입니다. 의식을 거행할 때는 소나 양 등의 제물을 바치지요. 제물을 바칠 때도 여러 방법이 있는데, 특히 야훼에게 바칠 때는 제물을 통째로[전소全燒의 공희供犧] 검게 구웠다고 하네요.

두 번째는 예언자를 따르는 것입니다. 야훼의 말을 전하는 예언자에게 사람들은 복종했습니다.

세 번째는 모세의 율법(성서에 정리되어 있다)을 지키며 사는 것입니다.

이 세 가지 행동방식을 모두 중요하게 여겼습니다.

그렇지만 이 세 가지 행동방식의 중심이 되는 사람들(제사祭司[사제], 예언자, 율법학자)의 사이가 나빠지게 됩니다.

예수 그리스도의 시대에는 신전에서 의식을 진행하는 사람들을 사두개파, 율법을 지키는 사람들을 바리새파라고 불렀습니다. 이 두 그룹이 유대인 사회를 지휘했다.

한편 세례자 요한이나, 그 흐름을 이어받은 예수는 예언자 그룹이었다. 군주제의 시대에는 예언자가 대거 등장했었지만, 법률이 정비되면서 예언자는 등장하지 않습니다. 바빌론 유수에서 사람들이 돌아온 뒤로 예언자는 더 이상 출현하지 않았습니다. 실제로는 나타나지만, 예언자들은 발견되는 족족 탄압받았으니까요. 세례자 요한과 예수도 당국자에게 적발되어, 결국 살해당해버립니다.

신전에서 의식을 거행하고 야훼에게 제물을 바치는 게 제사[사제]입니다. 사두개파는 이런 그룹이었다. 바빌론에 포로로 잡혀간 사이에 신전이 사라져버렸기 때문에 사제의 지위는 추락하였습니다. 제물을 바치는 대신에 율법을 지키는 일밖에 할 수 없어서 자연스레 율법학자의 지위가 상승하였다. 그러나 바빌론에서 돌아온 뒤에 신전을 재건하자 사제들의 힘이 다시 강력해지는 등, 이런 식으로 사제와 율법학자는 대항 관계에 놓였습니다.

예수가 처형당한 뒤에 예루살렘의 신전은 파괴되었고, 신전에 거점을 두고 있던 사제가 사라졌습니다. 예언자 또한 특별히 모습을 드러내지 않는다. 율법학자만 남게 되었다. 이게 바로 지금 우리들이 알고 있는 유대교입니다.

율법학자를 랍비라고 부릅니다. 그들은 유대 사회에서 빼놓을 수 없는 존재입니다. 이렇게 율법을 지키며 2천 년의 역사를 이어온 것입니다.

**오사와** 과연 그렇군요. 사실 저는 구약성서에 씌어진 역사라는 게 절반은 사실이고 절반은 지어낸 이야기라고 생각해서, 객관적인 종교사를 고찰하는 데는 모든 걸 그대로 받아들이기 어렵다고 생각하거든요. 방금 말씀하신 것처럼, 유대교가 그럴싸하게 "얼개"를 잡기 시작한 건 아마 바빌론 유수 전후가 아닐까 싶은데요. 그 무렵에 성립한 세계관이 과거에 투영되어서 구약성서라는 "역사"가 성립한 것이겠죠. 곧 바빌론 유수 무렵에 대강 완성된 유대교의 관점으로, 과거의 사실이 재해석된다든지, 때로 창조되고 있는 게 아닌가 생각합니다. 그렇기에 바빌론 유수 이전의 유대인들의 종교는 주변 종교와 다를지 모르겠지만 그다지 놀랄 만큼 달랐던 건 아닐 거라 봅니다. 어쩌면 바빌론 유수가 상당히 커다란 역사적 경험으로, 그게 오늘날의 유대교의 유니크함의 근거가 되어 있는 게 아닐까 추측합니다.

# 5 왜 안전을 보장해주지 않는 신을
   계속 믿는가

**오사와** 앞서 하시즈메 씨가 하신 이야기를 듣고서 대단히 중요한 포인트라고 무릎을 탁 쳤던 건 신과의 관계는 안전 보장이라는 대목입니다. 물론 종교가들은 이 가르침은 뛰어나기 때문이라든지, 종교에 내재적인 논리를 부여하려고 하겠지만, 고대 세계를 떠올려보면 일종의 시큐리티security 때문에 신을 신앙했던 거라고 생각하거든요. 현대처럼 세속화된 사회에서 살다보면 신을 믿는 것과 나라의 안전은 무관하다고 생각하겠지만, 고대 세계라면 이야기가 달라지죠. 신이야말로 안전 보장의 측면에서 가장 중요한 존재였을 테니까요.

그러나 그런 관점에서 생각해볼 때 유대교에 관해서 너무나 불가사의하게 생각되는 점을 발견할 수 있습니다. 곧 유대교 역사를 보자면 대부분 연전 연패하지요. 예를 들어서 말이죠, 미일 안보 조약 덕분에 일본은 상당히 안전해졌고 당연히 일본은 계속해서 이 조약을 유지하려 했습니다. 그런데 만약 미일 안보 조약이 있는데도 일본이 외국에게 침략을 받거나 전쟁에서 졌다면 조약을 해소하고서 다른 나라와 안보 조약을 맺으려고 하는 게 일반적인 상식이지요.

그렇지만 유대교의 역사는 확실하게 말해서 연전 연패. 구약성서만 놓고 봤을 때 전쟁에서 이겼다고 생각되는 건, 구태여 말하자면 이집트에서 노예 생활을 하던 유대인들이 모세에 인솔되어 기적적으로 탈출하고, 그 뒤에 여호수아의 도움으로 가나안 땅에 들어섰을 때, 거의 이때뿐이거든요.

**하시즈메** 그 뒤에 다윗왕 시기도요.

**오사와** 아, 맞습니다. 하지만 다윗왕에 대해서는 좀 생각해 볼 필요가 있습니다. 분명 다윗은 이상적인 왕으로 여겨지고 있어서, 왕국도 그 시기에 번영을 누렸습니다. 그러나 다윗왕 이후 솔로몬왕 시대에 이르러 왕국 자체는 점점 성대해졌지만, 하시즈메 씨가 말씀하셨듯이 예언자들이 여러 의미로 왕국에 대해 상당히 냉담해졌습니다. 굳이 말하자면, 예언자들이 발목을 잡고 있지요. 바꿔 말하자면, 왕국이 번영도 — 다윗왕 시대를 제외하고는 — 반드시 야훼 덕택이라고는 해석되지 않습니다. 오히려 야훼를 등저버렸다고도 여겨지고 있다.

더욱이 그 뒤에 왕국이 남북으로 갈라져 절반은 파괴되고 그 나머지도 얼마 지나지 않아 바빌로니아에 의해 멸망당하여, 마침내 전부 사라지게 됩니다. 게다가 주요한 자들은 바빌론에 포로로 잡혀갔습니다. 뒤에 해방되었다곤 하지만 처음부터 잡혀가지 않았으면 해방될 일도 없으니, 유대인들이 상당한 곤욕을 치루었다는 사실은 변하지 않는다. 아무리 인내심이 강한 사람이라도 그쯤 되면 야훼와 맺은 안보 조약을 때려치워도 할 말이 없거든요. 그런데 오히려 바로 그 시기에야말로 유대교는 더욱 갈고닦아 거의 완성을 이뤘습니다. 도대체 어찌 된 일일까요?

이 의문을 보충하기 위해서 사고 실험으로서 일신교가 등장한 역사적인 프로세스를 시뮬레이션해보자면, 일반적으로 생각되는 건 다음과 같은 구도가 아닌가 생각합니다.

일신교의 신의 역사적인 기원은 군사적으로 가장 강한 민족이나 부족이나 공동체가 섬기던 신이지 않습니까라고.

어느 부족이나 공동체든 주위 공동체를 군사적으로 제압해감으로써 패배한 공동체도 그 가장 강한 부족이나 공동체가 섬기는 신에게 귀의하게 됩니다. 그때 패배한 공동체가 모시던 신도 그 강한 공동체의 신 아래 있는 것과 같은 종속적인 신들로서 위치지워집니다. 곧 처음에는 일종의 판테온(만신전萬神殿)과 같은 모습을 띱니다. 고대 그리스의 제우스와 여타 신들처럼 신들 사이의 랭킹이 매겨지게 되어도 많은 신이 있는 것과 같은 상태이지요. 게다가 싸움에서 승리하여 패권을 쥔 공동체의 힘이 군사적으로도, 사회경제적으로도 압도적이게 되어가면 그 강한 공동체의 신에 대해서 패배한 다른 공동체의 신들은 이제 가치가 없어진다고 해서 축출당합니다. 그래서 결국에는 가장 강한 신만 살아남아서 일신교가 되는 거죠. 일신교의 성립 과정이 이

렝지 않았을까 상상하고, 실제로 이와 가까운 과정도 역사 속에는 있었다고 생각하는 겁니다.

그런데 실제 유대교의 역사에 관해서는 이와 같은 과정을 전혀 찾아보기 어려웠습니다. 주위에 맹렬하게 강한 나라가 있었음에도 불구하고 그들의 종교, 예를 들어 이집트의 태양신 신앙이나 파라오 신앙이 오늘날까지 그 영향력을 유지한다고 할 수 없습니다. 거꾸로 가장 약소했던 신이 지금까지 살아남아서 역사에 지대한 영향을 남겼습니다. 저는 이 점이 상당히 불가사의하다고 생각합니다.

그걸 조금 극단적으로 말하자면, 유대인들에게 가장 위험한 건 실은 주위의 제국이 아니라, 신 그 자체였지요. 유대인 자신들이 사용한 논리 – 신은 유대인의 신이 아니라 세계의 신이다 – 에서 보자면, 바빌로니아가 유대 왕국을 멸망시키러 온 것도 신의 뜻이 되기 때문입니다. 신이 자신들에게 가장 큰 재액災厄을 잔뜩 몰고온다는 셈입니다.

이것은 곧 아메리카와 안보 조약을 맺은 줄 알았는데, 알고 보니 UN과 안보 조약을 맺은 거랑 마찬가지예요. 그렇기 때문에 네부카드네자르의 군대가 자기들 마음대로 유대 왕국을 침략하러 온 게 아니라, UN의 위탁을 받고서 군사 제재를 하러 온 것이란 것이죠. 이거 완전 사기 아닌가요? 야훼는 UN과 같은 존재라 처음부터 유대인들만 보호할 생각도 없었다는 겁니다. 오히려 너희들 유대인이 나쁜 짓을 저질렀다며 경제적·군사적 제재를 가하는 것이라고 말이

슬쩍 바뀌게 되는 겁니다.

　유대인들은 이런 생각을 하면서까지 신앙을 지키려고 하다니 세상 물정을 몰라도 너무 모르는 거 아닌가 싶네요. 안전 보장 때문에 계약을 맺은 신이 자신들의 안전을 지켜주지 않는데, 왜 계속해서 믿음을 지켜왔던 걸까요?

**하시즈메** 거기에는 세 가지 이유가 있다고 생각합니다.

　첫 번째는, 괴롭힘을 당하는 아이들의 심리에 대해서 생각해봅시다. 이스라엘 백성은 약했기 때문에 주위 나라들에게 많은 괴롭힘을 당했고, 이를 늘 잊지 않고 있었습니다. 괴롭힌 상대방은 잊었을지 몰라도 괴롭힘을 당한 사람들은 기억하고 있다.

　그래서 괴롭힘을 당한 아이는 괴롭히는 사람이 나쁘지 자신들이 잘못되었다는 생각은 안 합니다. 그래도 매일 괴롭힘을 당하면 자신에게도 괴롭힘을 당할 이유가 있는 건 아닌가 하고도 생각하게 되지요. 입고 있는 옷이 촌스럽다든지, 말투가 이상하다든지 자기 나름대로 반성하고서 다음날 고쳐보아도 역시나 괴롭힘을 당합니다. 아무리 노력해도 자신은 괴롭힘을 당하는 존재라고 뼈저리게 느낄 수밖에 없는 겁니다.

　괴롭힘을 당하는 상태를 받아들이고, 그러면서도 자존심을 지키려면 어떻게 하면 좋을까. 그런 생각을 하기 시작한다. 이건 시련이지요. 괴롭히는 쪽은 알지 못해도 이건 숨겨진 계획이 있어서 괴롭혀짐으로써 자신이 단련되어 있고,

무조건 참는 게 최고다, 뭐 이런 생각을 하게 된다는 거죠. 괴롭힘을 당한 현실을 합리화하는 심리이지요. 괴롭히는 아이한테 이런 이야기를 하면 뭔 말도 안 되는 소리냐고 하겠지만, 괴롭힘을 당하는 아이에게는 이거 말고는 다른 생각이 들지 않는 겁니다.

둘째로, 심리학의 실험에 "어느 정도에서 포기할까"라는 게 있다. 동전을 넣으면 바나나가 나오는 기계가 있어서 원숭이를 조건지어서 바나나를 뽑도록 학습시켰습니다. 동전을 넣는대로 100% 바나나가 나오는 기계로 학습한 첫 번째 원숭이는 자기가 배운 것과 달리 나왔다가, 바나나가 안 나오자 두세 번 더 시도하다가 곧 포기했습니다. 그렇지만 바나나가 항상 나오는 게 아니고 랜덤으로 나오게 설정한 기계로 학습한 원숭이는 중간에 바나나가 나오지 않아도 좀처럼 포기하지 않았습니다. 혹시 나올지도 모르니 계속 시도하는 거죠. 이 실험처럼 이스라엘 백성은 대부분의 전쟁에서 패했지만, 가끔 승리하기도 했습니다. 그러니 이번에는 이길지도 모른다는 생각을 하게 되었고, 이 생각은 천 년이나 지난 지금까지도 이어지고 있는 것입니다.

그래서 마지막으로, 조금 진지하게 답변하지요. 이스라엘 백성이 겪은 위기가 두 단계로 일어났다는 점이 중요하다고 생각합니다.

이스라엘 백성에게는 야곱의 아들 12명을 각각 시조로 믿고 있는 12개의 부족이 있습니다. 그들은 각각 할당된 지역에 살았는데, 남쪽 유대족이 비교적 넓은 면적을 차지하였고 북쪽에는 나머지 부족들이 살았습니다. 초대 왕 사울은 북쪽에 연고가 있던 베냐민족 출신이었다. 다윗왕은 남쪽 유대족 출신이었습니다. 솔로몬왕은 다윗의 아들이니, 그 역시 유대족이고요. 솔로몬이 죽은 뒤에 북쪽과 남쪽은 사이가 나빠져서 분열하여 이스라엘 왕국과 유대 왕국으로 나뉘어집니다.

그 뒤에 아시리아가 공격해와서 북쪽의 이스라엘 왕국이 먼저 멸망하게 됩니다. 아시리아는 가혹한 정책을 펼쳤기 때문에 종교의 자유가 없었습니다. 이스라엘 왕국의 주민은 포로가 되어 강제 이주되었고, 주위 민족에게 동화 흡수되면서 소멸하게 됩니다. 그 땅에는 멀리서 온 이민족들이 입식入植하게 됩니다. 그들은 하나 둘 유대교로 개종하면서 사마리아인이 되었습니다. 사마리아인은 유대교도이지만 이민족이었기 때문에 차별을 받았습니다. 지금도 사마리아 교단이 남아 있지만, 유대교와는 조금 다른 별개의 그룹입니다.

오사와 예수의 우화에 나오는 "착한 사마리아인"의……

하시즈메 그 사마리아인입니다. 예수 시대에도 차별이 계속되었거든요.

북쪽 이스라엘 왕국의 멸망을 지켜보던 남쪽 유대 왕국은 엄청난 위기감을 느끼게 됩니다. 아무 생각없이 있다가 혹여 외국의 침략이라도 당하면 민족은 흔적도 없이 사라지겠구나 싶었던 거죠. 정치적 국가가 괴멸당해도 민족적 아이덴티티가 보존되도록 노력했습니다. 이사야, 예레미야, 에제키엘 등의 예언자들도 이를 경고했습니다.

이때부터 유대 왕국의 요시야왕도 중요합니다. 이 왕은 종교 개혁을 실행했습니다(기원전 622년). 이 시기에 신전에서 모세의 율법의 서가 발견되었다고 하는데요, 이런 중요한 문서가 딱 이 타이밍에 발견되고 있다. 요시야왕의 명령으로 편찬된 거라고 봅니다. 여하튼 사람들 앞에서 그 문서를 읽어주었습니다. 그리고 야훼의 신전에 모시고 있던 우상을 치우고, 이곳저곳의 성소에서 향을 피우던 행위를 금지시켰다고 합니다. 그 이전까지 다신교 상태였던 걸, 정화하여 야훼 신앙을 강화시켰던 것이지요.

# 6 율법이 수행한 역할

**오사와** 유대교에게서는 율법, 곧 법률이 상당히 중요하지요. 그런데 일본인은 법률과 종교를 별개로 보기 때문에 율법이 무엇인지, 그리고 무엇 때문에 그렇게까지 꼼꼼하게 만들었는지 와닿지 않는다고 생각합니다.

**하시즈메** 유대교의 율법(종교법)이란 어떤 것일까요.

이것을, "엄밀한 룰[규칙]주의"라고 부르면 좋다고 생각합니다.

유대교의 율법은 유대 민족의 생활의 룰을 하나도 빠짐없이 열거해서 이를 야훼의 명령(신과의 계약)이라고 여깁니다. 의식주, 생활 책력[습관], 형법, 민법, 상법, 가족법……. 일상생활의 일거수일투족이 모두 법률인 것입니다.

만약 일본이 어떤 나라에 점령당해서 모든 사람이 뉴욕과 같은 곳으로 끌려갔다고 칩시다. 100년이 지나도 그 자손들이 일본인인 채로 살길 바란다면 어떻게 하는 게 좋을까요. 일본인들의 풍속 습관을 가능한 한 많이 열거해서 법률로 만드는 게 좋겠죠. 정월에는 오조오니お雜煮[양력 1월 1일 일본의 명절에 먹는 전통 음식 중 하나로, 한국의 떡국과 흡사하다. ─ 옮긴이]를 먹는다. 오조오니에 들어가는 떡

은 이렇게 썰고서 닭고기와 토란, 시금치를 넣는다. 여름에는 유카타[일본 전통 의상으로 기모노의 일종. 평상복으로 입기 좋은 간편한 복장으로, 주로 목욕 뒤나 여름에 입기 때문에 여름 축제에서도 자주 볼 수 있다. – 옮긴이]를 입고서 폭죽을 터뜨리는 것을 보러간다.……이런 내용들이 빼곡히 적혀 있는 책을 만들고서 이를 아마테라스天照大神[일본 신화에 등장하는 태양신으로, 일왕의 조상신으로 여긴다. – 옮긴이]와의 계약으로 여긴다고 생각해보세요. 이런 규칙들을 지키면서 살면 100년이 뭐야, 1000년이 지나도 일본인의 정신을 잊지 않고 살 수 있지 않을까요? 아마 유대인들도 이런 생각을 가지고서 율법을 만들었을 거라는 것이지요.

모세의 율법을 정리한 모세 5경(구약성서 맨 앞에 있는 [창세기, 출이집트기, 레위기, 민수기, 신명기 등] 5가지 책) 가운데, 예를 들어 『신명기』를 보면 음식물 규제가 적혀 있습니다. 먹어도 되는 것과 먹으면 안 되는 것의 리스트입니다. 청결한 건 먹어도 되나 부정한 건 먹으면 안 된다고 신이 결정했습니다. 멧돼지(돼지), 낙타, 지느러미나 비늘이 없는 생선 등 먹으면 안 되는 음식들이 여럿 적혀 있습니다. 그렇기 때문에 이것저것 따지다보면 식사를 할 수 없게 되죠. 그 밖에도 안식일, 할례, 복장 등에 관한 여러 규칙이 나옵니다.

이슬람교도 역시 생활의 룰을 정한 종교법을 원 세트로 가지고 있다는 점에서는 유대교와 죄다 같습니다.

다른 점은 이슬람교는 승리한 쪽의 일신교, 유대교는 패배한 쪽의 일신교라는 점이지요. 어느 쪽이 진정한 종교냐고 묻는다면 저는 패배한 쪽인 유대교라고 생각합니다. 유대교는 방어적 동기를 가지고서 일신교의 원형prototype을 만들었으니까요. 국가는 믿을 수 없다. 믿을 수 있는 건 오직 God(야훼)뿐이다. God와의 계약을 지킨다면 국가가 소멸된다고 해도 또 재건할 수 있다. 이런 사고방식이었기 때문에 정치 정세가 어찌 되었든 신앙이 지속될 수 있었지요. 그렇게 해서 유대 민족은 2천 년이라는 긴 시간에 걸쳐 자신들의 사회를 지켜왔습니다. 이스라엘이 건국될 수 있던 것도 유대교의 전략의 올바름을 증명하고 있다고 말할 수 있습니다.

**오사와** 이제 상당히 명쾌해지는군요. 방금 하신 말씀 중 반은 추측이고 반은 여러 자료를 통해 판단하신 내용이겠지만, 대략 계약이라는 발상이 자리잡은 건 북쪽의 왕국이 멸망해서 남쪽 왕국만 남았을 때가 아닌가 싶습니다.

야훼에게 귀의했는데도 반쪽이 멸망한 이유에 대해서 생각할 때 야훼가 조약을 지키기 않은 게 아니라, 백성 쪽이 약속을 지키지 않았기 때문이라고 생각하는 게 더 속이 편했을 겁니다. 그렇게 생각하면 야훼에 대한 믿음도 지킬 수 있고, 또한 일부 백성만 패배했다는 사실도 설명할 수 있으니까요. 계약을 제대로 지키지 못한 쪽은 멸망해버린다고. 곧 신과의 계약=약속이라는 설정은 북쪽 왕국이 멸망하고 남쪽 왕국만 남았다는 현실을 설명하는 데 아귀가 맞았을 거예요. 그래서 신과의 계약=약속이라는 아이디어가 완성된 건 북쪽 왕국만 멸망한 시점이 아닐까 싶습니다.

다만 절반이 망해도 절반이 남았으면 그래도 괜찮았을 텐데, 그 뒤에 이를 타산지석으로 삼아서 열심히 신과의 계약을 지키려 했던 남쪽의 유대 왕국도 시련을 겪게 됩니다. 약 60년 동안 바빌론의 포로가 된 것이죠.……60년이라는 시간은 한 사람의 일생의 한 배 반, 한 세대 이상의 길이이기 때문에 상당히 긴 시간으로 지독한 시간이었습니다. 그러니 전쟁에서 완전히 패배했음에도 불구하고 신앙이 남아 있다는 사실은 정말이지 불가사의할 따름입니다. 막스 베버의 『고대 유대교』도 이 점을 최대 주제로 삼고 있고요.

본래는 신과의 약속을 지키면 안전이 보장되어야 합니다. 그런데 유대인들은 계속 전쟁에서 집니다. 이런 상황을 해석하고 인내하면서 무언가 변환하는 행동방식은 몇 가지 논리로 설명할 수 있는데요. 예를 들어 지금은 졌지만 나중에는 이기는 게 예정되어 있다고 해석한다. 혹은 현실의 정치적 패배를 관념적인 "승리"로 치환하는 행동방식도 있습니다. 곧 정치적·군사적으로 승리해서 번영하고 있는 적은 사실 타락하고 있으며, 전쟁에서 진 것처럼 보이는 자신들이야말로 오히려 정신적으로 고귀하다고 여기는 거죠. 니체였다면 이를 두고 노예 도덕이라고 했을 겁니다. 이처럼 패배했다는 현실을 해석해서 신앙이나 자존심을 지키는 논리는 여러 가지가 있다고 생각되지만, 유대교가 매우 특수한 방식으로 유지되어왔다는 점은 확실합니다.

# 7 원죄란 무엇인가

**오사와** 방금 하신 이야기와 비슷한 불가사의한 점이 또 하나 생각났어요. 바로 "원죄原罪"라는 관념입니다. 어떤 신을 믿는다든지, 어떤 신에 귀의한다든지 함으로써 자신의 긍정적인 아이덴티티를 얻는다면 알기 쉽지요. 보통은 그렇다고 생각합니다. 자신들 쪽을 긍정적으로, 그렇지 않으면 부정적으로 보지요. 그러나 "원죄"라는 관념이 있다면 바로 신을 믿는 걸 통해서 부정적인 아이덴티티를 얻게 됩니다. 이건 굉장히 기묘한 심리가 아닙니까요.

**하시즈메** 원죄는 그리스도교의 사고방식으로, 한참 뒤에 나옵니다.

**오사와** 『창세기』에는 원죄의 기원으로 보이는 내용이 없나요?

**하시즈메** 네, 없습니다.

**오사와** 『창세기』에는 금단의 나무의 과실을 먹었다는 이야기가 나오지요. 이건 단연코 원죄의 관념과는 관계가 없는 건가요?

**하시즈메** 네. 상관없는 내용입니다.

**오사와** 그렇다면 원죄라는 게 생긴 건 그리스도교가 된 이후라는 말씀이시군요.

**하시즈메** 유대교에는 원죄라는 사고방식이 없으니까요.

**오사와** 과연 그렇군요. 그래도 원죄의 불가사의함은 남는데요. 그리스도교 신자들은 왜 이런 기묘한 관념을 받아들이게 되었는지 궁금합니다. 물론 원죄가 없다면 그리스도에 의한 속죄라는 것도 이해할 수 없을테지만요.

**하시즈메** 원죄에 대해서는, 그리스도교를 다루는 제2부에서 설명드릴테니 잠시 기다려주세요.

우선 죄에 대해서. 그리고 원죄에 대해서 설명해드리겠습니다. 그리고 왜 이런 아무짝에도 쓸모없는 야훼를 숭배하는지에 대해서도 이야기하지요.

애초에 죄란 무엇인가. 죄를 정의한다면 "신에 대한 배반"입니다. 구체적으로 금지된 행위를 한다(명령 위반). 혹은 명령한 것을 따르지 않는다(나태). 나태함을 부작위의 행위로 본다면, 요컨대 죄란 행위인 것입니다. 행위가 죄로 여겨진다. 그 판단 규준은 God와의 계약(율법)으로, 요컨대 신의 명령을 배반했는지 여부가 포인트입니다. 이 점은 유대교, 이슬람교 모두 똑같습니다.

그리스도교만, 여기에 더하여 원죄라는 사고방식을 갖고 있는 것이지요. 그럼 원죄란 무엇일까요? 이것은 죄를 좀더 철저[화]한 것으로서, 엄밀히 따져서 죄를 저지를 수밖에 없는 인간은 존재 그 자체가 잘못이라고 하는 사고방식입니다. 인간 그 자체가 잘못된 존재라는 걸, 원죄라고 합니다.

이렇게 생각하면 원죄가 무엇인지 쉽게 이해가 되실 겁니다. 돌은 왜 하늘을 향해 던져도 반드시 땅으로 떨어지는가. 아리스토텔레스에 따르면, 돌이란 본디 대지의 것이지, 하늘의 것이 아니므로 본래의 자리인 대지로 돌아오는 것이라는 겁니다. 한편 천체天體는 하늘이 본래 자리이므로 땅으로 떨어지는 일은 없는 겁니다. 인간도 이와 마찬가지로, 신을 따라야 한다고 생각하면서도 인간의 힘으로는 아무리 열심히 해도 결국 신을 배반하게 됩니다. 죄를 저지를 수밖에 없는 본성을 지녔다는 이야기입니다. 아직 어떤 행동도 취하지 않은, 이제 막 태어난 아기라고 해도 죄가 있다. 태어나서 미안합니다, 뭐 이런 이야기입니다. 이걸 원죄라 부르는 것입니다. 원죄는 행위에 앞선, 존재의 성질인 것입니다.

그렇다고 한다면 신과의 계약을 지키려고 해도 지킬 수 없으므로 신에게 구원받는 건 무리입니다. 그렇기 때문에 필살기를 쓸 수밖에 없는데요. 그게 예수 그리스도로, 예수를 신의 아들, 구세주라고 받아들이는 사람은 특별하게 사면받을는지도 모른다는 겁니다. 마, 뒷돈을 주고 입학하는 것과 마찬가지입니다. 이 부분은 뒤에서 그리스도교를 다룰 때 좀 더 자세히 설명하도록 하겠습니다.

# 8 신에게 선택받는다는 것

**하시즈메** 그런데 앞에 나왔던 괴롭히는 아이, 괴롭힘을 당하는 아이 이야기 기억나시죠? 그 이야기 속의 괴롭히는 아이와 신은 어떻게 다를까요.

일단 괴롭힘을 당하는 유대 민족 쪽에 반드시 그만한 이유가 있다. 그렇기에 신은 괴롭히는 아이라기보다는 담임 선생님과 같은 존재입니다. 괴롭힘을 당하는 유대 민족뿐만 아니라, 괴롭히는 아이(아시리아나 바빌로니아)의 입장도 생각하고 있습니다.

『요나서』라는 문서가 있습니다. 대강의 줄거리를 이야기하자면, 요나라는 사람이 있어서 니네베에 가서 예언을 하라고 신에게서 명령을 받습니다. 니네베는 아시리아의 수도로, 이교도 나라의 한가운데서 야훼의 말씀을 전한다는 건 자살 행위입니다. 요나는 그게 싫어서 반대 방향으로 가는 배를 탑니다. 하지만 배가 태풍을 만나자 요나는 "자신의 탓"이라며 바다 속으로 뛰어듭니다. 그때 큰 물고기가 나타나 요나를 집어삼켰고, 요나는 물고기 뱃속에서 사흘간 있게 됩니다. 물고기가 해안가에 요나를 뱉은 덕분에 목숨을 부지할 수 있었습니다. 그 길로 요나는 니네베로 가서 신의 말을 전하며 심판 설교를 하게 됩니다. 신은 물고기를 통해서 자신의 말을 따르지 않으려고 한 요나에게 예언을 하도록 하였고, 결국 요나는 도망갈 수 없었습니다. 참고로 요나가 물고기 뱃속에 있던 사흘이란 시간은 예수가 부활하기까지 걸린 시간과 일치합니다.

그리하여 요나는 말해진대로 예언을 했고, 니네베는 회개하게 됩니다. 회개했기 때문에 야훼는 니네베를 파괴하지 않았습니다. 이 사실을 안 요나는 화가 났습니다. "그럼, 나는 무엇 때문에 온 것인가?" 나는 니네베가 파괴되는 걸 즐기려 하고 있던 겁니다. 그러자 야훼는, 아니 나는 회개한 니네베가 번영하는 걸 보는 게 기쁘다고 대답합니다.

야훼는 모든 민족의 일을 두루 살피는 신이 됩니다. 오사와 유대교의 신이라면 유대인이라는 특수한 민족을 위한 신이라 생각하기 쉬운데, ― 물론 객관적으로 보면 유대인의 신인 것은 맞습니다 ― 유대인의 관점에서 보자면 야훼는 우주 전체를 통괄하는, 모든 민족의 신이라는 것이지요. 그렇기 때문에 신바빌로니아의 네부카드네자르도 야훼의 뜻에 따라 행동하는 셈입니다. 그런 유대인의 주관적인 세계를 생각할 때 또다시 불가사의한 게 있습니다.

야훼는 모든 민족 위에 군림하는 신일 수 있는데, 어째서 유대인을 선택했을까요. 유대인을 선택하고서 유대인에게 구제를 약속했습니다. 그러나 이건 유대인에게 불가해한 일은 아닐까요. 어떤 의미에서 트라우마가 될 수도 있다고 생각합니다. 왜 우리들을 선택했을까 하는 의문이 원리적으로 풀리지 않기 때문이죠.

예를 들어 대조해보기 위해 일본의 아마테라스를 생각해 봅시다. 아마테라스는 일본인의 신입니다. 그렇기 때문에 아메리카를 시켜서 일본인을 벌준다는 건 생각할 수도 없습니다. 아마테라스가 일본인을 우대한다고 해도 불가사의한 일이 아니죠. 우리 엄마가 다른 아이가 아닌 나를 더 예뻐해도 그건 자연스럽게 받아들이니까요.

그러나 담임 선생님이 어떤 이유인지 말도 안하고서 갑자기 저를 학급의 대표로 지목하고서 임명했다고 칩시다. 그럼 당연히 왜 나지 하는 생각하지 않을 수 없습니다. 그리고 아무리 생각해봐도 그 이유를 모를 때는 선택받았다는 사실이 나에게 괴롭게 다가오기도 합니다. 어째서 나에게 이런 중요한 일을 맡긴 거지. 왜? 뭐 이런 식으로요.

모든 민족의 신인 듯한 야훼가 우리들 유대인을 선택했다고 하는 상황도 이와 비슷하지요.

아무튼 우주를 창조하신 분이 선택하고 있으니, 유대인은 우주사적인 가치를 지닌 것으로 선택받았던 것입니다. 그러나 주변의 다른 민족이나 부족이나 제국에 비해서 딱히 뛰어나거나 비범한 것도 아닌, 그런 유대인이 가당치도 않은 선택을 받았으니 유대인으로서는 그걸 어떻게 받아들여야 할지 고민하게 됩니다. 그리고 유대인은 자신들의 상황을 야훼가 자신들을 탐탁지 않게 여기는 증거로, 유대인은 항상 벌받고 있거니와 전쟁에 진다든지도 하고 있다고 생각했습니다. 그런데도 어쨌든 유대인들은 신에게 선택받은 입장이잖아요. 이건 쉽게 해소할 수 없는 충격이었다고 봅니다. 유대인은 이 충격을 어떻게 받아들이고 있나요?

하시즈메 유대인은 신에게 선택받았다는 사실에 대해서 이유는 모르겠지만 어쨌든 감사하게 받아들였습니다.

신과 인간 사이에 예언자가 있잖아요. 예언자가 신의 소리를 듣고서 사람들에게 전하지 않는다면 신과의 관계는 시작되지 않습니다.

그런데 예언자는 어떠한 말을 했을까요. 이때 예언자는 외국어라는 걸 모르기 때문에 자신의 모국어를 사용했습니다. 그렇게 되면 그 말을 아는 민족과 모르는 민족으로 나눌 수 있는데, 이렇게 해서 선택되었 게 바로 유대 민족인 겁니다.

왜 많고 많은 민족 가운데 신은 유대 민족을 선택했을까요? 그 이유는 알 수 없지만, 이건 대단한 일이지요. 이는 유대 민족의 과시함의 원천이며, 신의 은총이라 여깁니다. 다른 민족은 이교도에다가 불쌍하고 우상 숭배를 하는 사악한 무리이기도 하잖아요. 자칫하면 차별로 이어질 수 있는 게 바로 이런 선민 사상입니다. 아까 나왔던 괴롭힘을 당하는 아이의 심리는 "왜 나만 괴롭힘을 당하는 거지? 그건 나만 선택받았기 때문이야"라는 식으로 콤플렉스가 프라이드로 변환할 수 있습니다. 하지만 그런 프라이드가 생기면 역시 괴롭히는 아이들은 이를 짓밟기 위해 더욱 괴롭히게 되기에 또 콤플렉스가 생기게 되는 겁니다. 콤플렉스가 있기 때문에 프라이드가 생긴 건지, 프라이드 때문에 콤플렉스가 생긴 건지 잘 모르겠지만요.

『창세기』에 유대 민족에 대한 이런 내용이 나오는데요. 우선 야훼는 세계의 모든 민족의 신입니다. 인류를 창조했습니다. 여기서 인류란 아담과 이브의 자손을 말합니다. 곧 야훼는 유대 민족만의 신이 아닙니다.

그 뒤에 야훼는 노아에게 이야기합니다. 신의 목소리를 들은 노아는 예언자 같은 존재입니다만, 노아의 일족 이외의 사람들은 홍수로 전멸해버렸기 때문에, 결과적으로 야훼는 인류의 일부분에게밖에 말을 걸지 못합니다.

노아의 자손들이 지상에 퍼진 뒤에, 야훼는 이번에는 아브라함에게 이야기합니다. 인류의 일부에게 말을 건다는 건 아브라함이 최초 아닌가요?

**오사와** 듣고보니 그렇군요.

**하시즈메** 바로 이 점이 이스라엘 백성(뒤의 유대 민족)의 출발점이 되는 겁니다.

아브라함은 처음에 우르라는 곳에 살았습니다. 티그리스·유프라테스강 하류에 있던 커다란 도시 국가였습니다. 도쿄 같은 대도시에 살다가 "이제 사할린으로 가라" 하는 이야기를 들은 거죠. 너무 갑작스러운 일이었기 때문에 평범한 사람들이라면 "이게 뭔 소리야!" 싶었겠지만, 아브라함은 야훼의 말에 순종하여 고향을 버리고서 일족을 데리고 연고도 없는 머나먼 약속의 땅을 찾아 떠나게 됩니다.

아브라함의 아내 사라는 아이를 얻지 못했기 때문에 하녀 하갈을 아브라함의 첩으로 들였고, 그리고 하갈은 이스마엘이라는 사내아이를 낳게 됩니다. 그런데 그 뒤에 고령의 사라에게도 자식(이삭)이 태어나서 하갈과 이스마엘 모자는 장막[텐트]에서 쫓겨나게 됩니다. 이스마엘 모자가 곧 있으면 죽게 될 것이라며 사막에서 울고 있으니, 신의 심부름꾼이 나타나 이스마엘은 사막의 백성(아랍인)의 선조가 될 것이라며 용기를 주었습니다. 이런 식으로 아랍인은 유대인에서 분리되었다고 생각되고 있습니다.

아브라함 뒤에 이삭, 야곱……으로 이어지는 이스라엘 백성은 기근을 피해 이집트로 옮겨서, 그곳에서 외국인 노동자(노예)로서 건설 작업 등을 하며 인구를 60만 명까지 늘렸습니다. 그들이 모세에게 인솔되어서 이집트에서 탈출하였다. 그리고 시나이 반도를 40년 동안 헤매다가 가나안 땅(지금의 팔레스타인)으로 돌아오게 된 것입니다. 그리고 선주민들과 다투면서 농경 민족이 되어서 정착하고, 12지파 별로 각각의 지역에 뿌리를 내렸다고 적혀 있습니다.

모세 이후에도 예언자가 많이 등장하였고, 야훼는 계속해서 이스라엘 백성에게 말을 걸었습니다. 아브라함의 자손 이외에는 예언자가 등장하지 않았으니, 이런 의미에서 그들은 신에게 선택받은 민족이라고 할 수 있는 겁니다.

이제 처음 나온 질문에 대해서 정리해봅시다. 야훼가 유대 민족을 선택한 것은 담임 선생님이 오사와 씨를 콕 집어 대표로 임명한 것과 어떻게 다를까요.

일신교는, 단 하나뿐인 신(God)을 규준(잣대)으로 삼아서 그 신의 관점에서 이 세계를 바라봅니다. 인간의 관점에서, 단 하나뿐인 신을 우러러봐서는 안 됩니다. 그렇게 되면 반쪽자리 일신교가 되는 겁니다. 신의 눈에 인간이 어떻게 비치는지 생각하고서 이를 자신의 관점으로 삼는 게 바로 나머지 반쪽입니다.

다신교는 신의 눈에 인간이 어떻게 보이는지 신경쓰지 않습니다. 어디까지나 인간 중심인 것입니다. 인간 중심인가, 신 중심인가. 이게 바로 일신교인지 여부를 결정적으로 나누는 척도가 되는 것입니다.

신이 기준이기 때문에 통상적인 발상과 다른 기묘한 점도 일어납니다. 예를 들어 막대기의 길이를 물을 때 우리는 "이건 몇 미터인가요?"라고 묻습니다. 자로 재면 되니까요. 그런데 미터의 원기라는 1m짜리 금속 봉棒에게 누군가가 "미터 원기님, 당신은 왜 1m인가요?"라고 묻는다고 칩시다. 그럼 미터 원기는 뭐라고 대답할까요? 조금 불쾌한 표정으로 "내가 1m인데, 뭐 불만 있습니까" 이러겠죠. 이거 이외에는 답이 없는 거예요. 그냥 저게 1m라고 정한 거니까요. 이게 바로 기준이라는 것입니다. 지금 질문은 이런 식으로밖에 답을 드릴 수 없네요.

일신교도, 유일한 기준을 정했다는 점에서 미터법과 비슷합니다.

　일신교의 신은 자신이 옳바름의 기준이기 때문에 "당신이 왜 옳습니까"라고 물어도 이유를 가르쳐줄 수 없어요. 그냥 옳은 것이거든요. 그런 겁니다. 인간의 임무는 신이 말하는 대로 따르는 것. 완벽하게 따르지는 못해도 포기하지 않고서 "이 순간에도 신은 나를 보고 계셔"라고 믿으면서 신과 대화하면서 신을 계속 따르는 것. 이런 커뮤니케이션을 끊임없이 하는 게 신이 가장 바라는 바일 겁니다. 인간에게 있어서는 인생의 모든 프로세스가 시련(신이 부여한 우연)의 연속이기 때문에 그 시련의 의미를 자기 나름대로 받아들이고 뛰어넘어가는 게 신의 기대에 부응한다는 것입니다. 유대 민족도 외국과 싸워서 계속 패하는 상태였지만, 전쟁에서 이기느냐 지느냐를 그다지 문제가 되지 않았습니다. 시련에 지나지 않았기 때문이죠.

　시련이란 신이 인간을 "시험한다"는 의미지요. 신은 인간을 시험해도 괜찮습니다. 인간이 신을 시험하는 것은 안 되지만요.

**오사와** 그렇군요. 일신교의 신과 커뮤니케이션한다는 건, 단적으로 커뮤니케이션의 불가능이라고 할 수 있겠네요. 인간의 규준에서는 커뮤니케이션할 수 업다는 게, 도리어 신과 커뮤니케이션하고 있는 셈입니다. 인간들이라면 성공적인 커뮤니케이션이란 서로 이해하는 겁니다. 그러나 일신교의 신에 대한 경우에는 전혀 다르고, 불가해하다라는 걸 그대로 받아들이는 게 바로 신과의 올바른 관계가 되니까요. 예를 들어 신은 유대인을 선택했지만 아무도 그 의도를 확실히는 모릅니다. 하지만 이유가 불명확한 것, 그 자체를 있는 그대로 받아들이는 게 신과의 올바른 관계라고 할 수 있지요다.

# 9 전지 전능한 신이 만든 세계에
　악이 왜 있는가


**오사와** 유대교나 그리스도교를 이해하기 위한 포인트는 일신교의 God가 진정으로 초월적인 신, 전지 전능한 신이라는 점이 아닐까 생각합니다. 그와 같은 신을 믿는다는 게 어떤 의미인지, 또 왜 그런 존재를 적극적으로 받아들이려고 하는지 그걸 체득하는 게 중요합니다.

　물론 이미 신앙의 입장에 들어서 있는 사람의 논리로서는 그와 같은 초월적인 신이 있는 게 인생의 전제가 되어서 그로부터 연역된 설명이라는 점이 있습니다. 그러나 경험과학의 입장에서 보자면, 실은 사회·심리적인 요인이 하나하나 쌓여서 사람들은 ─ 이 경우에는 유대인은 ─ 그와 같은 전제를 받아들이게 되었다고 봅니다. 그리고 일단 받아들여버리면 논리가 전체적으로 역전되어버립니다. 유대인이 선택받은 것은 분명 이해할 수 없는 일이긴 하나, 원래 신이란 극단적으로 위대한 존재이기 때문에……인간의 머리로는 감히 이해할 수 없는 존재라고……생각하게 된 것이죠. 그러나 그런 불가해한 신을 받아들이기에 이르기까지의 과정이나 사회적 메커니즘은 분명히 존재한다고 봅니다. 혹은 그런 신의 존재를 전제로 삼는 게 그 사람들의 삶의 방식 속에서 얼마나 설득력이 있는지 실감케 하는 객관적인 원인이 있었을 겁니다. 이제부터 이에 대해 알아보고자 합니다.

이러한 점, 곧 신의 압도적인 초월성이라는 점과의 관계에서 한 가지 묻고 싶은 게 있습니다. 그리스도교 신학계에서도 종종 화제가 되곤 하는데요. 신이 전지 전능하여 그만큼 완벽하다고 한다면 우리들이 살고 있는 이 세상, 신이 창조한 이 세상이 왜 이렇게 불완전할까요? 신이 만든 세상에 악惡이 왜 있는지가 자주 제기되는 의문입니다.

이건 중세 그리스도교 신학에서도 빈번하게 묻고 있는 의문입니다. 토마스 아퀴나스 등의 많은 철학자·신학자가 이 세상의 악이나 불완전함을 설명하는, 다양한 논법의 버전을 열심히 제기했습니다. 이는 실제로 일신교를 받아들이고 있는 자들에게 있어서도 이 점이 얼마나 불가해했었는지라는 걸 보여주고 있습니다.

신이 창조한 이 세상이 어째서 이렇게 결함들로 가득찬 것일까.

이 점에 관해서는 인간의 눈에는 결함들만 보이겠지만, 신의 관점에서는 완벽한 것이다라는 설명도 도무지 받아들이기 어렵습니다. 그도 그럴 것이 성서를 읽어보면 신 자신이 후회한다든지, "잘못이다"라고 생각하지 않을 수 없다고 해석할 수 있는 장면들이 간간히 나오기 때문입니다. 가장 알기 쉬운 예는 아까 말한 대홍수 이야기이지요. 신은 천지를 창조했는데, 왜 노아가 있는 곳에서 리셋 버튼을 눌렀던 것일까요. 신이 살짝 실수를 했기 때문이겠죠. 신의 입장에서는 노아가 있는 곳이 그나마 자기 생각대로 일이 진행되었기 때문에 부수지 않고 그 쪽만 피난시킨 뒤에 다시 세계를 만들었습니다. 자기가 생각한대로 진행되지 않았기 때문에 다시 수정한 것입니다.

이것 말고도, "우리들"이 여러 불행이나 고난에 부딪힌다는 것에 관해서도 불가해하다고 말할 수 있습니다. 우리가 이런 불행에 맞닥뜨린 건 신이 잘못한 게 아니라 "우리들"이 잘못했기 때문이라고 해석한다고 해도, 그렇다고 한다면 왜 그런 잘못을 저지르는 "우리들"을 신은 만든 것인지라는 의문이 들기 마련입니다. 이 세상에는 신이 전지 전능하다는 가정과는 상당히 모순되는 듯한 현상이 많이 일어나는 것처럼 느껴지네요. 신앙을 가진 사람들은 이런 점을 어떻게 받아들일까요? 또한 그런 사실에도 불구하고 왜 신앙을 파괴하지 않았던 걸까요?

이 점과 관련해서 또 하나 궁금한 점은 이 책의 뒷부분에서도 이야기하겠지만, 신이 일단 결정한 걸 나중에 바꿀 수 있느냐는 겁니다. 이것도 신학상에서 상당히 자주 나오는 테마입니다. 이 문제는 다음과 같은 상황에서 특히 심각한 게 됩니다.

예를 들어 제가 그리스도교 세계를 살아가는 크리스찬이라고 칩시다. 그런데 매우 타락한 생활을 하고 있었습니다.

이대로라면 당연히 지옥에 떨어지고, 신의 예정으로도 "지옥행"의 리스트에 들어가지요. 그러나 어느날 극적인 컨버전(회심)의 체험이 있어서 제가 회개합니다. 그리고 돈독한 신앙 생활을 이어나갑니다. 이 경우에 예전에 지옥행의 리스트에 올라 있던 오사와는 이제라도 회개하였으니 신의 나라에 가도 무방하지 않을까요. 이런 식으로 신은 이미 정해놓은 걸 나중에 변경하는 게 가능한가라는 문제입니다.

한편에서는 신은 "전능全能"하기 때문에 바꿀 수 있다고 하겠죠.

그러나 다른 쪽에서는 "전지全知"한 신이라는 걸 생각한다면 조금 우스꽝스럽죠. 신이, 도중에 "오사와, 생각했던 것보다 잘 살았네"라고 의사를 바꾸고, 예정을 바꾸는 건 기묘한 이야기지요. 신은 전지하기 때문에 "예상보다 오사와가 착실하게 살았군"이라는 건 말도 안 된다는 거죠. 가령 신에게 예상치 못한 일이 일어난다는 것 자체가 신이 전지하지는 않은 게 되니까요. 곧 "전지 전능"이라고 곧잘 한 세트로 말하지만, 전지와 전능은 양립하지 않는 것도 같네요.

예를 들어 일본의 고지키에 나온 신이나 그리스 신화 속의 신처럼 처음부터 그와 같은 압도적인 초월성을 내세우지 않고서 조금 특별한 능력을 지닌 정도로만 표현했다면 신이 실패하거나 후회하는 모습은 애교로 넘길 수 있었을 겁니다. 그런 신들이 존재하는 세계에서는 결함이나 악인들이 많이 존재한다고 해도 신앙에는 그렇게 큰 문제가 되지 않을 거예요. 그러나 일신교 세계에서는 이야기가 달라지죠. 수많은 악인을 목격하고, 이해할 수 없는 결함 등을 겪으며 사람들은 신도 실수를 하는구나 하고 생각하게 되는 것 자체가 신앙에게 위협이 되는 거 아닌가요?

**하시즈메** 저는 오히려 우리가 사는 세계가 불완전하다는 점이 신앙에게 플러스가 된다고 봅니다.

**오사와** 그건 어떤 논리인가요?

**하시즈메** 우선 "신(God)이 유일하고 전지 전능하다"고 하는 일신교의 사고방식이 어떤 사고방식과 대립하는지부터 고려해봅시다.

인도의 힌두교, 중국의 유교, 일본의 신토神道는 일신교가 아닙니다. 불교도 일신교라고 말할 수 없고요.

물론 불교도, 이 세계를 완전히 보편적이고 합리적으로 이해하려고 한다는 점에서는 일신교와 유사합니다. 유교도 인간이 살아가는 이 세계를, 완전히 보편적이고 합리적으로 이해하려 한다는 점에서는 일신교와 유사합니다. 아마 일신교만큼 철저하지 않을는지 모르겠습니다만.

그렇다면 일신교는 이 종교들과 근본적으로 어떻게 다를까요.

우선 일신교는 이 세계에서 일어나는 모든 일의 배후에 유일한 원인이 있다. 그것도 인간처럼 인격을 가진, 궁극적인 원인＝God가 있다고 생각합니다. 배후에 책임자가 있다는 것입니다. 하지만 불교, 유교, 신도는 이렇게 생각하지 않습니다. 이게 다릅니다.

　조금 덧붙이자면, 그 책임자(God이지요)는 의사가 있고, 감정도 느끼며, 이성적인데다가 기억이라는 것도 합니다. 그리고 말을 사용한다는 점이 매우 중요합니다. 요컨대 인간의 정신 활동과 판박이예요. 실제로 이 세계는 말Logos에 의해 만들어졌습니다. "빛이 있으라" 하고 말하니 빛이 생겨났습니다. 그리고 의사를 표명해서 이스라엘 백성을 선택했습니다. 그 백성에게, 예언자를 통해서 말을 겁니다. 말 없이 폭우, 가뭄, 메뚜기떼의 습격 등의 자연 현상을 통해 작동시킨 경우도 있었지만, 결국 그것도 God가 불러일으킨 것, God가 보낸 메시지입니다.

　다신교와 어떻게 다를까요. 다신교는 자연 현상의 배후에 신(책임자)이 있다고 생각하고는 있습니다. 그래도 각각의 자연 현상의 배후에 각각의 신이 있다고 생각합니다. 태양에는 태양의 신, 달에는 달의 신, 별에는 별의 신, 산에는 산의 신, 강에는 강의 신, 바다에는 바다의 신……이 있다고 생각하는 거죠. 그렇다고 한다면 어떻게 될까요. 자연은 신들의 네트워크인 셈이지요. 네트워크이기 때문에 어떤 신도 궁극적인 지배권을 가질 수 없으며, 다른 신에게 간섭받지 않을 수 없습니다. 신에게는 고유한 영역이 있기 때문에 신들의 관계는 인간 사회와 상당히 흡사합니다. 각각의 신에게는 각자의 임무가 있으니 그 밖에는 나서지 않는다는 이야기죠. 그렇다면 그 속의 특정한 신과 접점을 갖고 있다고 해도 얻을 수 있는 이익은 한정되어 있습니다. 예를 들어 태양의 신과 사이가 좋다고 해도 물의 신과 사이가 나쁘면 농사가 잘되지 않을는지도 모릅니다. 다양한 신들과 밸런스를 맞춰가며 좋은 관계를 유지하지 않으면 안 되는 겁니다.

**오사와** 다원 외교 같은 것이군요.

**하시즈메** 신들은 다들 자기만의 생각이 있기 때문에 의견을 한데 모으기가 쉽지 않습니다. 이게 바로 다신교에요. 그렇기 때문에 신과 대화를 나눈다는 건 상상할 수도 없는 일입니다.

다음으로, 불교의 경우에는 유물론이라고 할 수 있습니다. 자연 현상의 배후에 신 같은 것은 없습니다. 모든 것은 인과율에 따라서 일어날 뿐이라고 생각합니다. 인간도 죽으면 분해되어 아미노산이 되고, 미생물에게 먹혀 생명의 원천이 되고, 그것이 또 다른 생명으로 모습을 바꾸고, 먹이 사슬 같은 생명 순환이 있어서⋯⋯. 거기에는 인과 법칙이 있을 뿐, 누군가의 의사에 따라 작용하는 게 아닙니다. 그렇게 따지면 천체든 지구든, 기상이든 생태계 든 모두 자연 법칙에 지배받고 있는 것에 지나지 않습니다. 이렇게 자신들을 둘러싸고 있는 이 우주의 법칙을 얼마나 철저하게 인식하고 있는지가 승부여서, 그걸 철저하게 인식하고 있는 사람을 부처佛(붓다)라고 합니다. 부처라고 해도 이 우주를 지배하는 법칙을 1mm도 바꿀 수는 없습니다. 그런 법칙을, 있는 그대로 철저하게 인식하고 한 치의 오차나 착각 없이 자신과 우주가 완전한 조화에 도달한 상태, 그게 이상理想인 것이지요.

법칙에는 인격성이 없습니다. 붓다와는 대화할 수 있어도, 법칙과는 대화를 나눌 수 없습니다. 법칙은 말로 할 수 있는 것도 아닙니다. 말로 표현하는 게 곤란합니다. 붓다는 모처럼 궁극적인 지식을 손에 쥐었는데도, 이를 말로 표현하지 못해 고민에 빠졌습니다. 고타마 싯다르타가 깨달은 진리를 말로 전달하여 새로운 붓다를 양산해낼 수 없는 것입니다. 다른 사람들은 처음부터 차근차근 시작할 수밖에 없는 거예요.

유교의 경우는 어떨까요?

유교는 자연을 콘트롤해야만 한다고 생각합니다. 콘트롤하는 수단은 정치입니다. 정치는 많은 사람이 협력하는 것으로, 사람들 속의 리더가 리더십을 발휘하지 않으면 안 되는 것이지요. 그러기 위해서는 당연히 정치적 능력이 필요합니다. 그런 능력을 가졌을 것 같은 사람을 발굴하여 훈련시켜서 그 능력을 발휘시킵니다. 리더를 훈련시켜서 좋은 정치를 하도록 합니다. 이게 유교로, 정치적 리더를 훈련시키는 시스템입니다. 이런 훈련에는 매뉴얼(고전)이 있어서 모두 그걸 읽고 공부했습니다.

유교는 이런 식으로 우주의 배후에 인격이 있다는 사고방식이 없었어요. 인격을 갖고 있는 건 리더(정치가)로, 정치가 이외에는 자연이나 우주가 있을 뿐, 신들이 있다고 해도 괴력난신怪力亂神으로 여기고서 무시해야 한다고 생각했습니다.

유교도 주자학이 되면 리더(정치가)의 배후에 하늘(天)이 있다는 등의 추상적인 이야기를 하기 시작합니다. 그렇다곤 하나 하늘도, 그 근원으로 여겨지는 이理나 기氣도 인격은 아닙니다. 말로 할 수 있는 것도 아닙니다. 그렇다고 한다면 커뮤니케이션은 정치적 커뮤니케이션으로 한정됩니다. 왕이나 황제의 명령이든, 정부의 행정 지도든. 그밖에 관료들이 업무 중간 중간에 인간적인 심정을 노래한 시도 있겠군요.

반대로 일신교의 경우에는 God와의 대화가 성립합니다. 왜냐면 God가 인적인 존재이니까요. "신이시여, 이 세상은 왜 이럴까요", "신이시여, 인간은 왜 이렇게 고통스러운 걸까요"라고 호소해도 되고, 신에게 감사함을 전달해도 되기 때문에 반복적으로 말을 겁니다.

이런 God와의 끊임없는 커뮤니케이션을 우리는 기도라고 합니다.

이런 종류의 기도는 일신교에 특유한 것이지요. 기도를 통해서 일종의 해결책을 얻으면, 그걸 구원이라고 여기고서 God와 인간의 조화로운 상태를 실현시킵니다. 구원받기 전까지 인간은 고민과 괴로움에 짓눌려 God가 만든 세상을 받아들일 수 없고, 이해할 수 없다는 상황이 계속됩니다.

　일신교는 God가 모든 걸 지휘 감독한다고 믿으면서도 종종 불합리하다는 감정에 휩싸이곤 합니다. 예를 들어 왜 우리 가족이나 나의 소중한 사람이 중병이나 사고를 당할까. 왜 나는 노력해도 보상받지 못할까. 왜 악이 설치고 박해가 계속되는가 등등. 일신교가 아니라면, 불교, 유교, 신토의 논리라면 그저 운이 나빠서, 아니면 나쁜 신 때문에 그렇다고 생각하면 그만입니다. 하지만 일신교에서는 모든 일이 God의 의사에 의해서 일어나는 것이어서 그렇게 생각하고 넘어갈 수가 없는 겁니다. 여기서 사람들은 신과 끊임없이 대화를 반복하게 되는 겁니다.

　부모들은 자신의 아이가 장애를 갖고 태어나거나 중병에 걸리면 비슷한 고민을 합니다. "왜 하필 우리 아이가……" 하고 말이죠. 이는 어떤 일이든 God의 뜻으로 일어난다고 생각하기 때문에 유대교의, 선민의 사고방식과 똑같습니다. 아무리 고민하고 생각해봐도 답이 나오지 않아요. 내가 무슨 죄를 저질러 이런 벌을 받는 건 아닌지 생각해봐도 딱히 짚이는 것도 없거든요.

　결국 이것은 시련이라고 받아들일 수밖에 없는 것입니다. 사람들은 God가 우리에게 이런 시련을 주고, 내가 어떻게 생각하고 행동하는지 지켜보고 있다고 생각합니다. 기도는 단순한 명상과 달리, 그 본질은 대화입니다.

　덧붙이자면, 그리스도교와 이슬람교는 어떤 기도 방법이

올바른지 서로 다른 생각을 가지고 있는데요. 그리스도교의 기도는 겉으로 알 수 없습니다. 예수가 보란 듯이 기도하지 못하도록 명령했기 때문입니다. 하지만 이슬람교의 기도는 다릅니다. 겉으로 보이기 때문에 동료들과 함께 기도함으로써 자신이 무슬림임을 자타가 확인할 수 있습니다.

**오사와** 기도 마지막에 "아멘"이라는 말을 붙이는 경우도 많은데요. 이것은 어떤 의미인가요?

**하시즈메** 원래 유대교에서만 했었는데 그리스도교, 이슬람교에도 전파되었어요. " 그대로 이의 없다"라는 뜻입니다. [일본의] 신좌익이 집회에서 "그럽시다!", "이의 없소!" 하는 것과 똑같습니다.

**오사와** "아멘"이라는 건 남들이 하는 이야기를 또다시 확인하고 합의한다는 말씀이신가요? 한 마디로 당신의 말을 다시 반복한다는 의미군요.

# 10 욥의 운명 – 신앙이란 무엇인가

하시즈메 납득하기 어려운 불행에 처했을 때 『욥기』를 읽습니다. 『요나서』와 마찬가지로, 『욥기』는 구약성서의 "여러 문서"의 하나입니다.

욥이라는 인물이 주인공으로 등장합니다. 그는 신앙을 가지고서 바르게 살았기 때문에 사람들에게 "의인"이라고 불렸습니다. 그를 본 야훼가 흐뭇해하자 사탄이 찾아와 이렇게 말합니다. "욥이 저렇게 바르게 살 수 있는 건 물질적으로 풍요롭고 자식들이 잘 자라 한자리씩 차지했기 때문입니다. 그것들을 모두 빼앗은 다음에 다시 한번 지켜보십시오. 바로 신을 저주할 것입니다." 야훼는 사탄의 말을 듣고서 욥의 재산을 빼앗았으며 자식들마저 모두 죽여버렸습니다. 그런데도 여전히 욥은 신을 믿고 있었습니다. "신이 주시고, 신이 가지고 가신다. 신이 주시는 것을 감사하게 받아야 한다면 고난 역시 똑같이 받아들여야 하는 것이다." 그래서 이번에는 사탄의 제안으로, 욥의 건강을 빼앗았습니다. 심각한 피부병에 걸린 욥은 온몸을 긁어대는 통에 피투성이가 되었고, 개가 달려들어 상처를 핥기도 했습니다. 결국 욥은 쓰레기더미에서 자는 홈리스가 되었다. 그런데도 욥은 변함없이 신을 믿고 있었다. 신과 욥 모두 한 치도 물러서지 않았습니다.

이때 친구 세 명이 욥을 찾아와서 여러 가지 질문을 합니다. "욥, 네가 이런 고난에 시달리는 것은 분명 이유가 있는 거 아냐. 우리들에게 감춘 죄가 있지. 어서 말해." 욥은 반론하며, "나는 맹세코 신에게 죄를 짓지 않았어. 너희에게 숨긴 것도 없어"라고 대답하자 친구들은 "이 지경이 됐는 데 아직도 자신의 죄를 인정하지 않다니. 이것이야말로 가장 큰 죄다"라며 욥을 비난했습니다. 이들의 대화는 평행선을 달렸고, 결국 욥은 친구들마저 잃고 말았습니다.

이런 욥에게 가장 괴로운 것은 신의 침묵이었습니다. 아무리 신에게 말을 걸어도 응답이 없었습니다. 욥이 "신이시여, 저에게 이런 시련을 주실 권리가 있는지 모르겠지만 이건 해도해도 너무합니다. 저는 이런 시련을 겪어야 할 만큼 죄를 짓지 않았습니다"라고 말하자 드디어 야훼가 입을 열었습니다. "욥, 너는 나와 논쟁을 벌일 참이더냐. 무슨 생각으로 나에게 그런 말을 하느냐. 나는 야훼야. 내가 천지를 창조했을 때 너는 어디에 있었느냐. 천지를 창조한다는 건 엄청난 일이야. 나는 리바이어던을 갈고리로 낚아 물리쳤고, 비히모스도 해치웠다. 너는 그런 괴수들을 상대할 수 있느냐?"라고 줄줄 말하자 욥은 아무 말도 하지 못했습니다.

그런데 최후에 야훼는 욥을 칭찬하며 욥의 친구 셋을 비난했습니다. 그리고나서 욥의 건강을 회복시켜주었고, 죽은 자식들을 대신해서 새로운 아들과 딸을 낳도록 도와주었습니다. 딸들은 미인으로 유명했고, 재산도 전보다 늘었으며, 오래오래 행복하게 살았습니다. 뒤에 야훼도 욥에게 자신이 조금 지나쳤다고 반성했다고 합니다.

『욥기』를 읽고나면 욥에 비해 나는 아직 괜찮은 건지도 모른다는 생각을 하게 됩니다. 반대로 말하자면, 욥처럼 고생하며 신에게 끊임없이 대화를 거는 사람이 그만큼 많이 있다는 이야기입니다. 이런 대화가 가능한 게 바로 신앙입니다.

일신교에는 이런 사고방식밖에 없습니다. 곧 시련입니다. 시련이란 이렇다 할 이유가 없어도 불행한 일이 생기는 것으로, 이를 받아들이지 못하고서 신을 저주하면 진짜로 죄를 짓게 되는 것입니다.

또 하나 중요한 건 사탄이 등장한다는 점입니다.

사탄은 "반대자"·"방해꾼"이라는 의미로, 신에 대한 믿음을 검증하는 존재입니다. 『욥기』의 사탄은 천계에도 자유롭게 드나들고, 신의 대리인 자격으로 지상을 사찰하는 존재입니다. 중세 그리스도교에서 묘사하는 것과 같은 악마는 아니에요.

이렇게 신에 대한 믿음은 사소한 것으로도 이내 방해받고 있습니다. 내가 친구의 사탄이 될 수도 있고, 친구나 가족이 나의 사탄이 될 수도 있습니다. 사탄이란 "악마"로서 실재하는 게 아니라, 그 역할에 지나지 않는 것입니다.

질문에 제대로 대답했는지 모르겠군요……. 그러니까 오

사와 씨의 질문은 반대자 사탄이 왜 신에 대한 믿음을 촉진시키는가, 이거 맞죠?

**오사와** 네, 맞습니다. 이 타이밍에서 『욥기』에 대한 이야기가 나올 줄 알았습니다.

『욥기』라는 건 구약성서 가운데서 가장 문학적으로 읽히는 텍스트이기 때문에 지금까지도 많은 사람이 논했고, 최근까지도 여러 사람이 논의하고 있습니다.

방금 소개하신 대로 차례차례로 불행을 겪는 욥에게 친구들 셋이 찾아갑니다. 욥과 친구들이 나눈 대화는 다른 식으로 읽으면 일종의 신학 논쟁과 비슷한데요.

친구들이 욥에게 하는 말은 물론 배척해야 할 내용으로, 동시에 당시 사람들의 가장 상식적인 견해를 보여주기 위해 일부러 적은 것으로 보입니다. 간단히 말해서, 욥의 친구들은 욥이 이런 고난을 겪는 것은 인과응보라고 생각하고서 분명 욥이 죄를 지었기 때문이라고 그를 몰아세웁니다.

욥은 굉장히 의지가 강한 사내로, 자신은 결코 이런 불행을 겪을 만한 죄를 짓지 않았다고 주장합니다. 주위 사람들이 아무리 자신을 비난해도 그는 자신이 하지 않은 잘못을 인정하지 않았습니다.

이렇듯 욥과 친구들 사이의 대결은 당시의 유대인에게 있어서 딱히 잘못을 저지르지 않은 사람들에게 닥친 불행이나 고난을 일신교의 맥락에서 어떻게 해석하면 좋을지가 중요한 실존적인 물음이었음을 보여주고 있습니다.

이 텍스트의 뛰어난 점은, 최후에 정말 신이 등장한다는 점입니다. 이 부분에서의 신의 태도, 신이 말하고 있는 것에 관해서 저는 예전부터 대단히 궁금한 게 있습니다.

처음에는 친구들이 찾아와서 "욥이 왜 이런 불행에 시달려야 하는가"라는 물음에 어중간하고 안이한 대답을 합니다. 친구들이 돌아가고 나서, 드디어 욥에게 신이 찾아옵니다. 신에게 기대하는 건 뭐 말할 것도 없지요. 정답입니다. 욥도, 독자도 신에게 제대로 된 답을 기대했습니다.

그런데 이 신은 전혀 답을 주지 않습니다. 더군다나 침묵하는 것도 아니고, 너무 수다스러운 거예요. 찾고 있는 답은 주지 않으면서 전혀 상관없는 이야기를 계속 하는 거죠 (웃음). 여기서 신이 말하고 있는 건, 제 식으로 말하자면 일종의 자만스런 이야깁니다. "나는 말이지, 이렇게 대단하단 말이야. 나한테 이래라 저래라 하지마", 이런 느낌으로 온통 자기 자랑뿐입니다. 제가 만약 욥이었다면 아연실색했을 겁니다.

저는 이 부분을 읽고서 신과의 커뮤니케이션]이란 일종의 디스커뮤니케이션[불통]이며, 신과의 커뮤니케이션은 커뮤니케이션의 불가능성 그 자체라는 역설의 궁극적인 모습을 보게 됩니다. 신은 욥에게 진지하게 대답해주지 않음으로써 대답하는 것이기 때문이죠. 어쨌든 일신교의 인격신은 신과의 부단한 커뮤니케이션을 유발한다는 점이 중요하다고 생각합니다.

이와 관련해서 『욥기』의 가장 최초의 설정이 되고 있는 "사탄과 함께 욥의 신앙을 시험해보자"라고 하는 건 이야기를 만들기 위한 이유여서 『욥기』라는 텍스트에서의 본래의 의미로서는 아무튼 좋다고 봅니다. 여하튼 사람들은 살아가면서 욥처럼 이해할 수 없는 불행들을 겪으니까요.

그래서 『욥기』에서는 최후에는 욥이 병도 낫고 가족이나 재산도 모두 돌려받아 행복하게 산다는 내용으로 마무리되는데, 그러나 이것도 사실은 일종의 사족이지요. 곧 이 텍스트는 "아무리 불행이 일어나도 최후에는 신이 도와주신다"라는 식으로 읽으면 안 된다는 말입니다. 욥이 불행의 구렁텅이에서 헤어나오지 못한 채 이야기가 끝나면 사람들이 얼마나 불안해하겠어요. 그래서 갑자기 해피엔딩의 결말을 덧붙인 것이지요. 적어도 욥은 뒤에 신이 해피엔딩을 준비해주실 거야라는 기대를 하며 신앙을 지켜왔던 건 아닙니다. 그렇기에 참 잔인한 이야기라는 생각이 드네요.

저는 어릴 때부터 쭉 대단히 기묘한 텍스트라고 생각했어요. 갑자기 등장한 신이 계속 자기 자랑을 하더니 욥에게 일단 "잘했어" 하고 칭찬해줍니다. 그래놓고서 "네 친구들은 나빠"라고 친구들을 정식으로 배척합니다. 그런데 또 그 친구들은 신에 대해서 더할 나위 없이 호의적인 걸 말하고 있지요. "자네(욥)가 이유도 없이 고난에 시달릴 리가 없다. 신은 그렇게 가혹한 짓을 하지 않아. 그러니 자네가 알아채지 못하지만 나쁜 짓을 했음에 틀림없어. 신은 그 죄로 벌을 내리는 거야"라고 말이죠. 친구들은 야훼에 대한 믿음이 있는 사람들이기 때문에 자기 나름대로 이 상황을 판단합니다. 어떤 의미에서 보면 신을 옹호하고 있다고 볼 수 있어요. 하지만 신은 친구들의 그런 행동을 신앙이라고 보지 않습니다. 오히려 욥이 더 대단하다고 말합니다. 이처럼 신은 언뜻 보면 "모범 답안" 같은 친구들의 답에 땡!이라고 외칩니다. 그러면서도 "정답"을 주지 않습니다.

제가 만약 욥의 입장이었다면 신에게 빈정거렸을 겁니다. "에에, 신은 정말 대단하시네요. 그렇게 뭐든 하실 수 있는 분이 왜 저를 구원해주지 않는 거죠?"라고요. 저는 이걸 읽고서 인간들이 정말 위로받을 수 있을지 의문이 듭니다.

하시즈메  욥의 운명은 유대 민족의 운명 그 자체라고 할 수 있습니다.

오사와  맞습니다.

하시즈메  『욥기』를 부정해버리면 유대교를 부정하는 것이고, 따라서 일신교는 성립되지 않습니다. 이건 대단히 중요한 점입니다.

왜 그럴까요?

논의의 구조를 정리해보자면, 욥에게는 운이 좋을 때와 나쁠 때가 있습니다. 욥은 세상을 합리적으로 이해하려 합니다. 욥은 야훼와 대화를 해도 그것 이외에 다른 신이 있다든지, 오컬트occult[신비술]나 마법 같은 게 존재하지 않는다고 생각했어요. 이 세상과 야훼, 자기 자신만을 가지고서 모든 걸 해석하려고 했습니다.

그런데 일신교의 입장에서 보면, 오사와 씨가 방금 말씀하셨듯이 신은 세계를 창조한 전지 전능한 존재인데, 왜 이세계를 완벽하게 만들지 않았을까가 문제가 됩니다. 예를들어 왜 굶주림이 있을까? 왜 식량과 자원은 항상 부족하여 사람들을 가난으로부터 자유롭지 않은 것일까? 빈곤이나 결핍과 싸우기 위해 인간은 계속 노동을 해야만 하지요. 또한 인간끼리 끊임없이 다투고 괴로워하며, 심지어 죽이려고까지 합니다. 곧 이 세계는 단적으로 말해서, 불완전합니다. 완전한 신이 어째서 이렇게 불완전한 세계를 만든 것일까. 어떻게 보면 심보가 고약하지 않습니까.

일단 이 질문에 대해서 설명하자면 『창세기』를 봅시다. 신은 인간을 만들었을 때 처음에는 인간에게 이상적인 환경을 제공하려고 에덴 동산이라는 낙원을 만듭니다. 에덴동산에는 먹을 게 충분하고 일을 하지 않아도 됩니다. 그런데 에덴 동산에는 지혜의 나무와 생명의 나무가 있었는데, 신은 다른 나무의 열매는 먹어도 괜찮지만 이 두 나무의 열매는 먹어선 안 되고, 그것 이외의 열매는 먹어도 된다고 말해두고서 나가버린다는 것입니다. 아담과 이브는 만들어진지 얼마 안 되어서 영문은 모르겠지만, 아무튼 신에게서 그렇게 전해 들었습니다. 이게 바로 신의 명령으로 율법, 즉계약입니다.

그런데 신이 자리를 비우자 뱀이 나타납니다. 이 뱀은 바로 사탄으로, "반대자"이지요. 이브에게 "지혜의 열매를 먹어봐. 분명 맛있을 거야"라고 유혹합니다. 이브는 지혜의 나무에 열린 열매가 맛있게 느껴졌고, 손을 뻗어 그 열매를 먹었습니다. 그리고 아담에게도 먹도록 했습니다. 아담은 이브에게서 열매를 건네받아 맛있게 먹었습니다. 저녁이 되자 신은 일부러 소리를 내며 동산으로 돌아왔다. 지혜의 열매를 먹은 두 사람은 알몸이었기 때문에 부끄러움을 느꼈습니다. 두 사람은 수풀 속으로 들어가 숨었고, 이를 수상히여긴 신이 물었습니다. "왜 숨는 것이냐, 아담. 지혜의 열매를 먹은 것이냐?" 아담은 "이브가 먹으라고 해서 저도 먹었습니다"라고 대답했고, 신이 이브에게 사실인지 물었습니다. 결국 이브는 "뱀이 유혹하여 먹고 말았습니다"라고 실토했습니다.

　그런데 인간에게는 질문을 하지만, 뱀에게는 어떤 질문도 하지 않습니다.

**오사와** 듣고보니 그렇군요.

**하시즈메** 뱀에게는 따로 뭘 묻지도 않고서 곧바로 벌을 내립니다. "너의 팔다리를 없애서 땅을 기어다니게 만들어 흙을 먹게 하겠노라." 아담과 이브는 신의 명령을 따르지 않은 죄와 그 죄를 솔직하게 인정하지 않은 죄로, 벌로서 낙원에서 추방당합니다. 이때부터 인간은 이마에 땀이 나도록 일을 하지 않으면 그날의 식량을 얻을 수 없게 되었습니다. 그리고 언젠가는 죽게 되었고, 여성은 자손을 낳게 되었습니다.

또한 뱀을 증오하게 되었습니다.

그래도 신은 두 사람이 낙원을 떠나게 됐을 때 무화과잎만으로는 몸을 가릴 수 없는 것을 염려하여 가죽으로 된 옷을 입혀주었습니다. 낙원 밖에서 있을 힘든 생활에 배려해준 겁니다.

이런 식으로 이 세계가 불완전한 건 낙원이 아니기 때문입니다. 그리고 인간에게 주어진 벌이기 때문입니다. 신의 뜻을 져버리지 않고서 이런 불완전한 세상을 올바르게 살아가는 게 인간의 의무입니다. 여기까지가 『창세기』의 설명인데요. 이 세계가 불완전한 건 신이 반드시 원한 바가 아니며, 그 점을 신은 알아차리고 있다. 그건 신의 말을 어긴 인간 때문이기도 한 것입니다.

이제부터 조금 신학적이랄까, 철학적인 이야기를 해보려 합니다.

실은 이제까지 제가 한 이야기를 뒤집어서 생각해볼 수 있는데요. 인간은 지금보다도 훨씬 좋은 상황을 그리는, 상상력을 가지고 있습니다. 이걸 실현시키고자 하는 욕망도 커지고 있고요. 자신의 생활에 필요한 것을 획득하는 능력도 높아지고 있습니다. 이런 능력 때문에 타인에게서 노동의 성과를 빼앗는 일도 있습니다. 농업이나 유목에는 그 나름대로의 생활 양식이 있기 때문에 서로 모순·대립하여 분쟁이 되는 경우도 있고요. 서로 목숨을 빼앗는 일도 생길 수 있고요. 그렇다면 안전 보장security이 중요해집니다. 이 때문에 사람들이 결혼을 통해 그룹을 만들거나 동맹을 맺는 등 다양한 불행의 가능성과 함께 인간의 생존 조건이 주어지고 있습니다.

일신교든 다신교든 인간에게 주어진 능력에 따라서, 인간이 처한 조건에 따라서 생존이 위협받고 있다는 것은 똑같습니다. 이를 신에게 투영한 것이라 볼 수 있습니다.

일신교에는 어떻게 투영될까요? 아까 말했듯이 일신교는 어떤 현상의 배후에나 각각의 신들이 있어서, 그 은혜가 없다면 살아가지 못한다고 생각하지 않습니다. 이 세계에 신 따위가 없어서 모든 것은 법칙과 숙명에 따라 결정된다고도 생각하지 않습니다. 인간들 사이의 다툼이나 정치 경제를 교묘하게 조정하는 정치가가 있어서, 그의 정치적 리더십에 의해서 자신들의 문제가 해결된다고도 생각하지 않습니다. 그렇지 않아도 이 세상의 모든 것은 유한하고 죄가 많아서 불완전한 인간들이 영위해가는 것이지만, 그 배후에는 완벽한 능력과 의사, 지식을 가진 God라는 인격이 있어서, 그의 인도에 따라 살아가는 것이라고 생각합니다.

그래서 인간은 "신이시여, 이 세계는 왜 이다지나 불완전한가요"라고 매일 대화를 합니다. God와의 대화를 멈춰서는 안 됩니다. 이 세계가 완전하든, 불완전하든 말이죠. 오히려 자신에게 있어서 이 세계가 너무 빡빡하고 불합리하게 느껴질수록 대화는 더욱 중요해집니다.

이게 바로 시련이라는 것의 의미입니다. 시련이란 현재

를, 장래의 이상적인 상태로 나아가기 위한 **과도적인 프로세스**로 받아들이고, 말로 인식하고, 이성으로 이해하고, 그것을 받아들이고서 산다는 것입니다. 신앙은 그러한 태도를 의미합니다.

신앙은 불합리한 것을 철저하게 합리적으로, 곧 God와의 관계를 통해서 해석하고자 하는 결의입니다. 나한테 이익이 되니까 신을 믿는 게 아닙니다. 나에게 불리한 일이 생긴다고 해도 이를 합리적으로 해석하고자 마음을 다잡는 것, 이게 바로 신앙이라는 겁니다. 인간이 신을 믿어서 이른바 "어떤 이익"을 얻을 수 있는지 이런 문제와는 상관이 없습니다.

**오사와** 초월적인 신, 인격 신을 둠으로써 말과 이성이 어떤 모습으로 담보되어왔는지라는 이야기를 대단히 흥미롭게 잘 들었습니다. 제가 조금 코멘트를 덧붙이고 싶습니다.

방금 이 세계가 불완전해서 불행이나 악이 존재한다라는 걸 설명하기 위한 근거로서『창세기』의 낙원 추방 이야기가 나왔습니다. 낙원 추방은『창세기』가운데서도 일본인이 아마 가장 잘 아는 이야기의 하나일 것 같은데, 저는 어릴 때부터 이 이야기가 이해되지 않았어요.

이 이야기를 들으면 저는 "함정 수사"가 떠오르거든요. 함정 수사라는 건 범죄자를 색출할 때 일부러 범죄를 저지르고 싶게끔 유혹적인 상황을 만들어서 범죄자에게 범죄를 저지르게 한 뒤에 체포하는 수법인데요. 에덴 동산에서 신이 한 행동을 보면 이와 비슷한 느낌이에요.

신은 에덴에 지혜의 나무와 생명의 나무라는 먹으면 안 되는 열매가 달리는 나무를 만들었습니다. 그러나 "먹으면 안 된다"고 하면 더 먹고 싶어지는데, 어째서 그런 나무를 만들었는가. 신은 이유도 설명하지 않고서 무조건 "먹어선 안 된다"고 합니다. 신은 일부러 인간이 죄를 범하도록 상황을 만들어두고서 죄를 짓도록 유도한 뒤에 인간에게 엄벌을 내리고 있는 겁니다.

애초에 에덴 동산에 왜 금단의 열매가 달리는 나무를 만들었는지는 이해할 수도, 풀 수도 없는 신학상의 의문이지는 않은가 하고 생각됩니다. 결과적으로는 최초의 인간이 그걸 먹었기 때문에 그 뒤에 나타나는 세계의 불행이나 악을 설명하는 데 편리한 근거가 됩니다. 그러나 이 낙원에서의 죄라는 것은 다른 모든 일의 합리성을 담보하는 예외적인 불합리가 되고 있다고 생각합니다.

하시즈메 씨는 방금 악이라든지 불완전성이 존재하는 세계에 대해서 일신교가 어떤 식으로 생각하고 있는지, 혹은 그런 사실들이 헤브라이즘의 전통에 어떤 임팩트를 남겼는지에 대해 상당히 명쾌하게 설명해주셨습니다. 하지만 그래도 아마 유대교와 그리스도교 신자들 역시 신이 창조한 세상 속에 있는 갖가지 불완전성이나 악에 대해서 납득하기가 힘들었을 거라고 생각하는데요. 반복하게 되지만, 『욥기』에 등장하는 욥의 친구들이 잘못을 저질렀으니 신에게 배척당한 것이라고 말하잖아요. 이는 당시 유대인 주류파의 사고방식에 가까웠다고 봅니다.

예를 들어 그리스도교의 이단이라고 할 수 있는 그노시스라는 게 있습니다. 엄밀하게는, 그노시스주의Gnosticism[영지주의]는 그리스도교와는 독립적으로 1세기 무렵에 발생한 것인데, 머지 않아 그리스도교와 융합합니다. 그러나 그리스도교의 본류로부터는 완전히 이단으로 여겨지고 있습니다. 그노시스의 특징은 선과 악의 완전한 이원론입니다. 세계를 선과 악의 갈등으로 봅니다. 따라서 빛을 대표하는 선한 신과 어둠을 대표하는 가짜 신이 있다고 생각합니다. 어째서 이런 식으로 이원화하는가 하면 역시 이 세계의 불완전성이라는 문제와 관련이 있다고 생각합니다. 이 세계는 어떻게 봐도 불완전합니다. 이런 이상한 세계를 만든 건 악한 신인게 틀림없다. 이 때문에 진짜 선한 신과 악한 신은 따로 있다는 논리의 줄거리가 있다고 생각합니다.

그노시스주의는 신이 이중이 되어버린다고 믿기 때문에 일신교 입장에서는 어떻게 보더라도 이단이지만, 어쨌든 이런 논리가 사람들에게 상당히 설득력 있게 들렸다는 점을 생각해보면 역시 신이 악이나 불완전성이 만연한 이 세계를 창조했다고 생각하는 것에 얼마나 저항감을 가졌는지 알 수 있다고 생각합니다. 보다시피 욥과 같은 의인이 엄청나게 고생을 했으니 말이에요.

# 11 왜 우상 숭배를
   금지하지 않으면 안 되는가

**오사와** 이쯤에서 잠시 우상 숭배의 금지에 대해서 다시 이야기해보겠습니다. 앞에서 막스 베버의 이야기도 했었는데, 어쩌면 일본인에게는 이에 관한 내용도 이해하기 어려웠을 거예요. 유대교는 왜 그렇게까지 우상 숭배를 엄격하게 금지했을까요.

우상이라는 건 잘못된 신이기 때문에 물론 숭배해서는 안 되지만, 그렇다고 한다면 우상이란 무엇인가라고 생각해보면 대부분의 것이 우상입니다. 눈에 보이는 것, 더욱이 일반적으로 감각이나 지각으로 포착할 수 있는 것 모두가 우상입니다. 그렇기 때문에 석상과 같은 게 있어도, 무언가 인간을 숭배하는 것도 모두 우상 숭배가 되는 겁니다. 신은, 결국 "이거다"라든지, "여기에 있다"든지 하고서 보여줄 수 없습니다. 따라서 예언자가 사이에 들어가 있지 않으면 신과 관계할 수 없다는 겁니다.

그런데 신이란 무엇일까 생각해봅시다. 신은 이 세상에 존재하는 것 가운데서 최고로 존재하는 것이라고도 말하지만, 가장 강한 존재이지요. 예를 들어 "야훼"라는 이름도 ─ 그게 의미하는 바에 대해서는 다양한 해석이 있지만 ─ 하나의 유력한 설에 따르면, "존재하는 것"이라는 뜻이라고 해요. 요컨대 신이란 존재 중의 존재라든지, 가장 강렬하게 존재하는 것, 보통의 존재자를 뛰어넘어서 존재하는 겁니다.

그러면 존재란 무엇일까요. 조금 철학적으로 생각해보죠. 음, 우리는 언제 존재한다고 말할 수 있을까요. 예를 들어 지금 여기 커피잔이 존재한다고 생각합니다. 커피잔은 눈에도 보이고 만질 수도 있으니까 존재한다고 말할 수 있습니다. 혹은 하시즈메 씨 그 자체도 존재한다고 할 수 있습니다. 우리는 하시즈메 씨와 이야기도 나눌 수 있고, 만질 수도 있으며, 악수도 할 수 있으니까요. 그럼 거울에 비친 하시즈메 씨는 존재한다고 볼 수 있을까요? 그건 조금 미묘합니다. 볼 수는 있어도 악수한다든지 만질 수 없기 때문에 적어도 실물의 하시즈메 씨보다는 약간 존재의 농도가 떨어지는 느낌입니다. 그럼 제 꿈에 나타난 하시즈메 씨는요? 그건 존재한다고 보기 어렵습니다. 제 꿈에서만 존재하는 것이니, 꿈에서 깨어나면 그마저도 존재하지 않을 테니까요.

이처럼 존재에 관해서는 바로 그걸 존재로서 확인할 수 있는 농도 같은 게 있습니다. 존재와 부재의 이항대립이 아니라, 강한 존재부터 부재까지의 사이에는 레벨의 차가 있습니다. 단순하게 "실재하지 않는 것"이라고 말하는 것 가운데도 "유니콘"처럼 적어도 상상할 수 있는 것과, "동그란

삼각형"처럼 논리적으로도 모순되는 존재는 그 레벨이 다르다고 할 수 있습니다.

이처럼 생각했을 때 우상 숭배를 엄격하게 금지한다는 것과 더불어 있는 신이라는 건 어떤 방법으로도 그 존재를 확인할 수 없는 신이라는 셈입니다. 예를 들어 하시즈메 씨라는 사람의 존재에 대해서는 "저는 하시즈메 씨를 만난 적이 있습니다"라고 하면 하시즈메 씨는 존재하는 사람이 됩니다. 그리고 하시즈메 씨라는 사람을 만난 사람이 이 세상에 아무도 없다고 한다면 하시즈메 씨의 존재(실재) 그 자체가 의심스러워지는 거예요. 그렇지만 신에 대해서는, 거꾸로 "나는 신을 보았다"라고 말해버리면 그것은 진짜 신이 아닌 우상이 되어버리는 겁니다. 신에 관해서는 그 존재를 확인하는 데 필요한 모든 방법이 금지되어 있어요. 설령 예언자라고 해도 말이죠. 예를 들어 모세조차도 신을 정면에서 바라보지 못했습니다. 그렇다고 한다면 통상적인 의미에서는 존재에서 가장 멀리 떨어져 있는 게 최고로 존재하고 있다라는 역설적인 이야기가 되어버리는 겁니다. 우상 숭배를 엄격하게 금지한다라는 건 이런 역설을 받아들인다는 겁니다.

거꾸로 말하자면, 다른 종교가 유대교에서 보면 우상 숭배와 같은 걸 하는 건 본대로라면 존재하고 있다고는 실감할 수 없는 신에 관해서 사람들이 무언가 그게 존재하고 있다고 생각하지 않으면 안 되기 때문은 아닌지요. 예를 들어

동상을 만들어서 이게 바로 신이라고 보여주거나, 혹은 어떤 물체나 사당이나 나무 등을 지목해서 신이 여기에 깃들어 있다고 말합니다.

또다시 말하자면, 우상 숭배 금지라는 건 존재의 부정이 존재의 극대치다라고 하는 감수성에 규정되어 있습니다. 이것은 역시 상당히 이해하기 어려운데, 어떻게 생각하시는지요?

**하시즈메** 문제의 본질을 꿰뚫어보는 훌륭한 질문이네요. 이것이야말로 바로 일신교를 이해하는 급소라고 할 수 있습니다. 그래서 질문에 두 가지 정도로 정리해서 대답해보겠습니다.

우선, 일신교는 그리 특별한 게 아닙니다. 특별하긴 하지만 그다지 특별하지 않다는 걸 우리 대담의 전제로 삼았으면 합니다.

일신교monotheism는 다신교polytheism와 대립하고 있다고 보통은 말합니다. 그런데 가만히 따져보면 조금 다른 곳에 대립축이 있어요. 일신교(유대교, 그리스도교, 이슬람교) 이외에, 고대에는 다양한 종교가 거의 비슷한 시기에 부흥했습니다. 인도에서는 불교, 중국에서는 유교가 있었습니다. 이것들이 전형적입니다만, 공통점이 있어서 그때까지의 전통 사회의 다신교와 대립하고 있는 겁니다.

전통 사회의 다신교는 잠시 일본의 신토 같은 걸 생각하시면 되는데, 대규모 농업이 발전하기 이전의 비교적 소규모 농업 사회나 수렵 채집 사회에서 많이 볼 수 있었습니다. 소박하고 자연과 밸런스를 맞추며 살아가는 사람들의 신앙입니다. 산과 벌판에서 자란 사람들이 대부분이고, 타지에서 이주해온 이민족은 거의 없었습니다. 그렇기 때문에 인간은 자연과 조화를 이루며 살고 자연의 배후에 다양한 신들이 있다고 믿으며 살았을 겁니다.

일본은 선진국치고 드물게 이런 신앙이 오늘날까지 이어지는데, 이만큼 운 좋은 장소는 세계적으로 보아도 그렇게 많지 않습니다.

그 밖의 대다수 지역은 이민족의 침입이나 전쟁이나 제국의 성립이라는 커다란 변화를 겪으며 사회가 붕괴되고, 자연이 파괴되었습니다. 기존 사회가 엉망진창이 되어버리니 유대교든, 그리스도교든, 불교든, 유교 등의 이른바 "종교"가 등장하는 사회 배경이 만들어집니다. 그런 문제설정이, 우선 일본에서는 이런 상황 자체가 없었습니다. 그래서 그런 종교에 대한 이해가 부족할 수밖에 없는 거예요.

그래서 사회가 엉망이 되어도 인간들은 인간답게 살아가기 위해서 앞으로 그동안 믿어왔던 신들에게 의존하지 않는다는 전략을 생각해냅니다. 이는 일신교든, 불교든, 유교에서 공통적으로 볼 수 있는 것으로, 한 마디로 신들에게 의뢰하지 않는다는 점입니다. 신을 부정하고 있는 점입니다.

우선, 불교를 떠올려볼까요? 많은 신이 모여 있는 인도 사회 한가운데서 탄생한 게 바로 불교입니다. 그래서 신들에게는 그다지 관심이 없습니다. 분명히 불교의 경전에는 범천梵天, 제석천帝釋天[인드라], 곤사문천昆沙門天[다문천왕] 등의 "OO천"이라 불리는 인도의 신이 등장합니다. 그런데 그들은 주인공이 아니라 조연 정도로, 오로지 붓다가 위대한 존재라는 걸 찬미하는 응원단 역할에 불과합니다.

신들보다 훨씬 위대한 붓다라고 하는 존재가 있다. 왜 위대한가 하면 진리를 깨달았기 때문입니다. 인간이 자신의 능력을 최대한 발휘하여 이 우주의 진리를 파헤쳐 깨달음을 얻었는데, 신은 그러지 못했습니다. 그러니 신보다 붓다가 더 대단하다는 논리입니다. 불교에서 말하는 "깨달음"이란 인간이 우주를 어떻게 이해하는가라는 문제로, 신들의 영역이 아닙니다. 자연을 물리적 인과관계의 집합으로 보고서 그 법칙성을 인식하려는 게 불교입니다. 그 어디에도 신비한 게 없습니다. 우주, 생태계, 자연뿐. 그런 자연계의 진리에 근본부터 인간의 지성이 접촉하고 있는 것입니다. 아주 합리적이지요.

그럼 유교는 어떤가요. 유교는 정치가의 리더십을 중시합니다. 정치가는 자연의 관리나 사회 인프라의 정비를 하여 사람들의 행복에 책임을 떠안게 됩니다. 이런 사고방식은 정치학·경제학 그 자체이기에, 결과를 합리적으로 예상할 수 있기 때문에 신비적인 게 조금도 없습니다. 기우제나 점성술과도 관련이 없습니다. 처음에는 "축제"와 같은 것으로 제정祭政 일치하여 점성술의 요소도 어느 정도 들어갔겠지만, 시간이 지날수록 그 비중은 줄어들었습니다. 점점 탈마술화脫魔術化[인간의 이익을 위해 신을 조작하는 마술을 배척하는 것, 미신적 사고에서 벗어나는 것을 뜻한다. 막스 베버의 종교사회학 개념에서 자주 언급된다. ─ 옮긴이] 하였고, 정치 기술이 매뉴얼로 환원되고, 신비적인 요소는 유학에서 축출되어갑니다. 결국 신들은 없어지게 되어서 오직 하늘[天]만 남았습니다. 하늘은 인격을 갖고 있는 것도 아닙니다. 악惡도 없고, 마술과도 전혀 관계가 없습니다.

일신교도 거의 비슷합니다. 일신교는 신들과의 투쟁이라는 역사를 겪으면서, 그런 신들은 신이 아니고 전부 거짓이라는 생각을 하게 됩니다. 한편 일신교의 신 야훼는 이 우주 외부에 분명히 존재합니다. 신이란 이런 거예요. 신들은 만약 존재하고 있다면 이 세계 속에 존재하는 겁니다. 이 세상에 존재하는 모든 것들을 야훼가 만들었다고 믿습니다. 그렇지 않으면 인간이 만들었습니다. 야훼는 신들을 만들지 않았기 때문에 신들은 인간이 만든 겁니다. 고로 우상인 거죠. 인간이 만들었던 걸, 인간이 숭배하는 걸 우상 숭배라고 합니다. 이건 큰 죄가 됩니다. 야훼를 배신하고 자신을 숭배하는 것과 마찬가지니까요.

신들을 부정하고 방출해버린다고 하는 점에서 일신교와 불교, 유교는 매우 비슷합니다. 하지만 일본은 정반대입니다. 일본인들은 이런 근본을 잘 이해해둬야 합니다. 신토는 다신교에 속하는데, 이 세계에 다신교가 그리 많지 않거든요.

신들은 방출당했다. 그렇기 때문에 불교, 유교, 일신교가 존재합니다. 이 세계의 표준은 이것들입니다. 이 세계는 한 번 무너진 것과 마찬가지입니다. 그리고 재건되었습니다. 재건되었던 건 종교입니다. 그게 문명을 만들고, 지금 우리가 사는 이 세계를 만들었다고 이해해야 합니다.

왜 우상 숭배를 금지했는지는 중요한 포인트이기 때문에 또다시 확인해볼게요. 우상 숭배를 하면 안 되는 건 우상이기 때문은 아닙니다. 우상을 만들었던 게 인간이기 때문입니다. 우상 숭배는 인간이 자기 자신을 숭배하는 꼴이 되는 거예요. 이 점이 바로 우상 숭배의 가장 잘못된 점입니다.

여담이지만 마르크스주의에도 우상 숭배를 금지하는 논리가 있습니다. 자본주의가 잘못된 이유는 소외→물상화→물신화라는 프로세스를 통해서 인간의 노동이 진정한 가치의 실체임에도 불구하고 그게 상품이 되고, 화폐가 되고, 자본이 되고, 물신 숭배되기에 이르러 자신이 만든 것을 결국 자기도 모르는 사이에 뒤집은 세계이기 때문입니다. 이 논리는 유대교, 그리스도교의 발상과 일치합니다.

마르크스주의의 자본주의 비판을 참고하면 일신교의 우상 숭배 비판을 이해하기 쉬울 거예요. 우상 숭배가 잘못된 점은 God가 아닌 걸 숭배하기 때문입니다. 그것은 인간의 업業이고요. 인간을 숭배해서도 안 되며, 인간이 만든 우상을 숭배해서도 안 됩니다.

# 12 신의 모습은 인간과 닮았을까

**오사와** 이야기가 진행될수록 흥미진진하네요. 다양한 이야기를 더 듣고 싶은데요. 『창세기』에 신은 인간을 자신과 비슷한 모습으로 만들었다는 내용이 나오잖아요. 이건 무슨 이야기인가요?

이제까지 여러 차례 확인했듯이, 일신교를 이해하기 위해서는 신이 어떻게 인간에게서 거리감을 두는지, 인간을 비롯한 피조물의 세계로부터 멀리 떨어진 곳에 존재한다는 걸 파악하는 게 중요합니다. 신은 이 세계의 외부에 존재해서 인간과는 이어지지 않습니다. 그렇기 때문에 당연히 일신교의 관점에서는 인간을 숭배하면 안 된다고 하는 겁니다. 예를 들어 제가 하시즈메 씨를 너무 존경한 나머지, 하시즈메 씨는 신이라고 말한다면 우상 숭배가 되는 것이지요. 곧 신이라는 것은 "인간과 같은 것"이 아닙니다.

지금 말이 나왔으니 하는 말인데요, 불교나 힌두교의 신들은 어떤 의미에서 보면 유대교의 신보다 격하되고 그렇게 강한 의미를 갖고 있진 않습니다. 곧 힌두교의 신들은 야훼에 비해서 압도적으로 인간에게 가까운 존재입니다. 그러나 그런 신들조차도 마치 괴물처럼 묘사되고 있어요. 예를 들어 손이 천 개 있다든지, 눈이 엄청 많이 달려 있다든지, 이상한 형상을 하고 있습니다. 그것은 신들이 인간과는 상당히 다르고 대단하다는 걸 표현하기 위함입니다. 물론 이러한 것은 유대교 관점에서 보면 우상의 가장 대표적인 예라고 할 수 있습니다. 그러나 그런 신들조차도 인간과의 차이점이 도드라지도록 조형되었습니다.

그렇지만 일신교에서는 초월적인 인격신이 인간과 거리를 두고 있다고 하는 게 더 한층 중요함에도 불구하고, 갑자기 『창세기』에서 신의 모습을 인간과 비슷하다고 쓰고 있습니다. 하물며 힌두교의 신조차도 인간과 얼마나 다른지 강조하는데, 유대교에서는 신의 모습과 인간의 모습이 서로 비슷하다고 합니다.……일단 비슷하다는 것 자체가 신에게 형태가 있다고 해석해도 되는 걸까요? 우상 숭배가 불가능한 건 신에게 형태가 없기 때문 아니었나요?

**하시즈메** 참 재미있는 질문이네요. 그러니까 야훼에게 형태가 있는지? 그리고 왜 인간과 흡사하다고 묘사했는지? 이 두 가지가 궁금하시다는 거죠?

**오사와** 네.

**하시즈메** 우선 야훼에게 형태가 있는지부터 말씀드릴게요.

야훼는 화산을 이미지한 전쟁의 신이었기 때문에 처음에는 형태가 없다고 여겼습니다.

이런 생각은 시간이 꽤 흐른 뒤에까지도 이어져 『판관기』에도 나옵니다…….

**오사와**  판관이란 알기 쉽게 말하자면 무엇인가요?

**하시즈메**  영어로 말하면 "judge"로, 재판관을 의미합니다. 그런데 그 당시 재판관의 역할은 지금과 달리, 카리스마적 · 군사적 리더이지요. 군주제가 만들어지기 전에 잠시 민중을 지휘했었습니다. 막스 베버가 말하는 "카리스마"의 원형인 겁니다.

유대 민족은 처음에는 부족 사회여서 각각 족장이 있었고, 그에게 모든 결정권이 있었습니다. 하지만 전쟁에서 항상 이길 수 없었겠죠. 그래서 각 부족의 족장끼리 의견이 갈리기 시작합니다. 그래서 유대 민족의 강력한 적이었던 블레셋인과 전쟁을 치러야 할 경우에 족장이 아닌 유능한 인물이 일시적으로 나와서 "이 손가락이 가리키는" 것처럼 군사 지휘관이 되는 겁니다. 그런데 상비군이 아니기 때문에 전쟁이 끝나면 해산합니다. 그런 사람인 거지요. 그런 사람은 평상 시에는 재판을 담당했다고 해서 "judge"(번역하면 판관)이라는 것입니다.

그런데 이렇게 판관이 나서서 전쟁을 이끄는 데도 도무지 형세가 좋지 않습니다. 블레셋인들은 전쟁터에 자기들이 모시는 신의 상을 가져와서 "신이 전쟁터에 나타나셨다"라며 용기백배하여 전쟁에 임합니다. 유대 민족도 뭔가 가지고 나가고 싶은데, 야훼는 형태가 없으니 어쩔 도리가 없었습니다. 우상을 만들 수도 없고요. 그래서 상자를 지고 나갔습니다. 이 상자는 왕이 타는 가마와 같은 것으로, 거기에 야훼가 타고 있다고 생각했습니다. 한 마디로, 야훼의 의자를 전쟁터에 가지고 간 거예요. 야훼는 지천사cherubim(스핑크스처럼 날개가 달린 생물) 위에 타고 있다고 생각해서 그 의자에 지천사의 모양을 그려넣었는지도 모르겠군요. 그런데 블레셋인에게 패전하여 상자를 빼앗겨버렸습니다. 이런 불명예스러운 일이 구약성서에 적혀 있는 걸로 보아서 아무래도 역사적 사실일 가능성이 높다고 생각합니다. 어쨌든 뒤에 블레셋인들에게 이 상자를 돌려받았는데, 블레셋인이 야훼를 숭배해서 상자를 돌려줘버렸다고 합니다.

이 상자가 바로 언약궤[야훼의 임재를 상징하는 나무 상자 – 옮긴이]인데, 유대 민족은 아크라고 불렀습니다. 영화 『인디아나 존스, 잃어버린 아크Raiders of the Lost Ark』의 그 아크입니다. 참고로 노아의 방주의 "방주"도, 영어로 아크입니다. 사각으로, 야훼와 관계가 있는 나무 상자를 아크라고 합니다. 이 상자는 처음 실로(["안식의 장소"라는 뜻으로, 예루살렘 북쪽에 위치 – 옮긴이] 예루살렘 성전이 건설되기 전까지 야훼 신앙의 중심지였다)의 성소에 있었는데, 이를 전쟁터에 가지고 갔다가 블레셋인들에게 빼앗겼다가 다시 돌려받은 뒤에는 기럇 여아림을 거쳐서 예루살렘의 야훼 신전에 안치되었습니다.

그 사이에 이 상자[언약궤]는 야훼가 앉는 물건이 아니라, 모세의 계약[십계명]의 석판을 보관했던 "계약의 궤"로 인식되게 되었습니다.

언약궤의 모서리 네 곳에는 금고리가 달려 있고 막대로 궤를 지게 되어 있는데,『출이집트기』를 보면 언약궤의 자세한 구조를 알 수 있습니다. 원래 이 상자는 전쟁터에 지고 나가기 위해 만든 것 같은데, 구약성서는 그걸 모세의 십계명과 연결짓고 있습니다. 이집트를 탈출한 유대 민족이 모세를 따라 시나이 반도를 방랑했을 때 모세가 산에 올라 야훼에게서 십계명이 적힌 석판을 받았습니다. 그때 언약궤를 만들어서 석판을 넣어 그것을 지고서 약속의 땅을 찾았다는 게 구약성서에서 말하는 내용입니다.

지금까지의 이야기를 정리하자면, 야훼가 형태를 띠고 있다는 사고방식은 없습니다.

그래서 바빌론에 포로로 잡혀간 동안에 노아의 방주나 바벨탑, 천지 창조 신화 등 메소포타미아에서 전승된 이야기를 실었습니다. 유대인들이『창세기』이하, 구약성서의 핵심 부분을 각색했던 건 바빌론의 유수 전후가 아닐까 싶은데요. 이때 야훼는 전쟁의 신에서 격상되어 천지를 창조한 전지 전능한 신이 되었습니다. 천지 창조는 신이 어떻게 이 세계를 만들었는지, 그리고 어떻게 인간들과 살기 시작했는지에 관한 이야기가 나오는데, 지금 우리들이 읽을 수 있는『창세기』가 그런 식으로 편집된 것입니다.

『창세기』의 내용을 훑어보면, 우선 야훼가 6일 동안 이 세계를 만듭니다. 마지막에 인간을 만들었습니다. 더구나 인간을 "신과 비슷한 모양으로" 만듭니다. 그렇다면 신도 형태가 있다는 이야기가 됩니다. 신은 인간을 소중히 여기고 싶어 낙원(에덴 동산)에 둡니다. 그리고 인간의 눈 앞에 야훼가 왔다갔다 했다는 부분이 나오는데요. 야훼가 대부분의 인간들과 비슷한 크기였다는 말이 됩니다. 저는 『창세기』의 이런 부분에서 신과 인간은 외관과 행동 모두 비슷하다는 인상을 받았습니다.

우리는 앞에서 일신교에서 말하는 신이 원래 형태도 없고 세계 밖에 있어서 세계를 창조한 절대 존재라는 것과, 인간과 비슷한 모습을 하고서 에덴 동산을 걸어다녔다는 것은 모순이지 않나요?

이를 모순된다고 여기지 않고서, 있는 그대로 받아들이기 위해서는 어떻게 해야 할까요? 제 생각이지만, 인간은 신과 비슷하지만 신은 인간과 닮지 않았다고 생각하면 좋을 것 같은데요. 제 말이 무슨 말인지 이해되시나요? 예를 들어 신을 4차원의 괴물로 생각하는 겁니다. 이를 3차원에 투영시키면 인간 같은 형태를 띕니다. 인간이 신을 보면 3차원이기 때문에 자신과 똑같다고 생각할 수 있지만, 신의 존재 그 자체는 인간보다 차원이 높기 때문에 눈이 몇 개 있어도, 힌두교의 신처럼 괴물 같은 모습을 해도 이상할 게 없습니다. 어떤가요? 제 이야기가.

**오사와** 과연, 재미있는 해석이군요.

독자분들을 위해 제가 덧붙이자면, 『창세기』에는 신이 인간을 만들었다는 이야기가 사실 두 번 나옵니다. 제1장에는 신이 자신과 닮은 인간을 만들었다고 적혀 있고, 제2장에는 "땅의 티끌"로 인간이 만들어졌다고 합니다. 이 두 이야기는 나중에 서로 다른 사료에서 유래된 이야기를 합친 것으로 밝혀졌는데요, 전자가 한참 뒤에 자료들을 기반으로 만들어진 것입니다.

실은 제가 이 질문을 드린 건 제2부를 위한 복선이기도 한데요. 제2부에서는 그리스도에 대해서 이야기를 나눌 생각이거든요. 예수 그리스도야말로 "불가사의한 그리스도교"의 불가사의함의 덩어리와 같은 것입니다. 한편에서 그리스도교는 일신교의 전통 속에 있어서 신의 인간(피조물)에 대한 초월성이나 거리감을 강조합니다. 그러나 다른 한편에서 그리스도교에서는 신이라고 하는 신의 아들이 바로 인간(예수 그리스도)으로 등장해버립니다. 이제 신과 인간의 모습이 서로 닮고 안 닮고는 문제가 아닙니다. 신의 아들 그리스도는 신과 인간의 온전한 이중성입니다. 신이 인간으로 등장해버렸으니까요. 이 세계를 창조하고 인간을 훨씬 뛰어넘는 신이 인간과 비슷한 모습을 하고 있다는 『창세기』의 서술은 예수 그리스도의 등장을 예고한 게 아닐까요. 게다가 신이 인간을 뛰어넘긴 했지만 불교의 "법法(달마)"처럼 추상적인 것도 아니고, 인격 신이라는 점도 마찬가지로 예고로서 해석할 수 있을지 모르겠습니다. 어쨌든 이 문제는 제2부에서 다루도록 할게요.

# 13 권력과의 독특한 거리감

**오사와** 방금 정리해주신 것처럼 불교, 유교, 유대교 모두 다 신교의 극복이라는 점에서 공통적입니다. 다신교의 극복이란 건 막스 베버식으로 표현하자면, "엔트차우베룽Entzauberung(탈주술화, 주술로부터의 해방)"이라고 할 수 있겠네요. 다신교는 일종의 주술呪術입니다. 제가 봤을 때, 주술은 일종의 모순이나 패러독스이기 때문에 탈주술화란 그 모순이나 패러독스를 극복하는 겁니다.

주술에 있는 모순이란 건 막스 베버의 "신 강제Geist-zwang"와 "신 봉사Gottesdienst"라는 이항대립을 사용하면 쉽게 설명할 수 있습니다. 주술에서는 초자연적인 것, 곧 바람의 신이라든지 나무의 정령 등이 질병을 치료해주고 충분한 비와 식량을 내려준다고 믿는 것입니다. 인간들은 그런 결과를 얻기 위해 제물을 바치거나 의식儀式을 치르는 등의 여러 방법으로 그 초자연적인 것을 작동시킵니다. 곧 초자연적인 것은 인간들에게 사역당하고 강제당해서 그 힘을 발휘합니다. 그렇다고 한다면 인간과 그 초자연적인 것(신들), 어느 쪽이 우위를 점하고 있는지 모호해집니다. 그 초자연적인 게 인간 이상의 힘을 발휘하도록 인간 쪽이 유도하고 있기 때문입니다. 신들은 한편으로는 인간을 뛰어넘고 있다고 말해지면서, 다른 편에서는 인간의 도구에 불과합니다. 아까 하시즈메 씨는 일신교와 다신교를 비교하면서 다신교는 인간 중심의 시점을 벗어나지 못한다고 하셨잖아요. 이와 똑같은 논리입니다.

불교든, 유교든, 유대교든 모두 이 주술 혹은 다신교의 모순을 뛰어넘었다는 의미를 갖고 있다고 생각합니다. 어느 종교나 주술로 묶여 있던 인간과 초자연적 존재 사이의 순환 관계를 끊어냈다는 거죠. 교의에 내재하면 이렇게 되지만, 그러나 주술이나 다신교의 극복에는 사회학적인 의미도 있습니다. 이것도 이미 하시즈메 씨가 설명했지요.

새삼스럽게 확인하자면, 혈연적이거나 지역적인 조그맣고 심플한 원초적인 공동체가 자연과 공생 관계에 있을 때 주술이나 다신교가 자연발생적으로 발생합니다. 그러나 이민족이 침입해온다거나 다민족의 제국으로 발전하게 되면서 이러한 주술이나 다신교의 자연 숭배나 특수한 습속은 유지하기 힘들어집니다. 그래서 민족이나 부족을 뛰어넘는 타당성을 지닌 보편 종교·세계 종교가 출현하게 되는 겁니다. 불교도, 유교도, 일신교도 보편 종교·세계 종교입니다.

실제로 이들 종교는 다민족이 공존하던 제국의 종교가 되었습니다. 가장 알기 쉬운 게 바로 유교인데요. 유교는 한漢 나라 이후의 중화 제국의 이념을 뒷받침해왔습니다.

그리스도교도 로마 제국에서 초기에는 박해받았지만, 머지않아 승인받아 "국교"로 취급받게 됩니다.

이런 사실들을 보면 유대교에 대해서 의문이 생깁니다. 유대교도 역시 보편 종교입니다. 그러나 유대교라는 건 강대한 정치 권력이라고 말하지만, 제국적인 권력과는 비교적 거리가 있지요. 대담 첫 부분에서도 한 번 이야기했었는데, 유대교의 역사 속에서 칭찬받고 있는 국왕은 다윗뿐입니다. 다윗의 아들 솔로몬왕에 대해서는, 초반에는 그럭저럭 영리하게 나라를 꾸려나갔지만 결국 불행한 결말을 맞이하게 됐다고 평가합니다. 또한 초대 왕 사울에 대해서도, 다윗만큼 훌륭하진 못했다고 묘사하고 있습니다.

사회학적으로 보자면, 솔로몬의 제국 시절이 유대인의 역사 가운데 가장 강대한 권력이 성립했던 때라고 생각합니다. 그것은 약간 규모는 작았지만 이집트형의 가산 관료제[가부장 제도 아래서 아들 혹은 종속자에게 세습하듯이 토지 및 자원, 권력을 절대 군주의 가산家産으로 간주하던 공동체에서 발생한 관료제. 근대 이후의 합리적 관료제와 대비되는 개념이다. ─ 옮긴이] 국가, 혹은 아시아적 전제 국가[지배자가 국가의 모든 권력을 장악, 운용하는 국가 ─ 옮긴이]였습니다. 그래서 만약 그때 유대교가 권력에 멋들어지게 기생했다면 제국의 종교가 되었을 가능성도 있을지도 모를 일이었지만, 그 당시 예언자들이 왕에 대해서 긍정적으로 평가하는 일은 거의 없었기 때문에 왕과 유대교는 상당히 대립하였습니다. 그리스도교는 나중에 제국(로마 제국)의 종교가 되었지만, 이에 반해 유대교 예언자들은 왕을 진정으로 비판했습니다. 유대교는 유대인의 시큐리티의 신임에도 불구하고 강대한 왕권과의 친화성을 상당히 결여하고 있습니다.

유대교는 본래 민족의 안전과 군사를 위한 종교였으니 속 편하게 강력한 왕권에 평화적으로 기생했다면 오히려 나았을 것 같은데, 실제로는 권력, 특히 국가적·제국적인 권력에 대해서 부정적이었다는 특징이 있습니다. 어째서 그렇게 했다고 생각하시나요?

**하시즈메** 우선 유대교의 중요한 특징은 비교적 원시적인 부족 공동체의 특징과 왕을 키우고 발달시킨 고대 사회의 특징 양쪽을 모두 겸비했다는 점입니다. 이는 굉장히 드문 경우로 몇 가지 키 개념이 있습니다.

제1의 키 개념은 "기류자"입니다.

기류자寄留者Gerim란 그 사회의 정식 멤버가 아니라는 의미로, 오늘날의 영주 허가증(그린 카드)과 같은 겁니다. 그린 카드는 아메리카에 있어서, 아메리카 국적(시민권)을 지니고 있지 않더라도 그린 카드만 있으면 노동을 할 수 있습니다. 하지만 투표권이 없다거나, 여러 가지 제약이 따릅니다. 이처럼 기류자에게도 권리와 제한이 있었습니다. 유대 민족이 원래 기류자였다는 점이 굉장히 중요한 포인트입니다. 아브라함은 기류자로, 외국에서 가나안으로 들어와 살게 되었습니다. 그의 아들인 이삭과 이삭의 아들 야곱 또한 그렇습니다.

아브라함의 아내 사라가 죽었을 때 그녀를 묻을 땅이 필요한 아브라함은 원주민에게 포도밭 구석이라도 좋으니 자신에게 땅을 팔라고 했지만 좀처럼 땅을 살 수 없었습니다. 땅을 사려면 은 4백 쉐켈을 내라는데, 이는 법에서 벗어난 터무니없는 가격이었거든요. 기류민의 토지 소유는 인정되지 않았지만, 묘지라면 예외적으로 취득할 수 있던 겁니다. 야훼에게 약속의 땅을 부여받았지만, 거기에는 선주민이 살고 있었고, 결국 온갖 고생 끝에 사라를 묻을 땅을 손에 넣게 됩니다. 『창세기』에는 아브라함이 얼마나 자랑스러워했는지가 기록되어 있습니다.

묘지를 매매하는 것을 보아서 그 당시 화폐 경제였음을 알 수 있습니다. 그리고 기류자의 권리와 의무가 정해져 있었다. 도시에는 외부에서 들어온 상인이나 직인이 많이 살고 있던 걸 알 수 있습니다. 이미 부족 사회의 단계에서 벗어났다는 이야기입니다. 부족 사회에는 토지 소유도, 신분 제도도 없으니까요. 도시에서는 토지를 소유하는 귀족·지주층/일반 농민/노예/기류자 등의 계층으로 분화되어 있었다. 그 밖에 유목민이 도시 외부에서 도시민과 계약을 맺고서 가축을 방목하고 있었습니다. 그런데 도시민과 유목민의 사이는 그다지 좋지 않았습니다.

『창세기』가 묘사하는 원래의 이스라엘 백성은 부족 사회의 성격이 강하게 남아 있는 유목민입니다. 『창세기』 등이 편집된 것은 바빌론 유수 무렵으로, 곧 도시 생활을 몇 백 년이나 지속해온 이후였기 때문에 이전의 좋은 시대를 이상화하는 전통주의가 투영되어 있습니다. 아브라함, 이삭, 야곱 3대의 이야기는 그런 이상적인 시대의 심볼이었습니다. 그리고 그들의 지위는 토지 소유를 허락받지 못한 기류자였습니다.

야곱의 12아들이 낳은 자손들이 각각 이스라엘 12부족이 되고, 제각각 토지를 할당받아서 가나안 땅에 정착합니다. 정착하기까지에 모세의 이야기가 나옵니다. 이렇게 부족 사회와 토지 소유를 연결지어 정당화하는 게 구약성서의 구성입니다. 야훼는 시나이 반도를 헤맬 때부터 자신들의 신이었습니다. 가나안에 정착한 다음부터는 토지 소유나 화폐 경제가 침투하여 부족 사회가 붕괴되고 사회가 복잡해졌지만, 어디까지나 그 중심에는 야훼가 있었습니다. 야훼를 따르는 의무는 그 어떤 의무보다도 중요했습니다. 부족 시대의 관행을 지키는 것 또한 바람직한 일이었습니다. 동포에 대한 의무를 잊지 말아라, 야훼를 중심으로 단결하라. 구약성서에는 이와 같은 메시지가 진하게 담겨 있습니다.

예를 들어 안식일이라는 게 있습니다. 야훼는 6일 동안 세상을 창조하고 7일째에 휴식을 취했습니다. 이를 두고 7일째를 안식일Sabbath로 삼아 신성화하고, 그날은 일을 쉬었습니다. 이는 노예나 소, 말의 소모를 막았으며, 사회 보장의 의미가 있었습니다. 또한 7년마다 안식년을 만들어 밭의 경작을 쉬었다. 50년마다 채무를 말소하여 노예를 해방하는 "요벨의 해"라는 규정도 있었습니다. 수확을 쉬는 밭에서 남은 이삭을 줍는 것은 과부나 고아들의 권리로, 그 누구도 방해할 수 없도록 했습니다. 뿐만 아니라 유대법에는 외국인 노동자 보호 등의 수많은 사회 복지적인 규정(막스 베버는 이것을 "카리타스Carita"라고 부르고 있다)을 야훼에 대한 의무로 포함했습니다.

카리타스는 예수의 가르침의 근저에도 흐르고 있는 사고방식으로, 유대교가 이 점을 강조하지 않았다면 그리스도교도 있을 수 없었을 것입니다. 빈부 격차의 확대나 사회 계층의 분해를 경계하고, 권력의 횡포를 그냥 두고볼 수 없었습니다. 야훼는 저소득층과 약자를 배려하도록 명령하고 있습니다.

따라서 제2의 키 개념은 카리타스입니다.

이렇게 야훼 신앙은 신 앞의 평등을 이상으로 삼고, 고대 노예제 사회에 이견을 보이기도 했습니다.

**오사와** 이야기를 듣고보니 서로 관련된 두 가지 개념이 상당히 중요한 것 같네요.

첫째로, 말씀하신 기류자라는 개념이 흥미로운데요. 바빌론 유수 이후에 유대인들을 디아스포라diaspora(이산離散의 백성)라고 했습니다. 이 단어에서도 느껴지겠지만, 원래 정착 당시에도 그 토지에는 완전히 소속된 것이 아닌, 절반은 외국인이었다는 이야기입니다. 특정한 지역에 정착하지 못하고서 이동하는 민족이었다는 점과 유대교라는 점이 깊게 연결되어 있다는 것을 또다시 느꼈습니다.

두 번째로, 이 점과 깊게 결부된 형태로, 유대교 속에 원시적인 부족 공동체의 태도가 보존되어 있다는 점이 참 재미있습니다. 보통 보편 종교·세계 종교는 부족 공동체의 심성을 부정함으로써 발생하는데, 유대교의 경우에는 이를 단순히 배제하는 게 아니라 보존한 채로 보편 종교화했다는 점이 중요하지요. 보편 종교 속에 원시적인 부족 공동체의 성질이 그대로 부정되지 않고서 계승되어 있다는 말이 되는데, 그 중 하나가 "카리타스"이지요. 이건 더욱이 그리스도교로 이어져갑니다.

**하시즈메** 제가 조금 덧붙이지요.

그럼 유대교는 권력에 대해서 어떤 태도를 취할까요.

인간이 권력을 쥐는 것을 경계하고 긍정하지 않는 게 유대교의 특징입니다.

다른 고대 왕국이나 제국은 모두 권력을 긍정하고 절대화해서 성립하고 있었기 때문에 이건 놀라울 따름이지요.

그렇다면 구체적으로, 어떻게 권력을 콘트롤할까요.

우선, God의 의사를 체현한 예언자가 있어서, 그가 왕이 될 만한 사람에게 기름을 부어 왕으로 임명합니다. 이런 절차를 밟습니다. God가 그 지위를 부여한 것이어서 왕은 스스로 그 지위에 오를 수 없었습니다.

두 번째는 장로長老의 동의입니다. 장로는 부족 사회의 리더로, 정주한 뒤에도 전통적인 사회 집단의 세력을 대표하기 때문에 그 장로들의 동의를 얻는 게 정통 왕권의 근거가 되었습니다. 초대 왕 사울이 정통성을 인정받지 못한 이유가 바로 여기에 있습니다. 장로의 동의가 없었거든요. 장로의 동의가 없었음에도 예언자 사무엘이 사울에게 기름을 부어 왕으로 추대한 것입니다. 그에 반해서 다윗의 경우에는 각 부족의 장로들이 모여 계약을 맺고서 동의했습니다. 장로들의 총의로, 계약에 근거해서 다윗은 왕이 된 것입니다. 이렇게 장로들의 동의가 필요하다는 건 왕에 대한 견제로 작용합니다.

셋째로, 바로 예언자의 국왕 비판입니다. 왕이 야훼의 의견에 반하는 정치를 펼치면 어딘가에서 예언자가 나타나서 야훼와의 계약을 위반한 것이라며 왕을 규탄합니다.

이상과 같이 3단 틀을 가지고서 왕권을 콘트롤합니다.

이는, 결국 이스라엘의 일반 민중이 왕권을 콘트롤한다는 겁니다. 민중이 권력을 감시한다는 소리죠. 유교 및 다른 종교에서는 찾아볼 수 없는 논리입니다.

이렇게 권력을 콘트롤할 수 있던 건 정작 야훼라는 절대 신을 상정하기 때문에 가능한 것입니다. 야훼는 어떤 인간과도, 왕과도 비교할 수 없을 정도로 위대한 존재이니까요. 이 절대 신 아래서의 군주제라는 걸, 유대 민족이 처음 고안해낸 것입니다. 이 발명은 후세에 큰 영향을 미쳤고, 유력한 정치 철학으로서 인류의 재산이 됩니다.

**오사와**  지금 하신 이야기는 현대 사회나 현대 정치를 생각할 때도 힌트가 되는 듯한 중요한 논점을 내포하고 있네요. 신이 사회와 정치를 통괄한다는 이야기를 들으니 오늘날 우리들은 대단히 비민주적으로 느껴지지만, 유대교의 경우에 신이 있었기 때문에 일종의 민주제가 확보되었다고 해석할 수 있습니다.

유대교에서는 하나의 절대적인 차별·차이를 전제로 삼고 있는데, 말할 것도 없이 이는 신과 인간, 신과 피조물의 차별·차이입니다. 그런 차별·차이가 압도적·절대적이기 때문에 야훼라는 예외적인 점과의 관계 속에서 모든 사람이 평등화된다고 하는 틀이 되었다고 봅니다. 그 결과, 민중이 왕권을 콘트롤한다는, 일종의 민주주의가 실현되었던 것이고요. 야훼는 민주주의적 평등을 가능하게 하는, 절대적이고 예외적인 차이였던 것입니다. 왕이라고 해도 야훼와의 관계를 생각해보면 다른 인간과 별 다를 게 없으니, 함부로 권력을 휘두를 수 없었을 겁니다.

예를 들어 유교와 비교해보면 이런 차이가 더욱 뚜렷해집니다. 유교의 경우에도  인간에게 선천적인 차별이 있다고 생각하지 않기 때문에 인종주의나 카스트 제도와는 다르지만, 덕망이 있고 격이 높은 사람과 덕망이 없고 격이 낮은 사람으로 나누어 정치의 측면에서는 다른 역할을 맡는 걸 당연하게 생각하고 있습니다. 덕이 있는 천자는 통치하고 교화하는 쪽이지만, 덕이 없는 민중은 오로지 교화의 대상에 지나지 않았던 것이죠. 천자도 민중에게 너무 많은 미움을 받으면 "천명天命"을 잃는다는 말이 있어서 민중을 위한 정치를 하지 않으면 안 되었지만, 그렇다고 해서 덕이 없는 민중이 나서서 정치를 이끈다는 건 유교적으로는 상상할 수 없는 일입니다.

지금 하시즈메 씨의 말을 듣고 떠오른 장면 하나가 있는데요. 『사무엘기』에서 사울을 왕으로 뽑았을 때 사무엘이 "진정 왕이 있어야 하는가"라며 신의 말을 전하는 장면이 나옵니다. 신은 만약 왕이 생기면 너희들을 모두 노예로 삼을 수도 있고, 너희들에게 세금이랍시고 돈을 뜯어가거나 딸들을 강탈할지도 모른다는 이야기를 하며, 그래도 좋은지 민중에게 묻습니다. 그런데도 유대인 쪽에서는 전쟁에서 이기기 위해서 확실하게 강력한 리더가 필요했기 때문에, 여하튼 왕을 선택한다고 함으로써 사무엘은 야훼의 뜻이라며 사울을 왕으로 골랐습니다.

물론 이 이야기는 정작 멸망한 뒤에 덧붙여진 것입니다. 결국에는 유대인의 왕국이 타락하고 멸망한 것을 알고 있는 입장에서, "처음부터 신은 그런 일에 찬성하지 않았고, 내켜하지 않았다"는 것을 드러내기 위함이 아니었나 생각합니다만……어쨌든 유대교에서는 처음에 왕을 뽑을 때부터 "안에 뛰어넘는 건 없다"라는 말로 시작하지요. 유일하

게 다윗만을 훌륭한 왕으로 평가하고 있지만, 진정 다윗은
예외 중의 예외로, 일반적으로는 유대교는 왕에 대해서 냉
담한 편이지요.

# 14 예언자란 누구인가

**오사와** 지금까지 "예언자"에 대한 이야기를 많이 나눴는데요. 다시 한번 예언자에 대해서 정리해보고자 합니다.

막스 베버의 『고대 유대교』에서도 예언자는 중요한 포인트가 되고 있습니다. 그리스도교의 교의에 내재하면 예수 그리스도와 예언자는 별개의 것이기는 합니다만, 사회학적으로 보면 예수 그리스도 같은 게 사회적으로 등장하는 배경에 예언자의 전통이 있었다고 하는 것은 틀림없지요. 유대교에서 예언자라는 걸 알지 못했다면 뒤에 예수 그리스도가 출현하는 일도 없었을 거예요. 예수 그리스도는 역시 예언자 계열 속에서 탄생했으니까요.

이제부터 하시즈메 씨에게 질문을 드리고자 합니다. 한편에 인간을 끊어낸 신이 있습니다. 그렇기 때문에 인간은 그 신을 직접적으로 만날 수 없었습니다. 하지만 신이 인간의 세계로부터 초월해 있다면 인간과 신은 무관계하게 되고, 신은 인간에게 있어서 존재하지 않는 게 되어버립니다. 그러나 신은 다른 편에서, 끊임없이 인간에게 메시지를 보내거나, 인간의 세계에 개입하지 않으면 안 됩니다. 곧 인간이 그것과 관계할 수 없을 정도로 떨어져 있으면서, 다른 편에서 끊임없이 인간과 관계를 맺지 않으면 안 된다고 하는 신에 관한 안티노미(이율배반)적인 요청에 대해서 응답하는 요소로서 적지 않은 "신의 말을 들을 수 있는 예언자"라는 존재가 등장한 게 아닌가 하는 것이 제 가설입니다. 이 예언자는 도대체 무엇입니까?

그래서 이 종교에 내재한 관점에 대해서도 궁금한 게 있어요. 우리는 신을 직접 볼 수 없기 때문에 신이 예언자에 대해서 무언가를 위탁하고 있는 증거를 확인할 길이 없습니다. 그 현장을 누군가가 확인하지도 못합니다. 이런 점 때문에 간단히 말하자면, 가짜 예언자라는 게 활개를 치고 다닐 수 있다고 생각하는데요. 실제로도 그랬는지 궁금합니다. 그에 반해서 성서에 몇몇 예언자들의 말이 실리기도 합니다. 여기에는 본래 확인할 수 없는 걸 확인한다고 하는 듯한 모순이 있는 거지요. 그렇기 때문에 예언자들은 어떻게 자신의 진정성을 증명했나요. 혹은 사람들은 어떻게 그들이 진짜 예언자인지 알 수 있었나요. 예언자라는 것의 진정성autheniticity이 어떤 형태로 보증되었을까요. 엄청 의문이 듭니다.

**하시즈메** 이것도 상당히 중요한 포인트입니다.

예언자는 일신교 이외에는 생각할 수 없는 존재입니다.

야훼의 목소리를 듣는 게 예언자입니다.

역사적으로 보자면 예언자를 3단계로 구별할 수 있는데요. 예언자의 전사(선구 형태), 예언자의 본격기(이른바 예언자의 시대), 그로부터 예언자 후기.

예언자 전기에는 "영[혼]이 충만한 상태"(처럼 신이 든 것과 같은 상태)가 되어서 신의 말을 듣거나 환영을 보고 몸을 제대로 가누지 못하기도 했습니다. 판관의 시기에 이스라엘은 몇몇 부족(그룹)으로 나뉘어져 있었고, 정주 농경이 완전히 정착한 시기는 아니었습니다. 이 시기에 사람들을 하나로 묶은 게 바로 전쟁 신인 야훼를 함께 신앙한다고 하는 "제사 동맹"이었습니다. 정작 전쟁을 위해 모인 사람들 가운데 간혹 야훼의 목소리를 들을 수 있는 사람(의 그룹)이 있었다고 합니다. 이 단계에서는 흔히 우리가 알고 있는 샤먼 shaman과 크게 다르지 않았을는지 모릅니다.

당시 기록을 찾아보면 예언자 사무엘이 제사 동맹에서 단체 활동을 했음을 알 수 있습니다. 또한 사울과 다윗이 종종 이 집단 사람들과 함께 신이 들린 상태였다는 기록을 보면, 초기의 왕들은 예언자의 성격도 가지고 있었던 것으로 추측됩니다.

이처럼 초기 예언자들은 야훼의 말을 전하기도 하지만, "사라진 양이 어디로 갔는지" 알려주는 등 점술사 같은 역할도 했습니다.

그리고 예언자의 본격기. 이사야, 예레미야, 에제키엘, 엘리야……등 유명한 예언자는 이 시기에 속합니다.

이 시기는 군주제의 시대로, 왕과 일반 민중의 이해가 서로 엇갈려 왕이 무거운 세금을 부과하거나 외국과 동맹을 맺고서 이교의 신을 숭배하는 일이 문제가 되었습니다. 그래서 왕이 신과의 계약을 위반했다며 왕을 비판하기 위해 예언자들이 등장한 것입니다. 이때 야훼가 노하여 이 나라는 멸망할 것이라는 경고성 예언도 나오게 됐는데, 사람들은 이를 두려워했으며 왕 또한 예언자의 말을 무시할 수 없었습니다.

전형적인 예언자에게는 다음과 같은 특징이 있다고 막스 베버는 말하고 있습니다. 첫째로, 본인의 의사와 상관없이 신에 의해 선택되어버립니다. 예언자가 되고 싶어서 되는 게 아니라, 양치기나 농부였던 사람이 갑자기 신의 목소리를 듣게 된다는 이야기입니다. 둘째로, 보수를 요구하지 않는다. 경고성 예언을 듣고 기뻐하는 이는 아무도 없으므로, 그 누구도 돈을 지불하지 않습니다. 보수가 없으면 직업이될 수 없기 때문에 아마추어나 마찬가지입니다. 셋째로, 예언자가 되기 위한 특별한 훈련이나 능력을 필요로 하지 않는다. 주위에서 흔히 볼 수 있는 영능력자들은 지속적인 훈련을 통해 역할을 수행하지만, 예언자들은 그런 준비 과정이 필요하지 않습니다. 지식인이나 특별한 재능을 가진 사람일 필요도 없습니다. 넷째로, 권력을 가까이 하지 않으며 반체제입니다. 신을 배반한 권력자에게 신의 말을 전달하면서 권력을 비판합니다. 이때 예언자들이 하는 모든 비판은 신과의 계약을 그 근거로 합니다.

이런 예언자는 정말이지 유대교에 독특합니다. 왕궁 직

속의 예언가를 두고서 왕이 물어보거나 조언을 구하는 나라도 많았는데요. 예언자는 특별한 능력을 가진 지식인으로, 왕의 브레인이기 때문에 민중의 적입니다. 실제로 유대 왕궁에도 다윗 시절에 이와 비슷한 예언자인 나탄이나 가드라는 자가 있었습니다. 이사야 또한 사회적 지위가 높은 꽤 영향력 있는 인물이었던 듯합니다. 그러나 가장 전형적인 예언자는 그렇지 않고서 황야에서, 민중 속에서 출현합니다.

제3기(예언자 후기). 예언자들이 한 예언은 예언서로 정리되었습니다. 구약성서의 한가운데 부분으로, 그 뒤 바빌론 유수 전후에 서두 부분(모세 5경, 토라)이 완성됩니다.

그래서 모세의 율법이 서책으로 성립하고보니, 굳이 예언자가 아니어도 누구나 야훼와의 계약에 대해 간단하게 알 수 있게 되었습니다. 예언자가 경고하지 않더라도 모세의 율법을 배운 율법학자가 사람들에게 야훼와의 계약(즉 유대법)에 대해 가르칠 수 있게 된 것이죠.

이 율법학자와 예언자의 사이가 좋지 못한 건 당연한 일입니다. 율법학자 입장에서 보자면 간신히 예언서를 모아서 신의 말을 문자 텍스트 형태로 정리했는데, 새로운 예언자들이 계속 등장하여 신의 말을 전하겠다고 하니 난처해지는 것이지요. 그래서 율법학자들은 그런 예언자들이 등장하면 "가짜 예언자가 나타났다"고 몰아붙여서 잡아다 죽였습니다. 율법학자가 권력을 잡게 되자 예언자들의 활동의 여지는 점점 줄어들었습니다. 에즈라, 느헤미야를 마지막으로, 예언자의 활동은 기록에서 사라지게 되었습니다. 예언서도 남기지 않습니다

그런데 율법학자(예수 시대에는 바리새파로 불렸다)라고 해도 예언자들의 예언을 정리한 문서로 활동하고 있으니 가짜 예언자를 배제할 수 있었을 뿐입니다. 진짜 예언자라면 그 "권위"(신으로부터 나온 것)를 인정하고 받아들이지 않으면 안 되었습니다. 그래서 예언자라는 사람이 나타날 때마다 그가 신이 인정한 진짜 예언자인지, 가짜 예언자인지(신으로부터인 것인지, 인간인 것인지)를 구별해야만 했습니다. 세례자 요한이나 나사렛의 예수도 그런 확인 과정을 거쳤습니다.

세례자 요한은 "회개하여라. 심판의 날이 다가왔다"라며 경고하기 다녔기 때문에 예언자라고 볼 수 있습니다. 그러나 그 활동 때문에 헤롯 안티파스에게 붙잡혔고, 헤롯의 의붓딸 살로메가 춤을 춘 대가로 참수당하게 됩니다. 요한은 재판도 없이 사형을 당한 겁니다. 예수도 예언자로 활동했는데, 그를 싫어하던 바리새파(율법학자들) 및 사두개파(신전 제사장들)에 의해 결국 가짜 예언자라는 누명을 쓰고서 종교 재판에 서게 되어 사형을 당했습니다.

예수는 예루살렘을 보고서 많은 예언자를 거부하고 피를 흘리게 한 죄 많은 마을이라고 했습니다(마태복음 23장 37절). 예수는 자신 이전에도 많은 예언자들이 가짜 예언자라

는 혐의로 처형당했고, 자기도 그렇게 될 것이라고 각오했다고 합니다.

아, 아까 진짜 예언자와 가짜 예언자를 어떻게 구별했는지 물으셨죠?

우선, God는 왜 직접 자신의 말을 전달하지 않고 예언자를 통해서 전달하려 했는지 생각해보지 않으면 안 됩니다.

야훼는 아무 일이나 할 수 있으니, 하늘에 커다란 확성기를 달아서 "아아, 나는 야훼입니다. 여러분, 내가 하는 말 좀 들어보세요"라고 방송할 수도 있습니다. 그럼 사람들이 진짜 신의 말인지 아닌지 의심할 여지도 없잖아요. 그런데 그렇게 하지 않고서 야훼는 몇몇 예언자를 골라 자신의 말을 대신 전달해달라고 말을 겁니다. 나머지 사람들은 예언자의 말을 듣고서 그게 신의 말이라고 믿습니다. 물론 개중에는 그럴 리 없다고 생각하는 사람도 있었습니다. 곧 신의 말이란 그 말을 믿는 사람들의 태도와 함께밖에 존재할 수 없는 것입니다. 야훼는 이런 식으로, God와 인간의 관계를 설정했습니다. 어떻게 보면 예언자라는 도구를 통해 인간이 신의 말을 믿는지 시험하고 있는 걸 수도 있겠지요.

그리하여 God의 말을 믿는 종교 공동체가 존재하기 시작합니다. 야훼에게 선택받은 백성, 즉 이스라엘 백성이 존재하게 된 겁니다.

다시 질문으로 돌아와서 예언자를 구별하는 규준을, 막스 베버의 이야기를 참고하여 정리해보겠습니다.

첫째로, 지금까지 있던 예언자들의 예언(God의 말)을 고려하는 것. 둘째로, 예언이 실현(현실과 합치)되는 것. 셋째로, 다른 예언자들에게 예언자라고 인정받는 것. 진짜 예언자들은 이 세 가지 규준을 모두 충족시켰습니다.

그런데 이 세 가지 모두 중요한 규준이지만 모호한 부분도 있습니다. 특히 예언의 실현 여부는 결과론이기 때문에 이제 막 예언을 할 당시에 판단하기에는 어려움이 있었습니다. 진짜 예언자였던 이사야도 자신의 예언이 실현되지 않았다며 한때 예언자로서의 활동을 삼가기도 했습니다.

어쨌든 율법학자에게도 가짜 예언자라는 딱지가 있다면 편리했겠지만, 실은 예언자도 가짜 예언자라는 개념이 필요했습니다. 사람들이 예언자를 언제 필요로 할까요? 가치관이 혼란스럽고 사회 규범이 흐트러졌을 때잖아요. 그런데 예언자들이 마구 쏟아져서 되지도 않는 예언을 멋대로 해대는 거죠. 그들 모두 진짜 예언자라는 보증도 없고. 한쪽이 진짜라면 나머지는 가짜가 됩니다. 세례자 요한도, 나사렛의 예수도 마찬가지입니다. 그들의 말이 "신이 한 말인지, 인간이 한 말인지"가 문제가 되었습니다. 그것은 그런 의미지요. 또한 예수 자신이 심판의 날이 다가오면 사람들이 수많은 가짜 예언자들에게 매혹당할 것이라고 했습니다. 그래서 진짜 예언자들은 다른 이들을 가짜라고 주장해야만 했고, "누가 진짜인가"라는 논쟁은 좀처럼 사그라들지 않았습니다.

제가 생각하는 예언자의 중요 포인트는 마지막에 말씀 드릴게요.

예언자란 어떠한 사고방식인가 하면, 주변에서 흔히 볼 수 있는 누군가가 때때로 신의 말 같은 절대적인 규범을 말하는 경우라고 생각합니다. 한 마디로, 말이 절대적인 지배력을 갖는다고 신뢰하는 겁니다.

이런 신뢰가 없으면 예언자는 존재할 수 없습니다. 예수도 고향인 나사렛에 돌아가니 "목수의 아들 아니냐", "언제 이런 지혜를 터득한 것이냐"라는 말을 들으며 예언자로서 인정받지 못했다고 합니다.

말은 보통은 누군가가 누군가에게 하는 것으로, 인간들의 관계 속에서 상대화되어버립니다. 그에 반해서 예언자는 God의 말을 전하는 것으로, 그 상대화와 절연하고서 말의 절대적인 성능을 갈고딱을 수 있습니다. 이런 전통 속에서 신학 및 철학, 과학, 저널리즘이 탄생했다고 생각합니다.

# 15 기적과 과학은 모순되지 않는다

**오사와** 가만히 생각해보면 신은 뭐든지 할 수 있다고 보는데, 군이 특정한 예언자에게만 자신의 목소리를 전하지 않으면 안 되는 게 이상해요. 직접 사람들 앞에 나가서 들려주면 될 텐데, 그러지 않습니다. 그리고 그런 신의 모습을 오히려 모두들 자연스럽게 받아들이고 있는 점이 어떻게 생각하면 좀 불가사의합니다. 이때에는 무언가를 말하고 있는 사람을 예언자로 받아들일지 아닌지라는 신앙의 문제가 발생합니다.

"신앙"이란 것에는 결단이라는 요소, 따라서 책임이라는 계기가 들어간다는 점에서 "인식"과 다르다고 생각합니다. 확성기를 이용하든 뭘 하든 신의 소리를 직접 들을 수 있다고 한다면 "비가 옵니다"라는 말을 인식하는 것과 똑같은 것이 되기 때문에 여기에는 결단의 요소는 없습니다. 하지만 누군가를 예언자로 받아들이고 그 사람에게 커미트한다는 건 궁극적으로는 근거가 없는 걸, "그래, 한 번 믿어보자"라고 생각해서 결단하고 선택한다는 것입니다. 여기에 인식과는 다른 신앙에서의 "결단"이라는 요소가 들어갈 수 있는 겁니다. 이렇게 생각하면 신으로서는 자기 목소리를 확성기를 통해 전하기보다는 예언자를 선택해서 전하는 쪽이 더 좋았을 거예요.

**하시즈메** 이것은요, 인간과 신의 공동 작업이 되는 겁니다. 신의 말을 전달하기 위해서 신만이 아니라, 인간도 움직여야 하니까요. 공동 작업이기 때문에 신과 인간 사이에 대등한 커뮤니케이션이라고도 말할 수 있습니다. 신은 인간에 비해 압도적으로 위대하고 인간은 너무나도 나약한 존재이지만, 공동 작업을 하고 있기 때문에 서로 대등하기도 합니다.

**오사와** 막상 객관적으로 보자면 확실히 인간이 그 사람을 예언자라고 인정해서 예언자가 된 거니까요.

**하시즈메** 신은 자신이 선택한 예언자를 그냥 내버려두면 너무 무책임하다 싶어서 기적을 일으키기도 합니다. 이 사람이 진짜 예언자라는 걸 사람들 앞에서 증명하기 위해서 말이에요.

일신교의 기적의 사고방식을, 흔히 알려진 오컬트 신앙과 헷갈리시면 안 돼요. 오히려 오컬트 신앙과는 정반대입니다. 세계는 God가 창조한 뒤에 규칙적으로 자연 법칙에 따라 움직입니다. 그런 자연 법칙을 어느 누구도, 1mm라도 바꿀 수 없어요. 그런 의미에서 이 세상은 사소한 것 하나까지도 합리적이라고 할 수 있습니다. 그러나 필요하다면, 예를 들어 진짜 예언자라는 걸 사람들에게 보여줄 필요가 있다면 God는 자연 법칙을 잠깐 멈출 수 있습니다. 이게 기적입니다. 정작 이 세계가 합리적인 자연 법칙에 따라 움직인다고 생각하기 때문에 기적이라는 관념이 성립하는 거예요.

요즘 같은 과학 시대에 기적을 믿는다고 하면 놀라는 사람도 있는데, 일신교에 대한 이해가 부족해도 너무 부족한 거 같아요. 과학을 만든 사람들이야말로 기적을 믿을 수 있는 거예요. 과학을 믿기 때문에 기적을 믿는다. 이게 일신교적으로 올바르다고 봅니다.

**오사와** 이것도 역시 일본인 입장에서는 잘 이해가 안 갑니다. 아까 막스 베버의 "탈주술화"라는 논의를 언급하셨는데, 주술을 완전히 부정해버린 다음에 기적이라는 게 등장합니다. 기적은, 주술과는 거꾸로 자연 법칙이 엄격하게 지배하는 합리적인 세계 쪽에 속한다는 겁니다. 곧 주술 대vs 과학이라는 대립 속에서 기적은 오히려 과학 쪽이라는 거죠. 자연 법칙의 보편적인 지배(과학적인 합리성)와 그 예외적인 정지(기적) 사이에는 표리일체의 관계가 있다라는 점이 이해의 포인트라고 생각합니다. 그러나 일신교가 생소한 일본인의 입장에서는 그걸 이해하기가 어려울 거예요. 일본인은 오히려 기적과 주술이 비슷하다고 생각하니까요.

**하시즈메** 그렇죠. 이해하기 어렵습니다.

**오사와** 예를 들어 모세의 지팡이가 뱀으로 변했다고 하면 다들 강력한 주술 때문이라고 생각하는데, 그것은 신이 모세에게 말을 부탁하고 있는 것의 증거로서 일으킨 기적이라는 것이지요.……모세가 갑자기 신의 말을 전한다고 하니 사람들은 좀처럼 그의 말을 믿어주지 않아서 그렇다는 걸 보여주기 위해 야훼가 이런 기적을 일으킨 겁니다. 일신교에 길들여지지 않은 사람들에게는 이게 뭔 소리인지 도통 이해가 안 될 거예요. 기적과 마법magic · 주술이 서로 어떻게 다르냐 하면……. 주술이나 마법은 자연의 통상적인 운동 속에서 실은 일어나는 것이고 — 실은 아까 설명해드린 "신 강제"라는 것에서 이야기했듯이, 처음부터 모순이 잉태되어 있습니다만 — , 그에 반해서 기적이란 건, 하시즈메 씨가 말씀하신대로 한편에서는 합리적인 자연 법칙의 엄격한 지배를 확보해둔 위에서, 그것에 대한 완전한 예외로서 생긴다는 점이 포인트라고 생각합니다만.

**하시즈메** 이건 막스 베버가 강조한 내용이죠. 우선 이 부분을 확실히 이해해둬야 할 필요가 있는데요. 일신교 문화권의 상식이기도 하고, 국제 상식이기도 합니다.

일본인은 이런 내용을 쉽게 이해하지 못하면서 마르크스주의에 대해서는 잘 알고 있어요. 마르크스주의는 자신은 과학이라고 주장하고, 더구나 종교는 아편이라고 합니다. 우상 숭배도 반대하죠. 그렇다면 과학은 기적 따위를 믿어서는 안 된다는 말인데, 사실 이 이야기는 마르크스주의의 사고방식에 지나지 않습니다.

**오사와** 그렇군요. 아마 마르크스주의뿐만 아니라, 계몽주의 이래의 합리적인 자연과학의 세계관이라는 것도 종교라는 족쇄를 부정하면서 발전한 거라 합니다만 − 물론 어떤 의미에서 보면 말이죠 −, 그러나 좀더 심도 있게 생각해보면 오히려 종교적인 전통에서 나왔다는 측면이 더 강합니다. 마르크스주의라고 해도 오히려 유대교보다 더 유대교 같은 측면이 있으니까요.

하시즈메 맞습니다.

오사와 예를 들어 마르크스주의자는 "화폐 물신"을 꽤씸하다고 말하는데, 사실 우상 숭배 비판이랑 같은 맥락입니다. 진짜 신은 다른 곳에 있다는 논리니까요. "과학적"이라고 불리는 세계관은 유대·그리스도교를 부정한다기보다도 그걸 좀 더 철저화시켰다고 할 수 있습니다. 헤겔식으로 말하자면, 지양止揚Aufheben 같은 게 있는 겁니다. 그러나 우리는 그것을 "부정했다"는 식으로 받아들이기 때문에 과학적 세계관과 유대·그리스도교적 세계관이 서로 대립하고 있는 측면만 보는 겁니다. 하지만 유대·그리스도교적인 세계관 속에서 나온 합리주의라는 게 있다는 걸 받아들이지 않으면 안 된다고 생각합니다. 이에 대한 자세한 이야기는 제3부에서 다시 해보도록 하겠습니다.

# 16 의식 레벨의 신앙과 태도 레벨의 신앙

오사와 신앙이라는 마음의 상태에 대해서 이야기하면서 제 1부를 마무리할까 하는데요. 제가 학생들이랑 종교나 종교사회학에 대해서 이야기를 나눌 때 학생들이 엄청 사소한 부분에서 어려움을 느끼더군요. 그리스도교나 유대교를 "믿고 있다"는 마음의 상태가 좀처럼 받아들여지지 않는 모양이에요.

믿고 있는다는 건 도대체 뭘까 싶어서 성서를 읽어보면 말이죠, 당연한 이야기지만 우리들 입장에서 황당무계한 내용이 많아요. 신이 빛이여 생겨라 하고 말하니 빛이 생겨서 낮과 밤이 만들어졌다는 내용이 나오잖아요. 이를 문자 그대로 믿을 수 있던 시대도 있었지만 지금은 우주의 시초는 빅뱅이요, 인간은 원숭이로부터 진화해왔다고 생각하는 사람들이 주류죠.

물론 아직까지도 그리스도교 원리주의자들은 성서에 나온 내용 그대로 받아들여야 한다고 주장합니다. 가끔 뉴스를 보면 미국의 복음파 신자 가운데는 『창세기』의 서술을 적어도 진화론과 대등하게 가르쳐야 한다고 하는 사람도 나오잖아요.

하지만 이런 게 반드시 현대 신앙의 지배적인 존재방식이라고 할 수는 없습니다. 곧 근대적인 세계관을 기본으로 받아들이면서, 그 위에서 크리스찬이나 혹은 유대교도일 수 있다는 겁니다. 이런 마음의 상태는 지극히 당연한 겁니다. 실제로 우리가 알고 있는 많은 크리스찬, 그리스도교 학자를 포함한 크리스찬의 대부분은 그렇잖아요. 대다수의 근대의 계몽된 크리스찬은, 예를 들어 진화론은 진화론 나름대로 사실이라고 생각하면서 크리스찬일 수 있는 것처럼요. 그럼 신앙은 무엇일까요? 그리스도교나 유대교를 믿는다는 건 어떤 것일까요? 그런 의문이 생겨납니다.

하시즈메 두 가지로 설명해드릴게요.

하나는, 그리스도교는 원래 성서를 "문자 그대로" 정직하게 믿는 게 아닙니다. 성서는 이곳저곳에 모순점들이 분명히 있기 때문에 문자 그대로 믿을 수 없는 텍스트입니다. 그래서 신자들이 모여 의견을 나누어서, 이 부분은 이렇게 읽고 이렇게 믿자고 결정해서 그 해석을 따르는 겁니다. 가장 유명한 해석이 삼위일체설인데요, 삼위일체설은 "설"이라고 할 정도로, 학설인 겁니다. 성서에 삼위일체설이 나오는 게 아니에요. 성서를 수미일관하게 믿으려면 이렇게 해석하는 게 좋다는 강력한 학설일 뿐입니다.

물론 삼위일체설이 아니더라도 성서를 믿을 수 있어요. 단 그렇게 되면 이단이 되는 거죠.

또 하나는 과학과 성서의 문제입니다.

일본인은 성서를 읽으면 황당무계한 내용 때문에 요즘 같은 과학의 시대에 무슨 그리스도교를 믿나 싶을 겁니다.

근데 저는 과학과 종교가 서로 대립한다고 생각하는 것 자체가 넌센스라고 봐요.

과학은 원래 신의 계획을 밝히기 위해서 자연의 해명에 매진한 결과로 탄생한 것입니다. 종교의 부산물이라고 할 수 있어요. 그런데 그 결과, 성서에 적힌 것과는 다른 결론이 나왔습니다. 그래서 다수파의 사람들은 "과학을 존중하고 과학에 모순되지 않는 선에서 성서를 올바르다고 생각합시다"라는 생각을 하게 됩니다. 이렇게 하면 과학과 종교 모두 모순되지 않고 받아들일 수 있습니다. 지동설이나 진화론, 빅뱅 이론은 이리하여 그리스도교 문명의 일부가 되는 겁니다.

이에 반해서 복음파처럼 성서를 문자 그대로 올바르다고 생각하는 사람들이 있습니다. 물론 이렇게 극단적인 성향을 보이는 사람은 소수파이만, 아메리카 등에서는 나름대로 세력을 유지하고 있습니다. 가끔 진화론을 반대한다며 뉴스에 등장하기도 합니다.

일본에서는 과학을 믿지 않는 복음파를 바보로 보는 경향이 있는데, 저는 복음파와 다수파의 그리스도교도가 어떤 의미에서 똑같이 생각한다고 봅니다. 왜냐면 복음파는 다수파와 반대로 "성서를 존중하고 성서에 모순되지 않는 선에서 과학의 결론이 옳다고 생각하자"라고 받아들입니다. 그

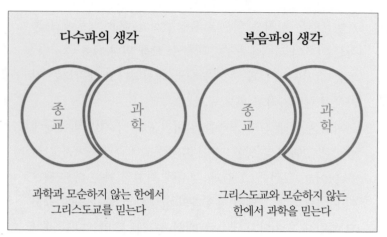

다수파의 생각 / 복음파의 생각

래서 종교와 과학 모두 모순없이 믿을 수 있게 됩니다.

성서도, 과학도 모두 포괄적인 사고방식의 체계로 그걸 믿으면서 살아갈 수 있습니다. 문제는 이 둘이 서로 모순되는 점이 있다는 건데, 상대방을 옳다고 할 수 없으니 모순을 피하기 위해 한쪽을 믿지 않게 되는 겁니다. 다수파는 성서에 픽션이 반 쯤 섞여 있다고 하고, 복음파는 과학에 픽션이 반 쯤 섞여 있다고 생각합니다. 둘이 내린 결론은 반대이지만, 생각하는 방법은 똑같아요. 두 쪽 다 지극히 합리주의적이라는 거죠.

일본인은 이와 다른데, 야마모토 시치헤이山本七平[일본의 출판사 대표이자 평론가로『일본인과 유대인』,『공기의 연구』,『기다림의 칼』,『구약성서의 사람들』등으로 유명하

다. – 옮긴이] 씨가 하신 말씀이 생각나네요. 야마모도 씨
는 태평양 전쟁 당시에 필리핀에서 싸우다 미군의 포로가
되었습니다. 야마모토 씨는 장교여서 영여를 할 수 있어서
미국 장교에게 여러 질문을 받았다고 합니다. "진화론을 알
고 있는가?" 일본인이 천황을 살아 있는 신(現人神)이라고
믿고서 광신적인 전쟁을 하기 때문에 분명 진화론을 모를
거라고 생각하고 질문한 겁니다. 야마모토 씨는 "일본인들
모두 진화론에 대해서 잘 알고 있고, 그게 맞다고 생각합니
다"라고 대답했고, 이에 미군 장교는 깜짝 놀랐다고 합니
다. 그 사람들 입장에서는 일본인이 어떻게 진화론과 일본
천황이 현인신이라는 사실을 모두 믿을 수 있는지 이해할
수 없었겠죠.

　다시 정리해보지요. 진화론은 원숭이가 인간으로 진화했
다고 생각합니다. 천황도 인간이고요. 그렇다면 일본 천황
의 선조를 거슬러가면 원숭이가 됩니다. 한편 신(아마테라
스)의 자손이 천황이 되었다고 생각하기 때문에 천황을 현
인 신으로 봅니다. 그래서 천황의 선조를 거슬러가면 신이
됩니다. 즉 원숭이→천황, 신→천황은 형식 논리상으로는
모순되게 됩니다. 하지만 일본인들은 이 두 가지를 모두 믿
고 있다는 것입니다. 미군 장교가 아니더라도 이해하기 어
려운 대목이죠.

　일본인은 이렇게 자신들이 배우는 내용에 모순점이 있다
는 사실을 알지 못할 뿐만 아니라, 그다지 신경도 쓰지 않

습니다.

다분히 그건 학교 교육 때문이겠죠. 진화론을 배우는 건 이과 시간, 현인신에 대해 배우는 건 역사 시간. 다른 시간의 다른 과목이기 때문에 서로 상관이 없습니다. 학교도 이에 대해서 별 생각이 없기 때문에 이과 시간과 역사 시간에 서로 모순된 내용을 가르치고 있는 겁니다. 배우는 쪽에서는 학교에서 가르쳐주는 내용이 올바르다고 생각하니까, 양쪽 이론을 그대로 암기하는 겁니다. 이런 태도는 오늘날 일본인에게도 그대로 해당되는 게 아니겠습니까.

이런 일본인이 복음파 신자들을 비웃을 자격은 없는 겁니다. 복음파 신자들은 진화론과 성서의 모순율을 이해해서, 그에 맞게 자신들의 생각을 맞춰나갑니다. 일본인들은 모순율에 신경도 쓰지 않지요. 모순율 이전의 단계입니다.

**오사와** 과연 그렇군요. 마지막으로 다음에 이어질 대담을 위해 한 마디 덧붙여도 될까요? 신앙이란 건 의식의 레벨과 본인이 의식하지 못하는 태도나 행동 레벨이 있는 것처럼 느껴집니다. 보통 "신앙"이라고 할 때 여하튼 의식 레벨에서 생각하지만, 사실 태도 레벨 쪽이 좀 더 기초적이 아닐까요.

예를 들어 마르크스주의의 공식 견해에 따르면 종교는 아편이고, 그리스도교를 비롯한 모든 종교를 배척합니다. 곧 마르크스주의자는 의식의 레벨에서는 어떤 종교도 믿으면 안 된다고 합니다. 그래도 마르크스주의라는 세계관의 형식 자체가 종교적, 일신교적입니다. 따라서 의식의 레벨에서는 종교를 배척하고 있지만, 마르크스주의의 역사관에 설득력을 느끼고 이를 수용하는 태도 속에 이미 신앙이 스며든 것입니다. 우리들은 의식 이전에 있는, 이러한 태도 레벨의 신앙에 대해서 생각하지 않으면 안 된다고 생각하는 겁니다.

또 하나 예를 들어보면요. 리처드 도킨스라는 진화생물학자가 있습니다. 그는 대단히 뛰어난 학자이며, 일반인들을 위해 집필한 책도 정평이 나 있습니다. 가장 유명한 『이기적인 유전자』라는 책은 사회생물학이나 진화론의 해설서로 최고 수준입니다. 또 그는 복음파가 신봉하는 창조설을 열심히 비판하고 있습니다. 최근에 출판된 『지상 최대의 쇼 - 진화의 존재 증명』이라는 책에서도 『창세기』의 창조설을 배척하고서 생물 진화가 사실임을 증명하려고 했습니다. 이 책에서 그는 다음과 같은 예를 들었습니다. 진화라는 건 임시방편적인 시행착오try and error의 반복을 통해 나온 결과이므로, 생물의 신체 구조에는 곧잘 효율적이지 못하다고밖에 생각할 수 없는 부분들이 있습니다. 만약 신이 우주를 제대로 디자인해서 창조했다고 한다면 이렇게 미숙하고 비효율적인 부분이 생길리가 없죠. 곧 우주는 신과 같은 지성知性이 창조한 게 아니란 이야기입니다…….

도킨스 본인은 무신론자이며, 그리스도교 등 어떤 종교도 믿지 않는다고 합니다. 분명히 의식 레벨에선 그런 것 같은데, 그러나 도킨스의 책을 읽어보면 - 아, 물론 도킨스의 책은 굉장히 훌륭한 책들입니다만 – 성서와 모순되는 내용이지만 저런 책을 쓰고자 하는 태도와 열정은 오히려 종교적이라고 할 수밖에 없어요. 창조론을 어떻게든 비판하지 않으면 안 된다고 하는 저 강렬한 사명감, 그리고 창조론인지 진화론인지에 관련해서 일관성에 대한 대단한 애착. 이런 점이 종교적이지 않으면 무엇이겠어요. 지금 하시즈메 씨의 예를 잠깐 빌리자면, 황국 사관[일본의 역사를 일본 천황 중심의 국가주의적 관점에서 보는 역사적 견해를 말한다. – 옮긴이]과 진화론을 모두 인정할 수 없으니 어떻게든 통일시키자는 게 바로 도킨스의 생각입니다. 도킨스 자신의 의식과는 별개로, 여기에 종교성이 있습니다.

이런 태도 레벨의 신앙이 오늘날에는 더욱 중요하다고 생각합니다. 그리스도교는 이제 유명무실하고, 신자도 극소수라고 생각하는 사람들이 있을지도 모르겠지만요. 그러나 의식 이전의 태도의 부분에서는 압도적으로 종교적인 성격을 띤 경우가 있는데요. 그렇다면 본래의 유대교, 그리스도교, 혹은 그 밖의 종교적 전통이 어떤 태도를 취해왔는지 모르면 세속화된 현대 사회에 관해서조차도 일어나는 다양한 사회 현상과 문화에 대해서 이해할 수 없게 됩니다.

하시즈메  저 역시 전적으로 동감입니다.

제2부

# 예수 그리스도란 무엇인가

# 1 "불가사이"의 핵심

**오사와** 제1부에서 하시즈메 씨가 말씀하셨듯이, 유대교와 그리스도교는 정말 똑같습니다. 이 둘의 차이는 어떤 의미에서 단 하나, 바로 예수 그리스도의 존재 여부뿐입니다. 제2부에서는 그리스도교가 그리스도교가 되는 근거인 바인 예수 그리스도란 도대체 무엇인지, 그리고 "불가사의한 그리스도교"의 "불가사의"의 핵심에 대해서 이야기해보겠습니다.

거듭 반복합니다만, 계시 종교로서의 일신교에는 유대교와 그리스도교와 이슬람교가 있습니다. 이 세 종교는 계보관계와 같은 게 있는데, 가장 오래된 게 유대교입니다. 그리고 유대교를 바탕으로 그리스도교가 출현하였고, 이슬람교가 가장 새롭게 완성되었습니다. 늦게 출현한 일신교는 이전의 일신교를 전제로 삼고 있습니다.

이 세 종교를 서로 비교해보면 이슬람교가 참 독특한데요. 이슬람교는 유대교와 그리스도교를 그 내부에 수용하면서 완성되었습니다. 그러나 이슬람교에도 예수 그리스도라는 건 없습니다. 유대교에 예수 그리스도가 존재하지 않는 건 당연하지만, 그리스도교을 시야에 넣고 있는 이슬람교에도 예수 그리스도라는 요소는 존재하지 않습니다.

이슬람교에는 무함마드(마호메드)가 있긴 하지만, 그리스도교에서 말하는 그리스도로 보기는 어렵습니다. 물론 무함마드가 이슬람교에서 특별한 사람인 건 맞지만요. 아무리 특별하다곤 해도 무함마드는 예언자입니다. 가장 위대한 예언자인 건 맞지만, 예언자는 예언자일 뿐이죠.

이에 반해서 그리스도교에게 있어서 예수 그리스도는 모세나 이사야, 에제키엘 같은 예언자가 아닙니다. 참고로 이슬람교 관점에서 보자면 예수는 무함마드보다 격이 낮은, 한 사람의 예언자에 불과하지요. 하지만 그리스도교에서는 예수 그리스도를 단순한 예언자와는 질적으로 다르다고 봅니다.

그럼 예수 그리스도란 무엇인가요. 그걸 어떤 식으로 이해해야 할까요. 혹은 종교사회학적으로 봐서 예수를 어떻게 이해해왔는지가 "불가사의"의 원천입니다.

그래서 우선 대단히 심플한 것부터 확인해볼게요. 신약성서 첫 부분에 복음서가 나옵니다. 복음서에는 예수 그리스도가 어떤 사람이며, 어떻게 태어났고, 무슨 일을 했고, 어떻게 죽었는지 적혀 있습니다. 게다가 예수가 부활했다는 내용도 나옵니다.

이 복음서에 따르면, 예수 그리스도는 보통 생각하는 것보다 상당히 초인적인데요. 현대인의 합리주의적 관점에서 보면 복음서를 글자 그대로 받아들이기 어렵습니다. 가장 핵심이 되는 "부활"이 특히 그런데요. 그 밖에도 빵 다섯 개와 생선 두 마리를 5천 명에게 나눠주어서 모두를 배불리 먹였다는 부분이나 호수 위를 걸었다는 내용도 현실적이지 않습니다.

그럼 "도대체 예수 그리스도는 정말 실존한 인물이었는가?"라는 게 최초로 궁금해집니다.

예를 들어 고지키의 아마테라스 오미카미天照大神나 니혼쇼키日本書紀[일본의 가장 오래된 정사이며, 고지키古書記 다음으로 가장 오래된 일본의 역사서다. 나라 시대(720년 무렵) 때 덴무 천황의 명으로 관찬되었으며, 총 20권으로 이루어져있다. ─옮긴이]의 스사노오노미코토須佐之男命[일본의 건국신 아마테라스 오미카미의 동생으로 폭풍의 신이라 불린다. ─옮긴이]의 경우에, 물론 일본인들은 일종의 신화라고 생각합니다. 인간의 상상력 속에는 존재하지만, 보통 의미에서 실재한다곤 보지 않죠. 혹은 구약성서 첫 부분에 나오는 천지 창조 이야기도, 확실히 말하자면 픽션이라고 생각합니다.(무엇보다도 과거 서양 학자들은 상당히 진지하게 천지 창조가 얼마나 오래된 일인지 연구했지만, 현대에 들어와서는 어지간한 원칙주의자가 아닌 한 그런 연구는 하지 않습니다.)

그러나 예수 그리스도는 어떨까요?

적어도 그가 대강 어느 시기에 살았는지 확정짓고 있습니다(여기고 있습니다). 우리들이 말하는 "서기西紀"는 예수

의 탄생일을 기준으로 계산한 건데, 현재는 예수가 태어난
지 2011년[이 책의 발간 해 – 옮긴이]이 지났다는 말이 됩
니다. 따라서 신화라기보다 역사에 가까운 느낌이 듭니다.

과연 예수 그리스도란 실존했던 인물로 봐야 할까, 아니
면 그저 순수하게 인간의 관념의 문제로 받아들여야 할까?
이에 대해서 여러 가지 해석이 있는데, 하시즈메 씨가 간단
히 해설해주시고 고찰의 계기로 삼았으면 합니다.

**하시즈메** 결론부터 말하자면, 저는 예수가 실재 인물이라고
생각합니다.

하지만 그런 결론에 도달하기까지는 상당한 절차가 필
요합니다.

우선 "실재 인물"이란 무엇인지 생각해봅시다.

역사학에서는 그 인물이 실재했던 "증거"를 발견하는 것
을 말합니다. 그 인물의 무덤을 발견하는 게 가장 좋지만,
그게 아니라면 문자 기록도 괜찮습니다. 어디서 무엇을 했
다는 기록이 발견되거나 그 기록이 진실일 때. 게다가 교차
검증cross check이 가능하면 더욱 좋습니다. 여기서 교차 검
증이란 서로 다른 계통의 사료에서 동일한 기록이 발견되
는 것입니다. 예를 들어 아군과 적군 양쪽에 공통된 기록이
남아 있다면 이는 상당히 신뢰할 수 있는 거죠.

예수에 대해서는 문서 기록이 있습니다. 그런데 그것은
복음서에 한정되어 있습니다. 그리스도교의 초기 교회가
전하는 복음서가 그 증거의 전부라고 할 수 있습니다. 복음

서에는 네 가지(신약성서에 들어가지 않은 것도 포함하면 더 많음) 기록이 있는데, 모두 내용이 일맥상통합니다. 가장 오래된 복음서가 마가의 복음서이며, 그 뒤에 나온 복음서들은 앞의 걸 참조하여 집필되었습니다. 곧 하나의 계통의 문서라는 이야기입니다. 이런 경우에 신자들의 창작(픽션)이 아닐까라는 의심이 성립합니다.

다른 기록, 예를 들어 유대교 쪽의 문서나 예수를 십자가에 매달아 처형했던 로마 쪽의 문서가 발견된다면 예수가 실존했을 가능성이 한층 더 높아집니다. 그런데 많은 학자들이 엄청난 양의 기록들을 이 잡듯 샅샅이 뒤져보는 것은 당연하지만, 이렇다 할 기록을 발견하지 못했습니다. 예수는 히브라이어로 여호수아인데, 상당히 흔한 이름이거든요. 그래서 나사렛의 예수라고 증명하기가 어렵습니다.

교차 검증이 불가능하다면 실존 인물이었다고 증명할 수 없게 됩니다.

그럼에도 불구하고 예수가 실존 인물이었다고 제가 생각하는 이유는 복음서에 예수의 말을 많이 전하고 있기 때문입니다. 그걸 읽으면 풍부한 비유 때문에 살아 있는 것 같은 인상을 줍니다. 한 사람의 인간이 그곳에 있었다는 생생한 느낌이 들며 일관적입니다. 예수가 실존하지 않았는데 복음서 저자 여럿이 모여서 그 이야기를 지어냈다고 하는 게 더 부자연스럽다고 생각될 정도입니다.

복음서 내용의 어디까지가 실존 예수이고, 어디부터가

뒤에 덧붙여진 것인지 알 수 없지만 가르침을 적은 말의 핵심 부분은 실제로 예수가 말한 게 아닐까 싶어요. 그런 의미에서 그걸 말했던 예수라는 인물은 실존했던 던 아닌지 하고 생각합니다.

**오사와** 저도 예수가 실존했었다고 생각합니다. 실제로 많은 학자들도 이에 동의하고요.

제가 이런 단순한 문제부터 짚고 넘어가고자 한 데에는 그 나름대로 이유가 있는데요. 그리스도교의 신앙은 예수에 대한 역사적 사실을 믿는다는 걸 근간에 두고 있습니다. 곧 2천년 정도 전에 예수라는 사내가 제자들을 이끌고서 팔레스타인 근처를 방랑했다는 사건을 믿는다는 걸, 그리스도교의 신앙은 내포하고 있습니다.

불교와 비교해보면 이게 얼마나 특수한 경우인지 알 수 있는데요.

불교는 샤카족의 왕자로 태어난 고타마 싯타르타가 개종했습니다. 싯타르타가 깨달음을 열어가기까지의 경위나 그 뒤의 인생에 대해서는 많이 알려지고 말해지고 있습니다. 물론 대부분의 불교 신자들은 그걸 믿고 있고요. 하지만 불교를 믿고 깨달음에 이른다는 것은 불교의 교의가 보여주는 진리를 납득하고 받아들이는 것이지, 싯타르타를 비롯한 불교와 관련된 역사적인 인물들의 이야기를 사실로 받아들이는 것과는 독립적이라고 생각합니다.

이는 상대성 이론과 아이슈타인이 별개인 것과 똑같습니

다. 상대성 이론은 아이슈타인이 발견했기 때문에 진리라고 하는 게 아니에요. 다른 사람이 발견했어도 상대성 이론은 진리입니다. 마찬가지로 불교의 진리는 싯타르타가 말했기 때문에, 혹은 싯타르타가 깨달았기 때문에 진리가 되는 게 아닙니다.

그러나 그리스도교의 경우에는 그렇지 않습니다. 예수와 관련된 일이나 사건과는 독립적으로, 예수의 가르침만을 믿는 게 아닙니다. 그리스도교의 신앙이란 예수에 대한 역사적 사실과 관련지어서 예수의 가르침에만 진리가 있는 게 아니라, 그가 관여한 모든 사건과 일 전체 속에 그 진리가 있다고 생각합니다. 예수가 태어나서 여러 가지 일을 겪고 죽음을 맞이했다가, 그리고 다시 부활했다는 사건은 그리스도교의 진리의 중심입니다. 그래서 정작 예수의 존재가 역사적 사실인지 여부는 매우 중요하다고 생각합니다.

# 2 왜 복음서가 여럿인가

**오사와** 여하튼 저는 예수가 역사적으로 실존했던 인물이라 생각합니다. 그렇다고 한다면 이번에는 예수의 문서 기록인 복음서에 대해서 의문이 있어요. 하시즈메 씨가 말씀하신대로, 신약성서에 수록된(곧 공식적으로 정전正典으로 여겨지고 있는) 복음서라는 건 4가지 있습니다. 그것들은 거의 비슷한 것을, 곧 예수와 관련된 일련의 사건에 대해 보고하고 있습니다.

그러나 엄밀히 따지면 그 내용이 조금씩 다릅니다. 특히 요한[요하네] 복음은 다른 세 권과 상당한 차이를 보입니다. 그 다른 세 권이란 마가[마르코], 마태[마태오], 누가[루카] 복음서로, 구성이나 내용이 상당히 비슷하게 때문에 공관 복음서synoptic gospel − 서로 비교 대조해가며 같이 읽을 수 있는 복음서라는 의미이지요 − 라고 불리기도 합니다. 그런데 이 세 권 사이에도 꽤 중대한 차이가 있어서 예수가 십자가 위에서 무슨 말을 했는지, 배신자라고 불리는 유다가 어떤 행동을 취했는지가 분명하지 않습니다.

엄밀한 고증을 통해서 이 복음서들이 어떤 순서로, 어떤 시기에 작성되었는지 밝혀졌는데요. 가장 오래된 복음서가 마가 복음서이며, 마태 및 누가 복음서는 마가가 아니라 오늘날에는 유실된 Q자료(Q는 독일어로 자료를 의미하는 "Quelle"에서 유래하고 있습니다)라 불리는 문서를 참조한 것으로 보입니다.

어쨌든 신약성서는 가장 중요한 사건에 대해서 4권의 서로 다른 증언이 있다는 내용으로 시작됩니다. 좀 기묘하지 않나요?

예를 들어 이슬람교를 한번 생각해보세요. 무함마드가 알라에게 전달받은 말을 정리한 게 쿠란(코란)인데, 이 쿠란이 조금씩 다른 네 가지 버전이 있다면 정말 큰일 아닌가요. 쿠란은 절대 하나밖에 없으니까요. 게다가 이슬람법에서는 쿠란 다음에 무함마드의 언행, 즉 순나sunnah(전승)가 중요한 법원法源으로 작용하고 있어서 이슬람 교도는 이 내용을 엄격하게 일률적으로 특정하려고 합니다. 많은 법학자들이 순나를 편집한 것을 하디스라 하는데, 하디스 역시 쿠란과 달라서 종종 견해 차이가 발생하기도 하여 이슬람 교도의 섹트[파벌]로 발전하기도 합니다. 이슬람 교도 한 명이 모순된 내용의 두 가지 하디스를 믿을 리 없으니까요.

그렇지만 그리스도교에서는 예수의 언행록이라 할 수 있는 복음서가 4가지나 있어서 내용도 서로 다르고 모순되는 점이 있음에도 여하튼 정전으로 인정받고 있습니다. 어떨 때는 "이래도 괜찮나" 싶다니까요. 아까도 말했지만, 그리스도교에게 있어서는 예수와 관련된 사건이나 일에 커미

트하는 게 신앙의 근거이기 때문이죠. 여하튼 그리스도교는 복음서를 하나로 수렴하지 않고서 왜 4권인 채로 남겨 두었을까요?

**하시즈메** 저는 복음서가 여러 권이어도 상관없다고 생각합니다.

복음서가 여러 권인 이유는 예언서(예언자의 예언을 기록한 서적)가 아니기 때문입니다. 예언서(예를 들어 『이사야서』는 예언자 본인이 썼(다고 되어 있)기 때문에 두 권일 수가 없습니다. 예언자 한 명당 한 권이니까요. 이에 반해서 예수는 자기가 서적을 쓴 게 아닙니다. 복음서 마지막 부분은 십자가에서 죽었다는 이야기가 나오는데, 이걸 자기가 썼을 리가 없잖아요. 다른 사람이 사건을 목격하고서 그것을 기록하여 증언하는 형태가 될 수밖에 없는 것입니다.

이처럼 복음서는 예수 그리스도에 대해서 **증언**하는 서적입니다. 그 작가는 마가, 마태, 누가, 요한입니다. 정말 그들이 썼는지에 대해서 여러 의견이 있긴 하지만, 어쨌든 예수와 만난 적이 있는 사람들이거나 예수의 주변 인물들입니다. 정작 보통 인간이 초기 기독교의 전승을 토대로, 그리스어로 편집했다고 생각됩니다. 증언을 기록한 문서는 여러 권 있는 게 오히려 좋지 않을까 싶은데요. 결과적으로 4권의 복음서가 신약성서에 남았습니다.

좀 더 덧붙이자면, 그리스도교는 복음서에 의해서 성립된 것이 아닙니다. 복음서는 그리스도교가 성립한 뒤에 성

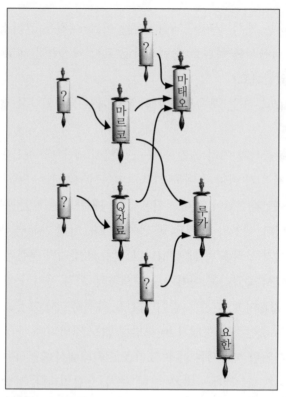

복음서의 계보 관계

서로 선택되었습니다. 그럼 그리스도교는 언제 성립되었을
까요? 바로 바울의 편지에 의해서입니다. 바울이 편지를 쓴
건 복음서가 만들어지기 훨씬 전이니 복음서를 보지 않고
서 쓴 겁니다. 바울은 이미 그때 예수가 그리스도이자 신의
아들이라고 확신하고 있었습니다. 바울이 예수의 십자가의

수난을 의미지우는 교리를 생각해냈기 때문에 유대교가 아닌, 그리스도교라는 종교가 성립한 것입니다. 여기까지가 복음서 편찬까지의 순서입니다.

복음서는 이곳저곳의 교회에서 제각각 전해지고 있던 예수의 언동에 대한 전승을 모은 것입니다. 어느 교회나 자신들의 전승이 더 중요하니 꼭 성서에 포함되어야 한다고 생각했겠죠. 그래서 그것들을 하나로 문서화하기 어려웠습니다. 그래서 4개의 복음서와 바울이 생각한 교리를 축으로 그리스도교가 성립하게 되었습니다.

오사와 그렇군요. 신약성서라고 하면 복음서 이미지가 강할 것 같잖아요? 근데 사실 신약성서에서 중요한 부분은 바울의 편지입니다. 그 속에는 정말 바울이 쓴 부분과 그렇지 않은 부분이 있었는지 모르겠지만, 확실한 건 예수 본인이 쓴 건 없다는 겁니다. 신약성서의 가장 중심적인 필자는 바울입니다. 그렇기 때문에 그리스도교 성립에 대해서 이야기할 때 바울이라는 인물을 절대로 무시할 수 없으니, 뒤에서 심도 있게 다루도록 하겠습니다. 그 전에 좀 더 역사적인 예수의 일에 대해서 알고 싶은데요.

말씀하신대로 복음서라는 건 신의 말씀이 아닙니다. 일단 저자의 고유 명사가 각 텍스트에 적혀 있지만, 누가나 마가라는 이름은 상징적일 뿐 실제로는 여러 사람이 쓴 것이 아닌가 싶습니다. 어쨌든 인간이 목격 체험이나 전해들은 것을 기반으로 쓴 것이지요. 예언서처럼 신의 말을 직접적으로 듣고서 받아쓴 건 아닙니다. 따라서 증언자인 복음서 기록자의 관점이나 해석에 차이를 반영해서 아무리 노력해도 똑같을 수가 없는 거예요. 그 점에서 알라의 말씀을 그대로 필사한 쿠란과는 상당히 다르죠.

방금 말씀하신 것처럼, 그리스도교에서 말하는 진리란 상대성 이론과 아이슈타인처럼 뚝 떼어놓고 생각할 수 없다는 점이 참 흥미로운데요. 곧 그리스도교에서는 예수 그리스도가 전도하고서 십자가 위에서 죽고, 그리고 부활했다라는 일련의 사건 그 자체가 이미 진리인 것입니다. 다만 가장 중요한 부분에서 복음서마다 내용, 즉 증언이 살짝 달라서 미묘한 불확실성이 있는데, 처음부터 그런 차이를 인정하는 그리스도교의 자세에서 심오함을 느끼게 되지요.

# 3 기적의 진상

**오사와** 제 상상으로는, 각 복음서마다 내용은 서로 조금씩 다를 수 있어도 큰 틀은 실제 있었던 일이 아닐까 싶어요. 복음서 내용의 기반이 되는 사건들은 실제 있었던 일이고, 예수는 역사적인 인물로 다양한 활동을 하지 않았을까 싶은데요. 복음서를 보면 예수는 유대교에 정통한 사람으로, 머리도 좋고 굉장히 기발한 아이디어가 샘솟는 사람이었던 것으로 보입니다.

그런데 이런 걸 인정한 위에서, 많은 사람들이 복음서에 기록되어 있는 여러 기적이 정말 사실인지 역시 의문스러워합니다.

특히 "부활"은 정말 중요한 부분이기 때문에 다음에 더 자세히 알아보도록 할 거고요. 부활 이외에도 기적에 관한 많은 내용이 나오는데, 그 가운데 병 치료의 기적을 가장 많이 볼 수 있습니다. 복음서에 나오는 그런 내용을 다 받아들일 것인지는 차치하더라도 상당 부분이 실재했던 이야기가 아닐까 싶어요. 예수는 아니나 다를까, 당시 사람들에게 어떤 종류의 카리스마적인 힘이 있었기 때문에 예수와 직접 접촉하는 것만으로도 병을 앓고 있던 자가 어느 정도 병이 낫는 기분이라든지, 그런 치료적인 효과가 있지 않았을까 상상할 수 있습니다.

물론 좀 이해하기 힘든 기적도 적지 않은데, 아까 말한 엄청 적은 양의 빵과 생선으로 5천 명을 배불리 먹였다는 부분이나 물 위를 걸어 다녔다, 죽은 자를 살아나게 했다 등등. 저는 솔직히 복음서에 나오는 기적 중 절반만 사실이라고 보는데요. 그리스도 신자들은 이런 말도 안 되는 이야기에 대해서 어떤 스탠스를 취하는 것일까요?

**하시즈메** 우선 역사적 인물로서의 예수와 복음서의 관계에 대해서 말씀드리겠습니다.

바로 역사적 인물로서의 예수가 있었기 때문에 복음서가 씌어졌다고 봅니다. 그렇긴 하나 복음서에 적혀 있는대로의 예수가 역사적인 예수는 아니라고 생각합니다. 그럼 어떤 부분이 역사적 인물로서의 예수일까요?

복음서는 4권으로 나뉘어져 있기 때문에 우선 그 4권의 공통된 부분을 찾아야 합니다. 그러나 그런 공통된 부분에도 신앙의 입장에서 어느 정도 살을 덧붙였을 수 있으니 더욱 주의해서 살펴보지 않으면 안 되는 데요. 그런 여분을 전부 제거한 뒤에 비로소 역사적 인물로서의 예수가 떠오를 겁니다.

실제의, 나사렛의 예수는 어떤 인물이었는가 하면, 우선 베들레헴에서 태어나지 않았습니다. 4권의 복음서 가운데 마태 복음서와 누가 복음서에 "베들레헴에서 태어났다"라는 대목이 나오는데, 베들레헴은 12부족 가운데 유대족에게 할당된 지역으로 다윗과 인연이 깊은 도시입니다. 『미카서』(5장 1절)에도 구세주는 베들레헴에서 출현한다는 구절이 있습니다. 그래서 예수는 베들레헴에서 태어나지 않으면 안 된다고 생각했던 사람이 덧붙인 게 아닌가 싶습니다. 나사렛 출신인 예수가 나사렛에서 멀리 떨어진 남쪽의 베들레헴에서 태어났을리가 없으니까요.

이와 마찬가지 이유로, 마태 복음서 서두에 나오는 예수의 족보도 사실이라고 보기 어렵습니다. 복음서 첫 부분부터 이런 말도 안 되는 이야기가 나오니, 성서를 읽으려고 해도 좌절하는 사람들이 많은 것 같은데요. 이것은 요컨대 예수가 다윗왕의 계보에 속한다는 걸 보여주기 위한 것이라고 생각합니다. 예수의 아버지인 목수 요셉은 여하튼 다윗왕의 자손이지 않으면 안 된다는 겁니다. 이 또한 『사무엘기하』(22장 51절)의 예언을 반영한 것으로 보입니다.

예수가 그리스도(히브리어로 메시아)라는 건 구약성서 여기저기(예를 들어 『이사야서』)에 나오는 메시아 예언이 실현되었음을 믿고 있다는 의미입니다. 이 예언에 맞게 각색되었을 가능성이 있습니다. 이런 부분을 제외하고 생각하지 않으면 안 됩니다.

구약성서에 메시아를 예언하는 부분이 나오기 때문에 민중이 메시아를 기다리고 바랐던 건 예수 본인도 잘 알고 있었을 겁니다. 그래서 그런 상황을 의식해서 자신의 언행에 반영했을 가능성도 있습니다. 그렇다면 구약의 예언과 예수의 실제 언행이 일치할 수도 있다고 생각됩니다. 그런데 저는 예수가 그렇게 잔꾀를 부릴 만한 인물은 아니라고 생각하지요. 그보다는 한층 자유롭게 민중의 기대에 부흥하기 위해 행동했던 거 같습니다. 그래서 후세에 누군가가 구약의 예언과 일치하는 내용을 덧붙였을 가능성이 크다고 봅니다.

오사와 씨가 말씀하신대로 복음서에 나오는 기적에는 말도 안 되는 황당무계한 것과 아, 이 정도는 있을 법하지 않나 싶은 부분이 있어요. 가장 말이 안 되는 건 "부활"인데요. 가장 오래된 마가 복음서에는 부활에 대한 서술은 없고, 예수의 무덤이 텅 빈 장면에서 갑자기 이야기가 끝나버립니다. 다른 복음서 가운데서도 늦게 편찬된 것일수록 부활에 관한 기록이 구체적이고 상세한데요. 그걸 보면 부활의 기적은 예수가 죽고나서 어느 정도 시간이 지난 뒤에 지금 같은 형태로 믿게 된 것 같습니다.

죽은 자를 살렸다, 예수가 물 위를 걸었다 같은 기적은 실제로 일어났던 일이라 보기 어렵지요.

그 밖에 실제로 있었던 일일 수도 있어요. 예를 들어 "폭풍우야! 잠잠해져라"고 말하니 수그러졌다고 하는데, 사실 폭풍우는 시간이 지나면 잠잠해지기 마련이니까요.

오사와 그럴 수도 있겠네요. 폭풍우는 어느 정도 시간이 지나면 자연스레 잠잠해지니까요.

**하시즈메** 예수는 배 위에서 그냥 태연히 자기 할 일을 하고 있었을 겁니다.

구약성서(『열왕기 상』 17장 22절 등)에도 죽은 자를 살려내는 기적이 나오잖아요. 구약의 예언자가 죽은 자를 살려냈으니까 예수 그리스도도 못할 게 없다고 생각해서 그런 내용들을 덧붙인 게 아닐까요.

그리고 아까 말씀하신 적은 양의 음식으로 엄청난 사람을 배불리 먹였다는 기적도 구약성서에 나오는 내용인데(『열왕기 하』 4장 42~44절), 여기서는 백 명을 배불리 먹였다고, 신약성서에 비하면 적은 숫자입니다.

사회학적으로 말하자면, 이 기적은 실제로 일어날 수 있다고 생각하는데요. 예수의 말을 듣고자 먼 곳까지 이동해야 했던 사람들은 중간에 배가 고프면 안 되기 때문에 반드시 식량을 챙겨가야 했을 겁니다. 가는 동안에 그 음식을 어설프게 드러내고서 돌아다니면 빼앗길 수도 있으니 잘 숨겨서 말이죠. 식사 시간이 되자 예수가 음식을 빼앗지 말고 서로 잘 나눠 먹도록 유도했으니, 각자 챙겨온 음식을 꺼내서 모두 먹을 수 있었던 겁니다. 바구니에 빵 부스러기가 많았다는 것도 이상한 이야기가 아니죠.

**오사와** 빵 부스러기가 원래 빵보다 많았으니까요.

**하시즈메** 네. 사람들의 숫자나 남은 음식물의 양에 대해서 부풀린 부분이 없지 않아 있겠지만, 아예 없던 일은 아니라고 봅니다.

병을 치유하는 기적도, 그 당시 사람들은 지금보다 심신 반응이 더욱 격렬했으니 과장되긴 했어도 어느 정도 사실이라고 봅니다. 그래서 복음서에 나오는 기적은 그렇게 황당무계한 이야기는 아닌 거죠.

지금까지 이야기를 종합해봤을 때 예수의 기적은 기적으로서는 그렇게 대단한 일이 아닙니다. 신의 아들이라면 야훼와 똑같은 기적을 일으킬 법도 한데, 예수는 사람과 별 차이가 없습니다. 복음서의 내용은 실제 예수의 행동과 큰 차이가 없었다고 생각합니다.

예수가 그리스도(메시아)이며 신의 아들이라는 게 그리스도교 신앙의 핵심이고, 이를 증명하기 위한 수단이 바로 기적입니다. 기적은 중요하긴 하지만 지엽적인 것에 지나지 않습니다. 만약 기적이 없었어도 복음서는 성립하는 겁니다. 예수가 신의 말을 하고 있는 한. 기적을 믿기 힘든 사람은 굳이 무리해서 믿지 않아도 되도록 복음서는 씌어 있습니다.

**오사와** 제1부에서도 조금 나왔던 이야기인데요. 생각해보면 기적이란 건 정말 믿어야 하는 것을 위한 방증 같은 것이네요. 이 경우에 예수가 메시아이거나 신의 아들이라는 걸 믿어주면 좋으련만 다만 "믿으라"고 해도 "그렇지 않다"고 생각하니 여러 에피소드, 즉 기적들을 보여주는 거예요. 그러면 사람들은 "아, 이런 일이 벌어진다면 메시아일 개연성은 매우 높다"고 느끼게 되는 겁니다.

그렇기 때문에 기적 자체는 우유적偶有的인, 부록과 같은 존재입니다. 기적 가운데는 병의 치유 활동처럼 그것 자체가 메시아로서의 구제 활동인 것도 있지만, 폭풍우를 잠재운다거나 물 위를 걷는다고 하는 건 메시아인 걸 인상지우는, 간접 증거 같은 겁니다. 하시즈메 씨가 말씀하신 것처럼 기적 그 자체를 초능력으로 받아들일지 여부는 2차적인 문제라고 봅니다.

# 4 예수는 신인가 사람인가

**오사와** 기적에 관한 이야기는 이쯤에서 마무리하고서 가장 중요한 물음으로 넘어가볼게요. 그건 스트레이트로 말하자면, 그리스도교에게 있어서 예수 그리스도는 무엇인가 하는 물음입니다. 예수는 "그리스도(메시아)"라고 불립니다. 혹은 "신의 아들"이라고도 하고요. 그처럼 불리는 예수는 무엇인가? 하는 것이지요.

예를 들어 일본 신화에 이자나미와 이자나기라는 신이 나오는데, 이 둘은 많은 자식을 낳습니다. 앞에서도 몇 번 나온 아마테라스가 바로 이자나기가 낳은 "신의 아들"입니다. 이들도 또한 신이기 때문에 일본에는 수많은 신이 존재하는 셈입니다. 그렇다면 예수는 "신의 아들"이라 불릴 때 그 "신의 아들"을 이와 똑같이 이해해도 될까요? 아마테라스나 아마테라스의 동생 스사노오가 이자나기의 자식인 것처럼 예수 그리스도도 야훼의 자식인 걸까요? 그러나 그렇게 되면 두 명의 신이 있는 게 되니까, 일신교의 대원칙을 어기게 됩니다.

도대체 예수는 사람일까요, 신일까요.

물론 실증과학적인 입장에서 보면 예수는 아까부터 역사

적 인물이라고 말하고 있기 때문에 사람이라고 말하면 사람인 겁니다. 그러나 신앙의 논리에서 보자면 예언자 중의 하나로 치부할 수 없습니다. 그렇다고 예수를 신으로 생각할 수도 없고요. 신이라고 한다면, 방금 말한 것처럼 신이 둘이 되어서 난감해집니다.

이것은 실제로 그리스도교의 교의나 신학 속에서도 여러 설이 있는데, 핵심 중의 핵심적인 물음이라고 생각합니다. 어떻게 설명하는 게 정답일까요?

**하시즈메**　러시아 전통 인형 가운데 마트료시카라는 인형이 있는데요.

**오사와**　인형 안에 작은 인형이 있고, 그 안에 또 있고……그런 인형 말씀하시는 거죠?

**하시즈메**　네. 바로 그 인형이에요. 가장 바깥에 있는 인형을 열면 그 안에 작은 인형이 나오고, 그 안에 또 작은 인형이 나오잖아요.……인형 속에 인형이 몇 개나 들어있지요.

예수 그리스도도 그런 식으로 되어 있다고 생각합니다. 우리들이 알고 있는 예수 그리스도는 가장 바깥 쪽의, 완성된 형태인 겁니다. 아주 잘 만들어진 모습입니다. 그런 예수를 계속 연구해 나가다보면 가장 안쪽에 자리잡은 예수를 만날 수 있습니다. 저는 그 예수야말로 역사적인 예수라고 생각합니다.

역사적인 이미지를 어떤 순번으로, 시간을 거슬러 올라가다보면 만날 수 있습니다.

우선 단지 인간 예수가 있습니다. 확실한 건 그가 나사렛에서 태어났고, 아버지는 목수 요셉, 어머니는 마리아라는 겁니다. 그리고 그에게는 형제가 있었고, 예수 역시 목수로 그 지방의 시나고그[유대교 교회, 회당 − 옮긴이]를 다니며 구약성서를 열심히 공부했습니다. 바리새파의 공부 방식으로, 모세의 율법을 배웠던 것으로 추정되며, 그가 결혼을 했는지는 정확하게 알려진 바가 없습니다. 예수는 30세가 되기 전에 나사렛을 떠나 세례자 요한의 교단에 가입합니다. 그 뒤에 몇몇(뒤에 12명의 제자로 늘어납니다)을 데리고서 교단을 나와 독자적인 활동을 시작합니다. 갈릴리 지방이나 팔레스타인 각지를 방문해 설교도 하고 예언자처럼 행동했습니다. 여기저기서 바리새파 및 사두개파와 마찰을 일으켰습니다. 그 뒤에 예루살렘에 가서 체포되어 재판을 받고서 사형을 당하게 됩니다. 이런 인물입니다.

예수의 초기 가르침은 세례자 요한과 비슷했는데, "회개하라, 심판의 날이 다가오고 있다" 이런 식이었습니다. 당시 "의義의 교사teacher of righteousness"라는 사람들이 있었는데, 그들의 가르침도 어느 정도 염두에 두었을 거라 추측됩니다. "너의 이웃을 사랑하라"도 예수가 한 말이 아니라, 구약성서(『레위기』 19장 18절)에서 배운 것입니다. 이 밖에도 당시의 율법 해석과 다른, 예수의 독자적인 가르침도 많이 있었습니다. "웃옷을 도둑맞으면 아랫도리도 내주어라"든가, "오른쪽 뺨을 맞으면 왼쪽 뺨을 내밀어라" 같은 거요.

다양한 예를 절묘하게 사용하여 독특한 가르침을 전파했다는 점이 가장 예수다운 부분입니다.

지금까지 제가 한 이야기가 역사적인 예수였다고 한다면, 이제부터는 마트료시카의 가장 바깥 인형처럼 만들어진 모습에 대해서 이야기해보고자 합니다.

우선 처녀 수[잉]태.

구약성서(『사사기』13장 등)를 보시면 나이가 많거나 아이를 가질 수 없는 여성들이 예언자를 낳는다는 특별한 설정이 몇 개 있습니다. 이게 확대되어 예수에게도 투영된 것으로 보입니다. 가장 오래된 마가 복음서는 예수의 탄생에 대해서 아무 언급도 없다가 갑자기 청년기부터 이야기가 시작되거든요. 예수의 특별한 탄생은 아마 그 뒤에 덧붙여진 것으로 보입니다. "의의 교사"라면 인간의 활동이지만, 예언자라면 신의 활동으로 볼 수 있습니다. 그렇기 때문에 예수는 남들과 다른 탄생 방식을 가졌다고 해도 이상할 게 없죠. 근데 예언자라면 모를까 신이라면 이야기가 또 달라집니다.

**오사와** 그렇지요.

**하시즈메** 예수는 예언자로 활동했습니다. 예언자로 생각하는 사람들이 대세입니다. 그래서 "엘리야의 재림"이라고 말해지는 것입니다. 사람들은 예언자 엘리야가 산 채로 승천했다고 믿었기 때문에(『열왕기 하』2장 11절) 재림했다고 해도 놀라울 게 없었습니다.

그런데 예언자보다도 한 단계 더 위대한 존재가 메시아(구세주)입니다. 메시아는 히브리어로, 그리스어로는 그걸 그리스도라고 번역했습니다. 즉 예수 그리스도는 구세주이신 예수라는 의미입니다.

메시아는 구세주이기 때문에 이 세상을 다시 만들 수 있었습니다. 단지 신의 말을 전하기만 하는 예언자와는 다릅니다. 마르스크, 레닌 같은 혁명가로 볼 수 있는 거죠.

당시 유대인 민중 사이에는 메시아 대망론待望論이 널리 퍼져 있었습니다. 예수야말로 그들이 말하는 메시아다. 예수 그리스도는 유대교의 관점에서의 호칭으로, 그가 아직 유대교에서 벗어나지 못했음을 드러냅니다.

그런데 메시아(그리스도)라고 믿었던 예수가 너무나도 쉽게 처형당해 죽어버렸습니다. 천지 변동도 일어나지 않고, 신전도 붕괴되지 않았습니다. 예수에게 기대감을 갖고서 따랐던 민중은 물론, 예수의 12제자 역시 실망하여 뿔뿔이 흩어졌습니다. 예수를 메시아로 믿었을 뿐, 부활할 거라곤 상정되지 못했던 것 같습니다.

예수의 부활은 예수를 그저 메시아(그리스도)로 보는 게 아니라, 그보다 한 단계 더 위대한 존재로 보게 하는, 새로운 요소입니다.

죽은 자의 부활도 유대교에 있는 사고방식입니다. 초기 유대교에 부활의 사고방식은 없었지만, 예수가 살던 시대에는 죽은 자의 부활을 믿는 그룹이 우세했습니다. 복음서에 부활을 둘러싸고서 이를 믿는 바리새파와 믿지 않는 사두개파가 논쟁을 벌이는 장면이 나오기도 합니다. 예수 자신은 부활을 믿는 쪽이었던 것으로 보입니다.

여기서 말하는 부활이란 "우연히 죽은 자가 되살아났다"고 하는 게 아니라, 심판의 날에 야훼의 은혜로 대다수의 죽은 자들이 부활한다는 걸 의미합니다.

복음서 속 예수의 부활을 정리해보면, 예수의 무덤이 텅 비었기 때문에 예수가 부활한 셈이라는 겁니다. 처음 이 이야기를 퍼뜨린 건 12명의 제자가 아니라, 막달라의 마리아를 비롯한 여자들이었습니다. 이것은 당시 사람들에게도 믿기 어려운 일이었습니다. 그래서 제자들이 사체를 어디로 빼돌린 게 아니냐는 의심의 소리도 있었습니다. 결국 무덤 옆에서 놀라서 소란을 피우던 여자들에게 천사가 나타나서 "예수는 부활했고 여기에 없다, 갈릴리에 있다"고 통고하게 됩니다. 예수는 갈릴리에 가서 제자들 앞에 모습을 드러내고, 그 뒤에 승천했다고 믿게 됩니다.

그럼 메시아로서 사람들을 구원하기 위해 온 예수가 처형당해 부활하여 승천했다는 것은 어떤 의미가 있을까요?

여기에 나타난 것은 바로 예수 그리스도가 "신의 아들"이라는 사고방식입니다. 신의 아들 예수 그리스도는 또 하나의 커다란 존재로 여겨지게 된 거죠. 이것은 더 이상은 유대교의 사고방식이 아닌 겁니다.

예수 그리스도는 "신의 아들"이라고 하는 사고방식을, 확립한 건 바울입니다.

소아시아(오늘날의 튀르키예)의 타루소에서 태어난 바울은 유대교 신자로 그리스어를 유창하게 구사했으며, 로마 시민권을 가지고 있었습니다. 그리스도교 신자를 박해하는 데 앞장서기도 했으나, 어느날 부활한 예수를 보고서 "회심 metanoia"하여 열렬한 그리스도교 신자로 활동을 시작합니다. 각지에서 선교 활동을 이어나갔고 로마에서 순교했습니다. 그 사이 로마인들과 코린트인에게 많은 편지를 보냈는데, 이 편지들이 신약성서에 들어가게 된 것입니다.

이처럼 "신의 아들"은 "예수 그리스도"와 똑같은 의미가 아니라, 이보다도 한 단계 더 나아간 사고방식입니다.

**오사와** 예수 그리스도라면 구세주라는 의미지요. 신의 아들이라면 신에 한 단계 가까워진 모습이네요.

**하시즈메** 네, 맞습니다. 구세주와 신의 아들은 전혀 다른 의미입니다. 그러나 보통은 구별하지 않고서 하나라고 받아들이고 있지만 서로 다른 개념이에요. 그리고 처녀 수태는 좀 더 오래된 이야기로, 흔히 있는 기적의 이야기로 보입니다.

**오사와** 그 사람이 얼마나 특별한 존재인지 인상지우기 위해 처녀 잉태라는 이야기 타입을 만든 것 같아요.

말씀하신대로 예수 그리스도를 신이라든지, 신의 아들이라는 식으로 봄으로써, 아니나 다를까 유대교와 분명한 획을 긋게 되지요. 그래서 그리스도교가 이후 역사에 독특한 발자취를 남길 수 있었던 것 같아요. 마트료시카를 예로 들었는데요. 가장 바깥 부분도 포함해서 생각하지 않으면 "불가사의한 그리스도교"의 핵심 부분을 이해할 수 없다고 봅니다.

# 5 "사람의 아들"의 의미

**하시즈메** 복음서를 잘 읽어보면 예수를 "신의 아들"이라고 명확하게 묘사하진 않아요. 요한 복음서에는 "신의 아들"이라는 표현이 분명히 나오긴 하지만, 이 복음서는 나중에 만들어진 거라 좀 다르거든요. 마가, 마태, 누가의 세 가지 복음서(공관 복음서)는 예수를 "사람의 아들"이라고 표현하고 있으며, 이는 메시아를 지칭하는 겁니다.

복음서는 그리스도교가 오늘날의 모습으로 완성되기 이전에 씌어진 거라 예수가 "신의 아들"인지 여부에 대해서는 명확한 입장을 보이지 않습니다. 예수는 메시아다, 그리스도다라는 입장인 것이지요. 이를 바울의 해석으로 읽는 게 바로 그리스도교인 것입니다.

**오사와** 그렇군요.

그리스도교 교의에 대해서 이야기하기 전에 우선 용어부터 정리할게요. 확실하게 복음서는 "사람의 아들"이라는 표현을 사용합니다. 공관 복음서에는 "신의 아들"이라는 표현이 거의 나오지 않는데, 잠깐 나오는 것도 심오한 의미가 있는 게 아니라 아무 생각 없이 예수를 그렇게 부르는 장면에서 나올 뿐입니다(백인대장이 십자가에 매달린 예수를 향해 신의 아들이라 부르거나, 악마가 예수를 도발하는 장면).

유일하게 "신의 아들"의 개념을 분명하게 언급하고 있는 요한 복음서는 다른 복음서에 비해서 아이디어가 확실하지요. 저자의 사상적 입장과 같은 게 비교적 많이 등장하거든요. 곧 사실에 대한 증언이라기보다, 어딘가 교훈적으로 저자의 사상을 표현하고 있는 바가 있습니다. 그래서 요한 복음서에 "신의 아들"이라는 표현이 나왔다고 해서 예수가 살아 있을 때 그런 표현을 썼다는 것의 증거로서는 약합니다.

예수 자신은 물론, 본인에 대해서 "신의 아들"이라고 표현하지 않거니와, 자신이 "그리스도"라고도 말하지 않았습니다. 다만 복음서에 따르면, 예수는 스스로를 3인칭적으로 지칭할 때 "사람의 아들이 이래저래하다"라는 표현을 썼다고 합니다. 곧 예수는 자기 자신을 지시하는 데 "사람의 아들"이라는 말을 비교적 즐겨 쓴 거 같습니다.

그래서 복음서에 따르면, 사람들 사이에서 "당신은 메시아다", "당신은 다윗의 후예다"라는 소문이 돌아 예수를 구세주와 비슷한 존재로 엮으려 했고, 예수 본인도 사람들이 그렇게 말하는 것을 알고 있었습니다. 곧 예수는 사람들이 자신을 "그리스도"라고 보고 있는 걸 알고 있습니다.

확실하게 예수는 베드로와 이야기를 주고받기도 했는데요. 제자들에게 "너희들은 나에 대해서 어떻게 생각하는가"라고 물었고, 베드로가 "당신은 메시아, 살아 있는 신의 아들입니다"라고 대답했습니다. 이때 예수는 이에 대해 부정도 긍정도 하지 않았습니다. 굳이 말하자면 소극적인 긍정이라고 해야 할까요? 베드로에게 "그 말은 자네 가슴속에 묻어두게"라고 답했다고 합니다. 제가 제대로 이해한 것이 맞나요?

하시즈메 네. 오사와 씨가 말씀하신 부분은 마태 복음서(16장 16절)에 적혀 있습니다.

오사와 이렇게 이야기를 들어보니 복음서의 서술방식에 모호한 부분이 많은 것 같군요.

그럼 "사람의 아들"이라는 독특한 호칭은 어떤 의미를 가지고 있나요? 일반적으로 "사람의 아들"이란 건 구세주(메시아)라고 해석되는 것 같은데, 이것은 확실하게 구약성서에 근거가 있는 표현인지요?

하시즈메 『에스겔서』(2장 1절)나 『다니엘서』(7장 13절) 등 여러 곳에서 그런 표현이 나옵니다. 바빌론 유수 전후로 메시아라는 표현이 나오는데, 유대 민족의 고난을 반전시켜서 구원해줄 인물이 야훼에 의해서 보내질 것이라는 신앙이 어디에선가부터 일기 시작한 겁니다.

메시아란 우선 군사적 리더, 군 사령관입니다. 좀 더 단적으로 말하자면, 어느 나라의 왕이 해방자로서 오는 겁니다. 에티오피아의 왕이나 페르시아의 왕을 메시아로 보지 않았나 싶어요. 실제로도 페르시아의 왕 큐로스 2세가 신바빌로니아를 멸망시키고서 포로로 잡혀 있던 유대인들을 해방시켜줬고요.

그 이래로 무슨 일이 있을 때마다 메시아가 등장하는 게 아니냐는 메시아 대망론이 확산됩니다. 예수 역시 그런 시대를 살았습니다. 그 시대에 메시아를 "사람의 아들"이라고 부르기도 했어요.

**오사와** 그렇군요. 가장 오래된 묵시 문학으로 알려진 『다니엘서』에는 "사람의 아들 같은 이가 구름을 타고서 우리를 구원하러 왔다"라는 대목이 나와요(7장 13절). 『다니엘서』에 따르면, 우선 네 마리 짐승이 차례로 세계를 지배하게 되었다고 합니다. 네 마리 짐승이란 악독한 고대 오리엔트나 헬레니즘의 나쁜 왕조를 비유한 것이라고 생각합니다. 그러나 종말의 때에는 "짐승"이 아니라, 인간의 모습을 한 자가 내려와 세계를 영원히 지배할 것이라고 합니다. 이런 텍스트를 전제로 삼아서 "사람의 아들"이라고 말하면 메시아를 의미한다는 것은 당시 유대교에 정통하고 있던 사람들에게는 통했다고 생각되지요.

또한 일본의 성서학 전문가인 다가와 겐조田川健三 씨는, "사람의 아들"이란 표현은 예수 시대의 구어口語, 곧 아람어로 치환하면 매우 자연스런 어휘였다고 주장합니다. 당시에 "○○의 아들"이라는 표현이 자주 사용되었는데, "○○"라는 부류의 일원, "○○"의 집합의 요소라는 의미에 지나지 않는다는 것입니다. 그렇기 때문에 다가와 씨에 따르면, "사람의 아들"이란 건 "인간 중의 한 사람", "한 사람의 인간"에 어울리는 평범한 의미밖에 없게 됩니다.

그러나 물론, 예수는 구약성서에 정통한 인물이었기 때문에 "사람의 아들"이란 표현에 구약성서에서 유래된 구세주라는 함의도 가지고 있다는 걸 알았을 거예요. 그렇다고 한다면 예수는 메시아와 인간이라는 두 가지 의미를 이중적으로 사용하기 위해 일부러 "사람의 아들"이라는 표현을 사용한 건 아닐까 하는 생각도 듭니다.

예수는 자신을 "그리스도"도, "다윗의 아들"도, "신의 아들"도 아닌 "사람의 아들"이라 부르는 것을 좋아했는데요. 왜 그랬을까요. "사람의 아들"에는 한편으로는 종교적 부담감이 없는 매우 평범한 의미와, 다른 한편에서는 유대교의 전통에서 오는 구세주라는 코노테이션(함의)의 이중성이 있습니다. 예수는 그 이중성에 굳이 의거하고 있기 때문이 아닐까 싶습니다.

# 6 예수는 무슨 죄로 처형당했나

**오사와** 다들 아다시피, 예수는 십자가에 매달려 사형을 당했고, 그리고 사흘 뒤에 부활했습니다. 단순한 역사적 사실로서, 예수는 어떤 죄목으로 처형당한 것일까요. 복음서는 그리스도의 입장에서 씌어졌기 때문인지, 예수가 어떤 중한 죄 – 물론 누명입니다만 – 를 지었는지 설명하지 않습니다.

복음서에 따르면, 예수가 처형당한 그날 한 죄인이 특사로 석방됩니다. 바라바라는 유명한 범죄자가 체포되었습니다. 로마 총독이었던 폰티우스 필라투스[빌라도]는 유대인들에게 예수와 바라바 중 누구를 석방시킬지 물었습니다. 필라투스는 명백히 예수를 석방시키길 원했습니다. 그러나 유대인들은 바라바를 석방시키고 예수를 처형해달라고 했습니다. 필라투스는 마지못해 유대인들의 의견을 따랐고, 바라바라는 인물은 예수 대신에 석방된 사람으로서 역사에 이름을 남기게 되었습니다.

예수는 이런 식으로 처형당했는데, 당시 정치 상황이 조금 복잡하여 지금 제가 말한 것처럼 유대인들에게 그 정도의 "주권"이 있었는지 분명하지 않습니다. 곧 예수가 당한 십자가형은 로마식 처형으로, 유대인들이 처형해달라고 했다고 해서 로마가 집행한다는 건 납득이 안 되거든요.

종교적·우화적 해석은 차치하고서 역사적 사실로서, 처형 당시 상황이 어땠는지, 그리고 예수가 왜 처형당했는지 궁금합니다.

**하시즈메** 당시 유대는 로마의 속주로, 한정적인 자치권밖에 없었습니다. 로마를 뒤에 업고서 이 지역을 통치했던 헤로데 1세가 사망하고 나서 4명의 자식이 영토를 분할했습니다. 세례자 요한을 죽인 헤로데 안티파스가 이 자식 중 하나입니다.

**오사와** 이름이 비슷한 사람들이 많이 나오니 헷갈리기 시작하네요.

**하시즈메** 그렇죠? 이 헤로데 왕가는 이두메인으로, 유대인이 아니었습니다. 게다가 그리스에 심취하여 헬레니즘 문화를 좋아해서 유대인과의 사이가 원만하지 못했습니다.

이와 별개로 통치의 실권은 최고 법원(산헤드린)이 쥐고 있었는데, 바리새파나 사두개파의 지도적 위치의 사람들이 이곳에 모이곤 했습니다. 이것은 행정 기관이자 재판 기관이기도 했습니다. 예수는 이 기관에 의해서 체포당해서 재판을 받았습니다.

그리고 사형 집행권은 로마 총독이 갖고 있었는데요, 오늘날 일본의 법무 장관 같은 위치입니다. 사형 판결을 내리는 것은 재판소이지만, 사형 집행을 명령하는 것은 법무 장관이 아닙니까. 이처럼 판결권과 집행권이 분리되어 있었습니다. 때문에 예수는 산헤드린에서 사형을 선고받고서 형의 집행을 위해 총독 필라투스 밑으로 옮겨졌습니다. 필라투스는 마침 유월절이기도 하여 관례에 따라서 죄인 한 명을 사면시킬 수 있었다. 그래서 예수를 석방하려 했지만 유대 민중이 "바라바를, 바라바를"이라고 외쳐댔고, 결국 바라바가 석방된 것입니다. 예수는 다른 두 명의 죄인과 함께 골고다 언덕에서 로마식 형벌인 십자가형으로 금요일 오후에 생을 마감했습니다.

그런데 예수의 죄목은 "신을 모독한" 죄였습니다.

방금 "사람의 아들"이라는 표현이 다[중]의적으로 사용되었다고 했잖아요. "사람의 아들"이라는 건 메시아를 의미하는 건지, 인간을 의미하는 건지 모호하기 때문에 "사람의 아들"이라 자칭했다고 하여 유죄를 내리기엔 어려움이 있었죠. 그런데 당시 대다수의 예언자들이 살해를 당하거나 재판을 받았다는 걸 생각해보면 예수가 "사람의 아들"이라고 말했을 가능성도 있습니다.

그리고 예수는 자신에게 위험한 상황이 닥칠 것이라는 것도 잘 알고 있었을 거예요. 자신의 선배격인 세례자 요한 또한 눈 앞에서 비명횡사했으니 말이죠. 그래서 어느 단계부터 죽음을 각오하고 행동했을 겁니다.

**오사와** 예수는 몇 차례나 자신의 죽음에 대한 예언적인 말을 남겼죠. 예수가 죽음을 예감하는 듯한 말은 차후에 덧붙여지거나 과장된 부분도 있겠지만, 역시 예수는 실제로 자신이 살해당할지도 모른다고 예감했을 가능성이 높습니다. 유대인 주류파들이 자신에게 상당한 적대심을 갖고 있어서 언젠가는 살해당할 거라고 의식하고 있었을 거예요.

**하시즈메** 그런 생각을 안 했다면 거짓말이겠죠.

**오사와** 유대교의 콘텍스트에서 사형이 진행되었으니, 죄목은 역시 신성 모독이겠군요.

사형을 당할 정도로 신에 대한 최고도의 모독을 했다고 치면 구체적으로 어떤 상황이었을까요? 예를 들어 "나는 신이다." 이렇게 말한 거 아닐까요? 그 정도까진 아니더라도 비슷한 말을 해서 신의 이름을 함부로 입에 올렸다면 그것도 모독일테고요. 예수는 그게 얼마나 위험한지 잘 알고 있었을 거예요.

어쨌든 복음서를 보자면, 예수는 "신의 아들"이라고는 말하지 않았고, 메시아인지 여부에 대해서도 애매한 답변밖에 하지 않았습니다. 그래서 저는 예수가 정확히 "이게 모독"이라고 볼 만한 언행을 했을지는 미묘합니다. 적어도 사람들 모두가 예수를 보고서 신의 아들이라 부르거나 혹은 구세주 대접을 했을 때 예수가 적극적으로 거부하거나 부정하지 않았잖아요. 이게 꼬치꼬치 불리하게 적용해서 신성 모독이라고 여겨져 사형 판결을 받았다. 이게 사실에 가깝지 않을까 싶어요.

그런데 당시 유대인들의 산헤드린이란 게 어떤 것이었는

지 궁금해요. 이미지상으로는 의회와 재판소의 기능을 구비한, 그런 조직인 것 같은데, 굳이 말하자면 그리스의 민회(아고라)와 비슷한 것인가요?

**하시즈메** 과거의 의회는 재판권을 가진 경우가 많았어요. 예수는 모세의 율법을 위반한 중대한 형사범이었기 때문에 의회는 그를 체포하여 재판을 열었습니다. 물론 왕도 있었지만 종교법과 관련된 문제라 관여할 수 없었다고 생각합니다.

당시 재판 상황은 복음서마다 살짝 다른데요. 그곳에 참석할 수 있던 사람들은 한정되어 있었기 때문에 당시 복음서 저자들에게 상황이 제대로 전달되었는지 미심쩍은 부분도 있고요. 어쨌든 재판관(대제사장)이 증거 조사를 하려고 예수를 신문했을 때 신을 모독하는 대답을 했기 때문에 더이상 수색이나 신문할 필요도 없이 즉석에서 바로 사형 선고를 내렸던 것 같아요.

**오사와** 맞아요. 그 증거 조사 부분은 큰 틀에서는 비슷하긴 한데, 자세히 읽어보면 복음서마다 어딘지 모르게 다르더라고요. 누가 복음서에서는 재판관이 "너는 신의 아들인가" 하고 묻자, 예수가 "너희들이 나에게 그렇게 말하지 않았느냐" 하고 대답하는 장면이 나오는데요. 이 부분을 읽어보면 예수가 "그렇다, 나는 신의 아들이다"라고 말한 것도 아니잖아요. 그래서 저는 이 대답을 가지고서 신성 모독이라며 사형 판결을 내렸다는 건 너무나도 이상하다고 생각해요.

복음서에도 로마 총독 필라우트 자신도 "이건 정말 사형해도 되는 겁니까?"라며 혼란스러워 하는 장면이 나오는데, 이처럼 객관적으로 유죄라고 보기 어려운 상황이라서 유대인이 강한 분노를 표출하며 예수의 사형을 희망했던 것으로 읽혀집니다.

# 7 "신의 아들"이라는 아이디어는
　어디서 왔을까

**오사와** 최종적으로는 바울의 해석이 정착하면서 예수는 "신의 아들"이라는 이야기가 퍼지게 됐는데요. 그리스도교를 이해하는 데 있어서 "신의 아들"이 어떤 의미를 갖고 있는지 파악하는 게 중요합니다.

　우선 예수가 왜 "신의 아들"이 아닌지 생각해보면서 거꾸로 신의 아들의 본질을 이해해봅시다. 예를 들어 일본인이 가장 착각하기 쉬운 부분이 바로 "예수 그리스도는 그리스도교의 교조敎祖다"라는 점입니다. 예를 들어 아사하라 쇼코麻原彰晃가 옴진리교의 교주였던 것처럼, "예수 그리스도는 그리스도교의 교주"로 볼 수 있을까요. 신의 아들이란, 결국 교주라는 것이라고 말하는 사람이 있다면 그게 올바를까요. 이런 질문입니다.

**하시즈메** "교주"는, 통속적인 표현으로, 정확한 개념이라 단정짓긴 어렵지만, 단적으로 말하자면 본인이 직접 생각해낸 이념을 주장하여 사람들이 그걸 믿게 된 경우입니다. 그것은 그 사람 자신의 독특한 아이디어로, 다른 이의 것을 차용하지 않은 것이지요.

　그리스도교는 이와 다르다고 생각합니다. 예수는 "해석

자"이지 자신의 아이디어로 무언가를 만들어내고 있다고 하는 의식은 희박하지 않은가요.

예수는 구약성서를 "해석"하고 있는 겁니다. 역사적 존재로서의 예수는 그렇다고 생각됩니다. 구약성서를 전제로 하지 않으면 예수가 말하고 있는 걸 이해할 수 없습니다.

그래서 신약성서는 구약성서를 전제로 합니다. 그리스도교는 유대교와 대립하고 있는데, 유대교의 구약성서를 이어받아서 자신들의 성서로 삼고 있습니다. 그건 예수의 가르침이 그렇기 때문이지요. 예수에게 당신의 아이디어는 어디에서 기인했나요 하고 물으면, 아마 구약성서 속에 전부 씌어 있다고 대답할 걸요.

**오사와** 그렇군요.

예를 들어 신의 아들이라고 한다면 여하튼 "그럼 신에게 자식이나 손자가 있는 건가?"라는 생각이 듭니다. 아니면 "신에게도 아버지가 있어?"라든가. 곧 신의 혈연 관계를 떠올리게 되는데요. 그러나 아까 예를 든 일본 신화는 그리스도교와 완전히 다르다고 보는데요. 그럼 신의 아들은 무엇인가요? 일신교 입장에서 신의 아들이라는 또 하나의 신을 인정할리도 없고, 그렇다고 "신의 아들"이 평범한 인간과 똑같다고 보진 않았을 거 같은데요.

**하시즈메** 예수는 자신을 "신의 아들"이라고 생각하지 않았을 거예요. 예수 그리스도가 신의 아들이라고 결정한 건 바울이죠.

바울은 어떻게 생각한 걸까요.

바울은 삼위일체설 같은 복잡한 이야기엔 관심이 없었고, 훨씬 소박하게 생각해서 예수는 신의 아들이라는 결론에 도달했습니다.

신의 아들이란 어떠한 아이디어인가 하면, 우선 이곳저곳의 국왕이 그렇게 주장하고 있었습니다. 이제 막 왕좌에 오른 왕이 자신의 혈통을 떳떳하게 과시할 수 없을 경우에 "짐은 태양의 아들이니라"든지, "'신의 아들이다'라고 주장하는 거죠. 바울이 이걸 몰랐을리가 없으니, 신의 아들이라는 사고방식이 그 당시에 파격적인 건 전혀 아니었을 거예요.

유대교에는 사람의 아들이라는 사고방식은 있었겠지만, 신의 아들이라는 사고방식은 없었을 거예요. 유대인이었던 바울은 독실한 바리새파로, 회심하는 그 순간까지 유대교의 틀 속에 갇혀 생각에 생각을 거듭했습니다. 예수 그리스도의 존재는 유대교의 틀로는 이해할 수 없었기 때문에 바울은 모순에 휩싸였고 스트레스가 쌓이다가 마침내 폭발하여 회심하게 된 것입니다. 바울은 갑작스레 자신이 알던 시스템과는 전혀 다른 시스템으로 이행해버렸고, 그 격렬한 이행의 결과로 도출해낸 게 예수는 "신의 아들"이라는 아이디어라고 생각합니다.

이 아이디어가 의미하는 바를 정리해보죠.

우선 예수는 단독으로 존재하고 있는 건 아닙니다. 예수 자신이, 신에 의해서 직접 생겨나고 있고, 그것은 예수가 태어난 처음부터 그렇게 계획되어 있었다는 이야기입니다. 그렇게 따지면 처녀 수태로 예수가 탄생했다는 게 더 이치에 맞죠.

예언자는 모두, 태어난 뒤에 도중에 예언자가 됩니다.

**오사와** 그렇네요.

**하시즈메** 예언자 가운데는 "나는 예언자가 되는 거 싫어요"라고 하는 이도 있었는데, 신은 이를 허락하지 않고서 "아냐, 네가 어머니 뱃속에 있을 때부터 나는 너를 예언자로 삼을 생각이었단다"라고 합니다. 사실 이건 신이 예언자를 달래기 위한 것에 지나지 않는데요. 실제로 예언자들은 청년기 혹은 중년기에 갑자기 신의 목소리가 들려서 예언자의 길을 걷게 됩니다. 어느 순간, 신의 말이 들리는 현상이 일어납니다. 이게 예언자입니다.

예수 그리스도는 이런 식으로 이해되지 않습니다. "어느 순간에 신의 목소리를 듣는 것"이 아니라, 처음부터 신의 계획에 의해 태어난 특별한 존재라고 생각되는 거죠. 예언자는 아닌 거지요.

그럼 예수의 역할은 무엇인가 하면 사람들에게 신의 말을 직접 전하는 것입니다. 예언자와 비슷해 보이지만 사실 큰 차이가 있습니다. 예언자는 들은 걸 말하는 것이고, 예수는 들은 것이 아니라 자신이 말하는 것입니다. 자기 머릿속에 있는 걸 자연스럽게 이야기하는 거예요. 행동거지는 예언자이지만 예언자가 아닙니다. 그곳이 신의 아들이라고 생각됩니다.

그러면 신의 "아들"이란 부모와 분리되어 있습니다. 예수는 예수로 완결된 존재, 독립된 인격이란 얘기죠. 하지만 이 완결된 인간 존재가 100%, 신의 의사와 합치하고 있다. 곧 그것은 신의 의사라고도 보지 않으면 안 된다. 이런 상태인 거지요.

이건 어떤 상태인가 하면……원격 장치와는 다릅니다. 무선 원격 조작으로 비행기나 자동차를 운전할 수 있지만 이건 누군가가 레버를 쥐고서 조종하는 거잖아요. 그래서 비행기나 자동차의 움직임에 주체성이 있다고 할 수 없지만, 신의 "아들"에게는 본인의 주체성이 있습니다. 여기가 세상에나 불가사의한 현상이어도, 이런 현상을 발명했습니다. 예수 그리스도는 그렇게 생각할 수밖에 없는 존재라는 식으로. 이게 바로 바울이 생각해낸 "신의 아들"이라고 생각합니다.

또 하나 생각났는데요. 그것은 예수가 야훼를 "아버지"라고 불르고 있었기 때문에 예수를 신의 아들이라고 생각했던 것일 수도 있습니다.

구약성서에는 혈연 관계가 아니더라도 손윗 사람이나 존경하는 스승을 "우리 아버지"라고 부르는 장면이 나오는데요. 예를 들어 예언자 엘리야가 승천하려 하자 엘리사가 "나의 아버지! 나의 아버지"라고 외칩니다(『열왕기 하』 2장 12절). 물론 엘리사는 엘리야의 자식이 아닙니다. 존경했기 때문에 그렇게 부른 것입니다.

그래서 저는 예수가 이런 의미로 야훼를 "아버지"라고 부른 게 아닐까 상상하는데요. 예수가 이런 호칭을 사용하는 사실이 제자들을 통해 많은 사람들에게 퍼져나갔습니다. 그리고 야훼가 "나의 아버지"라면 예수는 야훼의 "아들"이 아니냐는 이야기가 생긴 게 아닐까요?

**오사와** 그렇군요. 아까 말씀하신 삼위일체설은 뒤에 나온 그리스도교 해석 중의 하나인데, 교의의 체계화 속에서 나온 아이디어죠. 성서에 적혀 있는 건 아니지만, 그리스도교의 이해에는 불가결한 것입니다. 이는 제3부에서 다시 다루도록 할게요.

# 8 예수의 활동은 유대교의 혁신이었다

**오사와**  바울뿐만 아니라, 예수를 따르던 제자들이나 예수의 언동에 충격을 받은 제자 이외의 사람들도 아마 "이건 지금까지 알던 예언자와는 조금 다르다"는 인상을 받았을 거예요. "예언자 비슷하지만, 예언자와는 다르다"고 말이죠.

예언자는 신에게 들은 이야기를 전합니다. 그러나 예수의 경우에는 신의 말을 차용하는 게 아니라, 자신의 말로 이야기합니다. 확실하게 말하자면, 자기 자신이 신인 것처럼 말한다는 압도적인 특징이 있다고 생각하는 겁니다.

성서에 "예수는 권위 있는 자처럼 가르침을 주었기 때문에 사람들이 모두 놀랐다"라고 적혀 있습니다(마가 1장 22절). 여기서 말하는 "권위 있는 자처럼"이란 것은 예수가 신처럼 말했다고 봐도 괜찮나요? 통상적인 예언자들의 경우에는, 권위는 그의 외부의 신에게 있는 것입니다만, 예수는 마치 자기 자신에게 권위가 있는 것처럼 말했다는 거잖아요.

**하시즈메**  음, 그보다는 "권위 있는 자"란 바리새파의 율법학자 같은 게 아니라, 예언자로 보는 게 더 적합합니다. 물론 예수는 통상적인 예언자와 다르지만요.

그래서 말이죠, 당시 유대교의 그룹에는 바리새파와 사두개파 이외에도, 에세네파가 있었습니다. 에세네파는 복음서에 눈곱만큼도 등장하지 않지만요. 어쨌든 예수와 뜻이 맞는 쪽은 에세네파가 아니었나 싶은데요. 심판의 날이 머지 않다고 생각한 에세네파는 마을을 떠나 산 속에서 독신주의 성향을 보이며 기도로 하루를 보내는 사람들이었습니다. 혼자 살면서 기도만 하고 살았으니 약 50년 정도 지나면서 자연스레 소멸된 그룹입니다.

**오사와**　아마 예수는 에세네파에게 가장 동질감을 느꼈을 거예요. 복음서에서 바리새파나 사두개파는 구제불능한 인물로 묘사되는데, 에세네파의 이름이 한 번도 나오지 않는다는 건 예수가 그들과 비슷한 생각을 했기 때문이 아닐까 상상합니다. 세례자 요한도 마찬가지로 에세네파에 가까웠을 것 같아요.

**하시즈메**　저도 그렇게 생각합니다.

　그런데 요한은 세례를 해주고 사람들에게 가르침을 넓히려고 하잖아요? 저는 그 점이 산 속에서만 생활하는 에세네파와 조금 다르다고 생각합니다.

　예수도 요한의 영향인지 모르겠지만 조용한 장소에 은둔하는 대신에, 사람들이 많이 모인 장소로 나가서 누구에게나 가르침을 전했습니다. 통상적인 에세네파와는 다르죠. 에세네파와 비슷한 생각을 했지만, 상당히 다른 행동을 취했기 때문에 예수 그룹을 "나사렛파"라고 부르는 사람도 있었습니다.

나사렛파는 유대교 내부의 운동을 의미하는데요. 결국 예수의 행동이 유대교 혁신 운동이어서, 유대교의 예언자 같다는 이야기가 됩니다. 제자들도 그렇게 생각했어요. 아무도 그리스도교의 운동을 하고 있다고 보지 않았습니다. 오사와 예수의 운동은 당사자에게 있어서는 "그리스도교"라는 새로운 종교의 개시라기보다 유대교 내부의 혁신 운동이었다고 이해해둘 필요가 있습니다.

저는 지금 예수가 에세네파와 다른 행동을 취했다는 이야기를 듣고서 평소 생각해오던 궁금증이 하나 떠올랐습니다. 에세네파는 사막 같은 곳에서 금욕적인 수행을 하는 스님과 같은 이미지가 있는데요. 한편의 예수는, 복음서를 일자면 항상 사람들에게 초대받아 먹고 마시고 합니다.

사실 우리들은 예수라고 하면 굉장히 마르고 몹시 가난한 생활을 했을 거 같은 이미지를 갖고 있거든요. 예수를 묘사한 그림이나 조각에서도 마찬가지고요. 아, 혹시나 해서 말씀드리는 건데, 예수가 살아있을 때 예수의 그림이 만들어진 적은 없습니다. 복음서에도 예수의 용모에 대해서는 거의 나오지 않는데, 신약 외전 중의 하나인 『요한 행전』에 예수의 용모를 추측할 만한 부분이 조금 나오긴 해요. 정전인 4가지 복음서에는 전혀 나오지 않지만. 당초에 이렇게 예수의 용모에 대해서 그 어떤 묘사도 없고 씌어진 게 없는 건 "우상 숭배 금지"의 영향이라고 생각합니다. 아무튼 예수의 그림이나 조각이란 건 후세 사람들의 상상의 산물에 지나지 않는 거고요.

정작 예수가 여러 곳에서 먹고 마시고 했다고 해서 그가 사치스러운 인물이라고 생각하는 건 아니지만, 그가 상당히 금욕적인 인물이었다고 하기도 좀 그렇지요.

복음서에도 사람들이 "사람의 아들(곧 예수)"에 대해서 "대식가", "애주가"라고 비판하는 장면이 나옵니다(마태 11장 19절, 누가 7장 34절). 예수는 결혼식 연회를 "신의 나라"에 비유해서 "신랑과 함께 있는데 단식을 하는 사람이 있는가?"라는 말을 하기도 합니다(마가 2장 19절, 누가 5장 34절 등). "신랑", 곧 "사람의 아들"이 있을 때는 결혼식 연회처럼 먹고 사람들과 어울려 먹고 마시며 즐겨도 되지 않느냐는 뉘앙스입니다. 저는 이런 예수의 언동에 미묘하게 향락적인 분위기를 느낀 적이 있는데, 이 이미지는 틀린 건가요?

하시즈메  예수 일행은 늘 끼니를 거른 채 돈도 별로 없었고 엄격한 수행을 해왔다고 생각합니다. 그래서 식사 자리에 초대받은 게 아닐까 생각해요.

하지만 "어딘지 모르게 향락적인 분위기"가 느껴졌을 수도 있어요. 평범한 사람들과 예수는 시간 감각이 달랐으니까요. 예수는 항상 언젠가 자신이 체포되어 사형당할 거라고 각오하고 있었기 때문에 남들처럼 오래 살 거다, 뭐 이런 시간적 여유가 없었습니다. 종말론적으로 행동했다고 말해도 무방합니다. 그런 상황에서는 금욕과 향락도 별 차이가 없어요. 그걸 세계가 영속하고 있는 통상의 감각으로 평가하더라도 정확하지는 않을 거라 생각합니다.

어느날 예수 일행이 식사를 하고 있는데, 어떤 여성이 들어와서 값비싼 향유를 머리카락에 바르고 무릎을 꿇은 채 예수의 발에 입을 맞췄습니다. 이를 본 유다가 "그런 향유를 머리카락에 바르지 말고 팔면 더 많은 사람들에게 은혜를 베풀 수 있다"며 여자를 나무랬습니다. 그러자 예수는 "그렇지 않다. 은혜는 언제든지 베풀 수 있지만, 이 사람은 지금 나에게 이렇게 하지 않으면 앞으로 평생 이런 기회는 오지 않을 것이야"라고 여자를 변호했습니다(마가 14장 3~9절 등). 이런 구절처럼 사치를 사치로 보지 않는 게 종말론적 상황인 겁니다.

**오사와**  보는 사람에 따라서는 예수가 매일 모임을 갖는 것처럼 볼 수도 있겠군요(웃음). 물론 그걸 입 밖으로 내뱉으면 예수를 모독하는 게 될 수도 있지만요.

# 9 그리스도교의 종말론

**오사와** 아까도 잠깐 다루었는데, 예수는 종종 "신의 나라"에 대한 이야기를 했습니다. 더군다나 이런저런 예를 들면서 이런 곳이라고 말이죠.

그런데 그 예라는 게 보통 알기 쉽게 설명하기 위해서 드는 거잖아요? 그런데 예수의 예시는 두리뭉실한 거예요. 물론 개중에는 딱 들어맞아서 감탄할 때도 있지만, 대부분 무슨 말을 하고 있는지 이해가 안 되어서 제자들이 좀 거들어 줬으면 하는 순간도 있습니다.

도대체 "신의 나라"란 어떤 곳인가요? 세례자 요한도 "신의 나라에 가까워졌다"고 말하고 있지요. 예수도 "신의 나라에 가까워졌다"고 말합니다. 물론 바울도 이와 비슷한 입장이었습니다.

다들 신의 나라가 가까워졌다고 하는데, 그게 뭔지 알 길이 없네요. 그리고 어디에 있는지도 모르겠고요. 알 수 없어서 뭐 좀 물어보면 "신의 나라는 어디에 있는 게 아니다"라는 대답만 돌아오는데요. 결국 가장 중요한 메시지가 알수 없는 채 그대로입니다.

**하시즈메** "신의 나라"라고 하면 천국이라고 생각하는 일본인이 많습니다. 죽어서 육체가 없어져서 영혼이 가는 장소처럼 생각하고 있습니다.

이런 사고방식은 그리스도교와 전혀 관계없습니다. 물론 예수가 그런 식으로 생각하고 있던 것도 아닙니다.

우선 유대교에서 말하는 종말의 사고방식부터 짚고 넘어가야 하는데요.

종말은 어떤 것인가. "그날"에는 야훼가 직접 이 세계에 개입합니다. 유대 민족의 입장에서 보자면, 이 세계의 질서는 올바르지 않다는 겁니다. 야훼를 믿고 있는 자기들이 이렇게 학대당해서 이집트나 바빌론이라는 이교도의 나라들이 활개를 치고 있으니 얼마나 잘못 돌아가고 있다고 생각하겠어요. 그래서 야훼가 직접 내려와서 이 잘못된 세계를 바로잡아줄 거라고 믿는 거예요. 마치 불량 채권이 불어난 은행을 국유화하거나 계엄령을 선포하는 것처럼 야훼가 직접 이 세계를 관리하는 거죠. 그렇게 되면 국제 사회의 정치 역학이 달라지고 유대 민족의 국제적 지위가 향상되어서 예루살렘을 중심으로 한 유대 국가가 패권을 되찾을 거라고 생각하는 겁니다.

그렇다고 한다면 "그날"은 정말 좋은 날인 겁니다. 그리고 갑작스럽게 인간 앞에 펼쳐집니다. 신의 의사가 직접 작동하는 것인데, 그 의사는 "유대 민족을 구원한다"는 의사입니다. 유대 민족이 집단으로서 구제받는다. 그 구제는 이 지상에서, 현실로 구제받는 것이다. 뭐 이런 뜻입니다. 일본

어의 "요나오시世直し"라는 말이 있지요. 한 마디로 이 세상을 뒤집어버린다는 이야기입니다.

그런데 예수가 말하는 "신의 나라"는 이걸 뒤집은 것입니다.

물론 비슷한 부분도 있긴 해요. 갑자스럽게 일어난다는 점. 신이 직접 개입하여 이 세계를 다시 바로 잡는 점. 이제까지의 지상의 질서(정치나 부)가 무효가 되어버린다는 점이 그렇습니다.

차이점은 이게 "지상의 것"이 아니라고 말하고 있는 점. 지상이 아니라면 하늘 나라인가 하면 하늘도 아니다. 『요한 묵시록』에 따르면, "그날"에는 하늘도 무너져버립니다. 세계는 리셋되어서 다시 만들어집니다. "신의 나라"는 지금 존재하는 세계 대신에, 신이 새로운 세상을 창조하는 겁니다. 신이 만든 세계이니 인간은 불안해할 필요 없이 몸뚱이 하나만 가지고 가도 됩니다.

그런데 내가 거기에 갈 수 있느냐 없느냐는 인간이 알 수 없습니다. 신의 영역이니까요. "신의 나라"에 들어갈 수 없는 사람 입장에서는 "그날"은 정말 두려워해야 할 날이 되겠지요.

**오사와** 유대교에서 말하는 종말이 뭔지 어느 정도 상상할 수 있네요. 한 마디로 유대인을 중심으로, 유대인이 헤게모니를 쥔 세계라는 이미지이네요. 그런데 그리스도교의 "신의 나라"는 누가 신의 나라에 가는지, 어디에 있는지 알 수 없으니 이해하기 어렵습니다.

　그리고 신의 나라에 갈 수 있는 사람과 갈 수 없는 사람을 나누는 기준이 뭔지, 어떻게 해야 갈 수 있는지도 모르겠고요. 예를 들어 신의 나라가 도래하기 전에 이미 죽은 사람들은 어떻게 해야 하나요?

**하시즈메** "그날"에는 죽은 자도 부활합니다.

　복음서를 보면 예수는 죽은 자가 부활할 것이라고 생각하는 걸 알 수 있습니다. 바로 이 대목인데요. 사두개파 인물이 예수와 논쟁을 벌이며 이런 예를 듭니다. 남편과 사별하고 7번이나 재혼한 여성이 있습니다. 이 여성과 결혼한 남자들은 모두 죽었는데, 이들이 부활한다면 신의 나라에서는 누가 그녀의 남편이 되는 겁니까? 사두개파는 이런 예를 들면서 그런 불합리함이 생기기 때문에 부활은 말이 안 된다고 주장합니다. 이에 대해서 예수는 "신의 나라에서는 모두 천사가 되므로 남자도, 여자도 없습니다. 그리고 결혼도 없습니다"라고 대답합니다. 곧 사람은 모두 부활한다고 생각하는 겁니다.

　신의 나라에 들어갈 자격에 대해서 어떤 말을 하고 있습니까. 어린 아이를 가리키며 "이 아이와 같지 않다면 신의 나라에 어울리지 않는다." 뒤에 "앞선 사람이 뒤떨어지고, 뒤진 사람이 앞설 것이다"라고도 말하고 있습니다.

**오사와** 그것도 무슨 말인지 도무지 모르겠군요.

**하시즈메** 현재의 사회 질서나 계층이 무효가 된다는 의미라고 생각합니다.

뒤에 또 하나, "모든 사람에게 자신을 낮추고서 섬기는 자가 가장 위대하다"라는 말도 이와 비슷한 맥락으로 볼 수 있는데요. 예수는 "하늘에 보물을 쌓도록 하여라"라는 말도 했습니다. 하늘에 보물을 쌓아두면 좀먹거나 도둑이 훔쳐갈 일도 없으니 신의 나라는 하늘처럼도 생각되는데, 하늘에 쌓은 보석이란 아마 하늘에 있는 야훼를 만족시키는 것으로 이해할 수 있지 않나 싶습니다. 하지만 인간이 하늘로 올라간다는 내용은 나오지 않습니다.

오사와 그렇군요. 일시적으로 예금을 해두자…….

하시즈메 현재[그 당시에]는 하늘과 땅 밖에 없으니 땅이 아니라, 야훼가 계신 하늘에 보물을 쌓자는 의미라고 생각합니다. 이와 똑같은 의미로 "부자가 신의 나라에 들어가는 건 낙타가 바늘구멍을 통과하는 것보다 어렵다"는 말을 했습니다. 예수가 자신을 따르려는 부자에게 모든 재산을 기부하고 오라는 말을 했다고 합니다. 그 얘기를 들은 부자가 슬픈 얼굴로 예수를 따르자 그때 예수가 남긴 코멘트입니다. 이런 부분이 예수가 전하고자 했던 큰 줄거리가 아닐까요?

오사와 그것은 어떤 식으로 당시에는 – 혹은 그 이후에도 – 이미지된 건가요? 신의 나라라는 건 일종의, 궁극적으로 구제된 상태이지요. 유대교의 경우에는 유대인과 신이 계약을 맺어서 유대인에게 특별한 잇점을 준다는 약속을 했던 셈이지요. 따라서 종말이 도래했을 때 그 약속에 따른 일이 일어납니다. 상당히 심플하죠.

　그러나 그리스도교의 경우에는 신과 어떤 공동체와의 단체 계약이 아닌 것이지요. 간단히 말하자면, 개인의 자격으로 구제받는다는 얘기에요. 하지만 구제받기 위해서 어떤 자격을 충족시켜야 하는지는 잘 모릅니다. 그냥 신이 봤을 때 아, 요놈 좀 괜찮다 싶은 사람들이 구제받겠죠. 물론 저는 사두개파가 아니지만 이건 좀 이상하다고 봐요…….

**하시즈메** 통상의 유대교(바리새파)는 "그날" 이후에도 그동안 통용되던 질서가 유지되는 걸 부활이라고 봤습니다. 정치, 경제, 가족 관계 또한 존속합니다. 그리고 신과의 계약이나 율법도 존속됩니다. 신이 개입해서 새로운 세상을 만들고 바꾼다고 해도, 결과적으로 유대 민족에게 유리하게 바뀌는 거지 그들에게 불리할 게 하나 없습니다. 현재의 지상의 권리 관계 대부분이 유지될 것이라고 봅니다.

　그런데 예수 그리스도는 유대교의 이런 논리를 뒤집어버립니다. 예수가 말하는 "신의 나라"는 우선 아무리 유대인이라고 해도 들어갈 수 있는 사람과 들어갈 수 없는 사람이 있고, 이 모든 건 신에게 맡긴다. 다음으로, 신의 나라에 정치와 경제, 성별, 가족도 없다. 이 모든 것이 없는 상태에서, 신을 중심으로 즐겁게 살아가자고 말하고 있는 것입니다.

**오사와** 음, 그건 정말 즐거워보이는군요(웃음). 그리스도교의 경우에 신의 나라는 "영원한 생명"을 의미하잖아요. 한마디로 죽지 않는다는 말인데, 그렇다고 한다면 거꾸로 끝이 없으니 지겹지 않을까요? 계속 살지 않으면 안 되는데, 돈도 권력도 없으니 사람들이 통상 욕망하는 건 아무것도 없잖아요.

그리고 신의 나라에 가지 못하는 사람은 어떻게 되나요? 지옥에 가나요?

**하시즈메** "지옥"이라는 것은 없습니다. 성서에도 그런 내용은 나오지 않아요.

불태워집니다. 불태워진다는 건 우선 세례자 요한이 한 말인데요. 열매를 맺지 못한 나무를 도끼로 베어서 불태운다고. 예수도 말하고 있습니다. 복음서 가운데 한 군데만 저주와 관련된 이야기가 나오는데요. 이것이 바로 무화과나무 이야기입니다. 예루살렘에서 배가 고픈 예수가 무화과나무가 있는 곳으로 갔는데 열매가 열리지 않았던 것입니다. 예수가 그 나무를 보고서 "시들어버려라"고 하자 곧 시들어버렸다는 이야기와 한동안 시든 채로 있었다는 두 가지 버전이 있습니다. 어쨌든 시들어버린 무화과나무를 베어서 불쏘시개로 사용합니다. 여기서 말하는 불쏘시개가 된 무화과나무는 통상적으로 예수의 말을 믿지 않는 바리새파를 따르는 사람들을 가리키는 것으로 해석하는데, 심판의 날에 저주받은 집단이 멸망의 길에 접어든다는 이야기입니다.

**오사와** 하시즈메 씨는 그렇게 보시나요? 저는 무화과나무 부분은 별 생각없이 읽었습니다. 예수의 가장 인간적인 모습을 보았던 게 아닌가 하고 생각했거든요. 배가 고파서 무화과나무를 봤는데 열매가 안 열려 있으니 화가 나잖아요. 그런데 예수는 "너 같은 건 그냥 시들어버려라!"고 하다니(웃음). 무화과나무가 너무 안쓰럽더군요.

물론 복음서에 나온 내용이기 때문에 무화과나무＝바리새파라고 해석할 수도 있지만, 저는 그렇게까지 심오하게 해석할 필요는 없다고 봐요. 그냥 배고파서 짜증낸 것뿐이에요.

그런데 제가 항상 생각하는 것인데, 신의 나라가 있어서 그곳에서 선택받은 일부는 구제받고, 구제받지 못한 나머지 사람들은 불구덩이에 들어간다? 이건 좀 너무하지 않나요…….

**하시즈메** 왜 모두 구원해주지 않을까 궁금하지 않으세요?

**오사와** 궁금하죠.

그리고 구제받았다고 해도 마음이 편할까 싶어요. 만약 신의 나라에 들어갔다고 해도 한쪽에 누가 계속 불구덩이에 있다고 생각해보세요. 그다지 즐겁지 않을 거예요. 죽지도 않고 계속 이웃의 고난을 지켜봐야 한다니…….. 더구나 구원받지 못한 사람도 못 죽고서 계속 불구덩이에 있어야 하잖아요.

**하시즈메** 맞아요.

**오사와** 즐겁게 죽지 못한 사람과 괴롭게 죽지 못한 사람이 있으니 말이 안 된다고 생각합니다. 구제해줄 거면 모두 구제해줘야지(웃음).

게다가 구제의 규준을 명확히 해줬으면 해요. 상황 증
거적으로는, 어느 정도 돈을 갖고 있으면 합격하기 어렵다
고 미묘하게 암시하는 부분도 나와요. 어쨌든 분명한 규준
도 없이 일부만 구제해준다는 게 아무리 생각해도 이상하
단 말이죠.

**하시즈메** "투명성"이 떨어진다?

**오사와** 네. 그렇죠.

**하시즈메** 정보 공개를 해달라는 말씀이시죠?

**오사와** 제 말이 바로 그 말이에요. 제대로 좀 해라, 뭐 이런
얘기죠(웃음).

**하시즈메** 바로 이게 본질인 거예요. 만약 그런 걸 찾는다면
일신교가 되지 않아요. 간단히 말해서 구제하는 건 신이고,
구제받는 건 인간이에요.

**오사와** 인간이 자신의 노력으로 구제받는 게 아니란 말씀이
네요. 이것은 잠시 뒤 제3부에서 나올 예정설의 문제와도
관련이 있으니 제대로 짚고 넘어가야겠어요…….

**하시즈메** 구제해주는 것은 신이니, 인간 스스로 자신을 구제
할 수 없다는 이야기입니다. 인간의 행위를 우리는 "업業"이
라고 합니다. 업의 문제는 아닌 거지요. 그에 반해서 신의
행동을, "은혜恩惠"라고 합니다. 구제는 은혜의 문제인 겁니
다. 신의 은혜에 대해서 우리 인간은 아무런 발언권도 없습
니다. 어떤 발언권도 없지요.

신이 누구를 구제할지는 신 본인만 납득하면 그만인 거예요. 인간에게 그 이유를 설명할 책임도, 의무도 없습니다. 그냥 설명할 필요도 없고 설명하고 싶지도 않다, 뭐 이런 거죠.

이것을 있는 그대로 받아들이지 않으면 일신교가 성립하지 않습니다.

**오사와** 그런가요. 그래도 구제받는 사람들이 부러운 건 어쩔 수 없네요.

**하시즈메** 구제받고 싶다는 마음이 간절할수록 그만큼 이 사회가 잘못되었다고 생각하는 걸 알 수 있습니다. 일본인은 자기들이 사는 이 사회가 잘못되었다는 생각을 하지 않아요. 예를 들어 지금 살고 있는 집에 만족하고 있으니 굳이 이사갈 필요성을 못 느끼는 것처럼. 가설 주택에 살다보면 불만이 쌓이고 쌓여 어디든 좋으니 이사하고 싶다는 생각이 들잖아요. 그것처럼 당시 사람들은 두 곳을 떠올린다는 것이죠.

**오사와** 자기가 어디로 이사갈지는 신 마음대로라는 거군요.

**하시즈메** 맞습니다. 그렇기 때문에 전제로서, 일본인은 현재 상황에 만족하고 있고, 역경과 상관없는 민족이라는 말이 됩니다.

# 10 역사에 개입하는 신

**오사와**  거듭 강조하지만, 그리스도교는 유대교와 이슬람교와 똑같은, 엄밀한 일신교이기 때문에 우상 숭배는 엄격하게 금지하고 있습니다. 주위 사물이나 사람을 신으로 여기는 종교가 아니란 얘기인데요. 그런 전제 위에서 제가 예전부터 그리스도교에 대해 품어왔던 위화감이 하나 있어요. 오늘 하시즈메 씨에게 그 이야기를 해볼까 합니다.

이슬람교와 대조하면 더 쉽게 알 수 있는데요. 이슬람교에서는 신이 인간 앞에 모습을 드러내는 일이 없습니다. 사도(예언자) 무함마드에게 계시를 내리긴 하지만 그때도 역시 무함마드 앞에 직접 모습을 드러내는 게 아니라, 대천사 쟈브라일(가브리엘)을 메신저로 삼아서 간접적으로 전달할 뿐입니다. 신으로서는 인간에게 뭐라도 전해야 하니, 말하자면 고육지책으로 매우 신중하게 한 명만 골라서, 더구나 신중하게 간접적으로 쿠란을 전달한 것입니다. 그리고 그 뒤에 종말의 때 신의 나라(내세來世)에 갈 수 있는 사람을 결정하려고 비로소 자신의 모습을 드러내는 겁니다.

하지만 그리스도교의 경우에는 예수 그리스도라는 존재가 직접 인간 세계에 들어와서 갖가지 일을 합니다. 저는 이

점이 도무지 이해가 안 가는데요. 지금까지 우리가 했던 이야기처럼, 예수 그리스도는 예언자보다도 훨씬 높은 존재인 구세주 혹은 신의 아들로 한없이 신에게 매우 가까운 존재입니다. 그런 신과 다름없는 존재가 2천 년 정도 이전에 이 세상에 출현하여 제자들을 이끌고서 팔레스타인 일대를 거닐며 30년 정도 살다 죽었다니. 곧 신이 역사의 무대에 등장하여 마음껏 자신의 생각을 펼치다 죽었다는 겁니다. 이런 구성이 너무나도 기묘한 인상을 줍니다.

신이 천지를 창조한 뒤에 심판의 날까지 모습을 드러내지 않는다고 한다면 알아먹을 수 있지요. 그리스도교의 경우에는 신 그 자체가 역사 속에 들어와서 피조물처럼 행동합니다.

이슬람교의 경우에는 이런 불가해한 일이 일어나지 않도록 노력하는 것 같아요. 신은 오직 무함마드와밖에 연결되어 있지 않고, 무함마드 역시 신과 간접적인 관계로 연결되어 있어서 쿠란을 전달받을 뿐입니다. 곧 신이 마치 피조물의 모습을 하고서 인간의 세계에 내재하지 않는 것처럼, 신과 인간의 접촉을 최소화한다는 이야기입니다.

그러나 그리스도교의 예수 그리스도는 특정한 역사 시간의 특정한 장소에 당당히 그 모습을 드러내서 가르침을 전한다든지, 누군가의 병을 낫게 하는 등의 은혜를 베풉니다. 어떻게 생각해보면 굉장히 불공평하지 않나요? 도리어 공교롭게도 2천 년 정도 전에 팔레스타인에 살고 있던 사람들은 직접 신(의 아들)을 만나거나 접할 수 있었다는 이야기잖아요.

**하시즈메** 그리스도교 신자들은 이 세상을 "예수 이전"과 "예수 이후"로 구분합니다. 서기는 예수 그리스도의 탄생을 기준으로 하는 그리스도교 책력이고요.

그럼 유대교는 어디에서 나눈다고 생각합니까? 유대교에도 "오래된 세계", "새로운 세계"라는 사고방식이 있었을 테니까요.

**오사와** 모세가 율법을 건네받았을 때 입니까?

**하시즈메** 아닙니다.

**오사와** 그렇다면 노아의 방주?

**하시즈메** 네, 맞습니다. "홍수 이전"과 "홍수 이후"로 구분합니다. 이때 신이 한 차례 직접 개입한 것입니다. 인간의 죄가 너무나도 컸기 때문에 스스로 손을 뻗어 인간을 멸망시키려고 한 것입니다. 단, 신 앞에서 모범적인 모습을 보여줬던 노아만 빼고요. 노아와 그의 가족, 그리고 동물 몇몇도 방주에 탈 수 있었습니다. 대홍수 이후에 신이 이 세계에 개입하지 않았기 때문에 유대교 신도들은 노아의 방주가 일어난 뒤의 시대를 일종의 새로운 세계로 본 것입니다. 노아의 방주 이후에 야훼는 아브라함에게 말을 걸고, 모세에게는 율법을 전합니다. 이 또한 노아를 선택했을 때와 일맥상통한 부분입니다.

노아의 방주가 있기 전에 인간이 왜 신과의 계약을 어겼는지 궁금하지 않으세요? 그 시기에는 예언자도 없고 율법도 없는, 이른바 방임 상태였습니다. 그래서 신이 이때 인간 세계에 개입하기 위해 모세에게 율법을 내린 것이지요. 율법을 받아든 인간은 그제야 무엇이 옳고 그른지 율법에 비추어 인식하게 되었습니다. 그러자 율법(신의 명령)을 따르기도, 또한 어기기도 했습니다. 여기서 "죄"라는 개념이 명시적으로 생겨난 것입니다. 노아의 방주 이전에는 죄에 율법이라는 기준이 없었는데, 이제는 율법이라는 기준이 생겼고 자연스레 룰 위반이라는 개념이 만들어진 겁니다.

저는 이 연장선 위에 예수의 출현이 있다고 봅니다.

그리스도교의 관점에서 보자면, 우선 노아의 홍수(신이 직접 행동에 의한 처벌)가 있고, 그것으로부터 계약(모세의 율법)을 통해서 인간에게 규범을 부여한 것입니다. 하지만 룰대로 할 수 없는 죄를 어떻게 처리해야 하는지 하는 문제가 생겼고, 그런 문제들이 무시할 수 없는 정도에까지 이르자 이번에는 예수 그리스도가 출현하게 된 겁니다.

하나의 가능성으로서는 예수가 출현한 그때가 두 번째 신의 직접 개입이자 최후의 심판으로 볼 수 있습니다.

오사와  그럴 듯한 설명이군요.

하시즈메  그럼 이 다음을 어떻게 이해하면 좋을까요?

오사와  이미 구제가 끝난 게 아닌가요?

하시즈메  최후의 심판은 구제의 날이도 합니다.

오사와  이미 신의 나라가 있다는 것입니까……?

**하시즈메** 최후의 심판 이후에 신의 나라가 생긴 거예요. 그렇다고 해서 누구나 들어갈 수 있는 건 아니지만요. 아니, 아무도 갈 수 없습니다. 왜냐면 모세의 율법을 완벽하게 지킨 사람이 아무도 없기 때문이죠. 들어갔다고 해도 모세나 엘리야 같은 극소수의 예언자들만이고, 나머지는 전멸하게 됩니다.

**오사와** 이야기가 그렇게 흘러가는군요.

그렇다면 그리스도교에는 예수가 십자가에 매달려 죽었기 때문에 인간의 죄가 사라졌다는 속죄贖罪의 논리가 있는데요. 이 논리로 모든 인간이 구제받았다고 할 순 없는 건가요? 예수가 대신 죄를 받았으니 모든 인류가 용서받았다고 이해해도 되잖아요.

**하시즈메** 우선 방금 말씀하신 것처럼, 예수가 십자가에서 죽지 않고서 직접 최후의 심판을 거행했다면 아마 대부분의 인간은 구제받지 못했을 겁니다.

**오사와** 맞습니다. 그 경우에는 전원 구제받지 못한다는 게 정답일 것 같군요.

**하시즈메** 그런데 신은 그런 결과를 원치 않았습니다.

그래서 다른 계획(시나리오)을 준비했습니다. 바로 예수가 인간(사람의 아들)으로 등장하여 인간의 죄를 짊어지고서 참혹한 죽음을 맞이하는 것입니다. 그리고 부활한다. 그 뒤에 하늘로 올라가는 것입니다.

하늘로 올라갔던 것은 머지않아 재림하기 위해서입니다.

그때는 본격적으로 신의 개입이 일어나는 겁니다. 예수 그리스도는 인간의 손에 죽음을 맞이했기 때문에 인간에게 복수할 자격이 있습니다. 인간은 어떤 벌을 받아도 할 말이 없는 거죠. 그런데도 거꾸로, 예수 그리스도는 인간을 용서할 자격이 있습니다. 예수 그리스도는 인간으로 사형을 당했기 때문에 모든 벌을 받았다고도 볼 수 있습니다. 여기서 어떤 선택을 할지는 예수 그리스도의 재량입니다. 예수 그리스도가 재림하는 "주님의 날"에 최후의 심판을 거행합니다. 이런 식으로 어느 정도 상황을 완화시킬 수 있는 완충 장치를 심어놓은 게 바로 그리스도교가 생각하는 신의 계획입니다.

이것은 계약의 갱신을 의미합니다. 모세의 율법은 효력 정지됩니다. 신의 개입에 의해서. 예수 그리스도가 이 세상에 탄생한 것은 신의 개입인 것입니다. 그동안 율법을 따른다는 게임은 이제는 룰이 바뀌어서 신의 새로운 계획에 따라 주어진 기회를 받아들여야 하는 게임이 된 겁니다. 신은 가능한 한 많은 인간을 구제해야 하는데, 이런 식으로는 아무도 구제할 수 없기 때문에 룰을 바꾸면서까지 인간을 구원하려 한다는 메시지를 인간에게 전했습니다.

그런데 이 메시지를 전달받았지만, 이를 구원의 메시지라고 여기는 사람과 그렇지 않은 사람이 있습니다. 구원의 메시지라고 여기는 사람은 신앙을 가진 사람이고, 그렇게 생각하지 않는 사람은 신앙이 없는 사람이 아닐까요?

**오사와**  그럼 저는 신앙이 없는 그룹에 속하는 사람이군요
(웃음). 하시즈메 씨의 이야기를 들으면 여러모로 딴지걸고
싶어지는데요.

노아의 방주는 제1부에서도 다뤘지만, 솔직히 무슨 소리
인지 이해가 안 가는 부분이 있는데요. 이해하기 쉽게 게임
에 비유해볼게요. 신이 게임을 시작했는데, 자기 뜻대로 굴
러가지 않는 거예요. 그래서 아주 일부분만 남기고서 리셋
버튼을 누른 거예요. 저는 이걸 보고서 "아니, 전능한 신이
면서 이게 뭐하는 짓이지, 이럴 거면 처음부터 후회할 짓을
하지 말아야지" 하는 생각이 들었어요.

노아의 방주를 보고 혼란스러웠는데, 그 뒤에 나오는 예
수 쪽은 더 복잡해요. 아까 말씀하신 것처럼 이런 식으로는
모두 죄를 짓고 있으니 아무도 신의 나라에 갈 수 없을 거
같으니, 신으로서는 일단 속죄하게 해서 다시 시작하자 뭐
이런 흐름이잖아요. 하지만 그렇다고 한다면 다음과 같은
의문이 떠오릅니다.

모두가 죄를 지어서 아무도 신의 나라에 들어갈 수 없는
상황에서 신이 할 수 있는 일은 뭐가 있을까요? 논리적으
로 보면 두 가지가 있는데요. 하나는 정공법으로, 아무도 구
제하지 않는 거예요. 그냥 신의 나라의 셔터를 확 내려버리
는 거죠.

그런데 신은 이런 걸 원하지 않았고, 그렇기에 다른 방법
을 취한 거예요. 신은, 말하자면 "내 아들"을 십자가에 매다

는 매우 특수한 방법으로 인간의 죄를 용서했습니다. 신은 왜 굳이 그리스도를 십자가 위에서 살해함으로써 인간의 죄를 용서한 것일까는 커다란 의문입니다. 어차피 용서할 거라면 직접 "용서해줄게"라고 해도 되잖아요. 자기 아들을 이용하면서까지 그런 번거로운 퍼포먼스를 벌이는지 모르겠어요. 제가 혹시 이상한 질문을 한 건 아니죠?

**하시즈메** 그렇게 따지면요, 아담과 이브를 왜 에덴 동산에서 추방했을까요?

**오사와** 제 말이 그 말이에요!

**하시즈메** 추방된 이상은, 인간이 자기 힘으로 어디까지 할 수 있는지 지켜본 게 아닐까요? 가만히 지켜보니 노아처럼 올바른 인간도 있었지만, 대부분의 인간은 몹쓸 녀석이었죠. 그래서 노아 일족만 남기고, 또다시 그 상황을 지켜본 겁니다. 그리고 아브라함에게 말을 걸고, 유대 민족에게는 선택받은 민족이라며 율법을 전해주었습니다. 그래서 확실하게 야훼를 찬양하는 이스라엘 백성이 됩니다. 헌데 율법을 제대로 지켰다고는 할 수 없었어요.

그리스도교 입장에서 보면 이 단계에서 말이 안 맞는 부분이 몇 가지 있는데요.

우선 아브라함을 선택했기 때문에 그것 이외의 계통의, 야훼를 모르는 이교도 민족이 많이 등장해버리게 됩니다. 이 상황에서 야훼의 입장으로는 세계가 종말을 맞이하기에는 아직 때가 무르익지 않은 것입니다. 야훼와의 계약(율법)

을 지키는 사람들은 인류 전체로 따지면 극소수에 불과하니까요. 이 상태대로 전 인류를 재판하는 것은 문제입니다.

게다가 야훼와 계약을 맺은 유대 민족 가운데서도 율법을 지키지 못한 사람이 속출합니다. 가만히 생각해보면 율법은 사람들이 노력하여 신을 따르기 위한 수단인데, 율법이 목적이 되는 건 어딘가 이상합니다. 그래서 신은 이 율법(계약)을 파기할 자유가 있는 거예요. 그래도 계약을 완전히 파기해버리면 노아의 대홍수 이전으로 되돌아가는 것이나 마찬가지니, 파기가 아니라 갱신하기로 마음먹고서 새로운 게임을 시작하는 겁니다.

여기서 말하는 새로운 게임이란 율법의 게임이 아니라, 사랑의 게임을 말합니다.

사랑은 율법과 달라서, 아무 조건 없이 기회를 줄 수 있습니다. 사랑은 부름입니다. 인간은 신의 부름(메시지)을 깨닫고서 그에 응답하지 않으면 안 됩니다. 예수 그리스도가 출현한 이후부터 최후의 심판까지의 시기, 신은 자신의 부름에 인간이 어떻게 응답할지 기다립니다. 야훼를 믿는 사람들은 유대 민족으로부터 인류 전체로 확대되기 시작했고, 신이 계획한 시나리오가 서서히 진행되었습니다.

# 11 사랑과 율법의 관계

**오사와** 이쯤에서 사랑과 율법이 어떤 관계인지 궁금해졌습니다.

교과서적인 걸 확인해두자면, 예수는 율법을 폐기하고서 그걸 사랑으로 치환했습니다. 율법을 그저 부정하고 배제하기보다, 오히려 사랑이야말로 율법의 성취라는 것입니다. 변증법에서 말하는 "지양止揚"이라는 느낌입니다. 하시즈메 씨가 지금 말씀하셨듯이, 율법의 게임에서 사랑의 게임으로의 전환이 신약과 더불어 실현되는 겁니다.

그 사랑을 "'이웃 사랑"이라고 합니다. 여기서 말하는 "이웃"이란 주위에 있는 친한 사람을 의미하는 것이라고 생각하기 쉬운데, 그건 아니에요. 죄가 많은 사람, 갱생 불가능한 사람, 무리에서 겉도는 사람, 불쾌한 사람 등의 그런 자야말로 "이웃"의 전형으로서 염두에 두고 있어서 그들이야말로 사랑하지 않으면 안 된다는 이야기입니다. 그렇기 때문에 예수는 자신을 따르려는 자는 아버지, 어머니, 아내, 심지어 자신의 목숨마저 미워하지 않으면 안 된다고 합니다(누가 14장 26절). 가까운 사람을 생판 모르는 사람보다 우선시하는 건 진정한 이웃 사랑이라 할 수 없는 거예요.

그래서 앞에서도 여러 번 말했지만, 그리스도교의 특징은 2단 로켓 같은 거예요. 그리스도교는 유대교의 부분을 극복하면서, 그것을 내부에 남겨두고 있습니다. 이처럼 율법을 폐기했다고 하면서 율법의 부분이 (구약성서라는 형태로) 딱 보존되어 있습니다.

여기서 제가 의문이 드는 것은 어째서 율법 부분이 보존되어 있는가 하는 겁니다. 신의 관점에서 이 의문을 바꿔 말하자면, 사랑을 그렇게 중요하게 여겼으면서 왜 처음부터 사랑 이야기를 하지 않았는지도 궁금합니다.

신은 우선 모세를 통해서 율법을 내려주었습니다. 그러나 인간은 율법을 완전하게 준수할 수 없었어요. 아니면 거꾸로 그 반대인 바리새파처럼 강박적으로 율법을 지키는 것 자체를 목적으로 삼는 사람도 등장했습니다. 어차피 율법을 폐기할 거라면 그냥 처음부터 "사랑"만 가르쳤으면 좋지 않았을까요? 왜 신은 "율법"이라는 걸 만들어서 인간을 곤경에 처하게 한 뒤에 "사랑"을 가르쳤을까요.

실제로 그리스도교를 모방한 신흥 종교가 많이 있었는데, 이들 모두 율법 이야기는 하지 않고 사랑에 대해서만 설파했습니다. 이게 바로 신흥 종교와 그리스도교의 차이점이라고 할 수 있는데요. 신흥 종교는 처음부터 사랑을, 그리스도교는 율법을 경우한 뒤에 사랑을 설파한다고 생각합니다. 그리스도교에서 율법과 사랑은 어떤 관계라고 볼 수 있나요?

**하시즈메** 사랑은 율법이 형태를 바꾼 것입니다.

**오사와** 그런 식으로 받아들일 수밖에 없는 거네요.

**하시즈메** 그리스도교에서 말하는 사랑과 율법에는 신과 인간 사이의 응답이라는 공통점이 있어요. 그리고 신과 인간 사이의 관계를 설정하는 계약이 있습니다. 신과 인간 사이의 관계를 바로잡기 위한 노력인 것입니다.

계약은 그대로라면 율법(법률)이 되지요. 법률이 되더라도 예수는 그것 대부분이 이렇다 할 내용이 없다고 생각했습니다. 그래서 율법을 중요시한 바리새파 학자가 찾아와 예수에게 이렇게 물었습니다. "예수 선생, 당신은 율법에 대해서 잘 아는 것 같은데, 모세의 율법 가운데 가장 중요한 건 무엇이라고 생각합니까?" 예수는 "첫 번째는 마음을 담아 당신의 주인인 신을 사랑하는 것(『신명기』 6장 4~5절). 두 번째는 당신의 이웃을 자신처럼 사랑하는 것(『레위기』 19장 8절). 율법은 이 두 가지로 충분합니다"라고 대답합니다. 그렇게 많은 율법을 단 두 가지로 정리했는데, 더군다나 모두 사랑과 관련된 것입니다.

율법(예를 들어 "간음하지 말라")은 지켰는지 안 지켰는지 그 규준이 명확합니다. 그에 반해서 사랑은 규준이 없기 때문에 어떻게 해야 사랑하는 건지 확실히 알 길이 없습니다. 율법으로서는 텅 빈 것입니다. 그래도 사랑을, 신과 인간 사이의 계약이라고 생각했기 때문에 기존의 율법 체계를 남겨둔 것입니다. 이는 그리스도교가 신이 인간과 계약을 맺을 때의 동기를 중요하게 여겼기 때문이라고 생각합니다.

야훼는 왜 아브라함을 선택하여 말을 걸었을까요. 아브라함이 야훼를 부른 게 아니라, 야훼가 그를 부르고 있지요 그래서 아브라함이 따릅니다. 그 결과 약속의 땅에 가게 되었습니다. 그 뒤에 이집트를 거쳐서, 이번에는 모세가 백성들을 이끌고서 약속의 땅을 찾아다녔습니다. 이 과정에서 율법을 건네받았고요. 이런 사건들 모두 서로 관계가 있다고 볼 수 있지 않나요?

**오사와** 그렇게 생각합니다. 지금 하신 말씀은 모두 역사로 기록되어 있으니까요.

**하시즈메** 자 이제, 야훼가 왜 인간에게 말을 걸었는지 생각해봅시다. 일면식도 없는 누군가에게 말을 걸어서 "나를 따르라"고 말하는 건 요샛말로 작업건다고 볼 수 있어요. 간단히 말해서 신이 그렇게 행동했다는 건 너랑 친하게 지내고 싶어, 이런 뜻인 거예요.

**오사와** 도쿄 시부야에서 어떤 남자가 처음 보는 여자에게 말을 걸듯이 신이 아브라함에게 작업을 걸었고, 이에 인간(아브라함)이 응했다는 말이군요!

**하시즈메** 그렇기 때문에 이 또한 사랑인 겁니다. 전혀 상관없는 사람과 새로운 관계를 맺은 것이니까요.

하지만 그게 율법이라는 형태가 되면 말이죠, 저주하는 부분이 있지요. 룰을 위반했을 때 처벌을 받습니다. 그런데 예수가 말하는 사랑에도 그런 부분이 나오잖아요. 그래서 율법과 사랑을 굳이 구분해서 생각할 필요는 없다고 봐요.

저는 예수 그것을 순수형으로 만들었다고 생각합니다. 우선 아브라함의 자손(유대 민족)에게만 말을 건 게 아니었으니까요.

**오사와** 매우 중요한 포인트죠.

**하시즈메** 그때부터 신의 부름에 응답하기 위한 할례 같은 어떠한 구체적인 행동도 필요없어집니다. 굳이 말하자면 이웃 사랑을 실천하는 정도, 이웃 사랑에서 가장 중요한 것은 "심판하지 않는 것"입니다. 사람이 사람을 심판하지 말라. 왜냐하면 사람을 심판하는 것은 오로지 신뿐이기 때문입니다. 신에게 심판받지 않도록 주의를 기울여야 하는데요. 간단합니다. 자신이 다른 사람을 심판하지 않으면 됩니다. 이게 바로 사랑의 핵심입니다.

율법은 사람이 사람을 심판하는 근거로 쓰이잖아요. 그렇기 때문에 없애버린 거예요. 예수가 말하고자 하는 건 이게 아닐까요? 이런 식으로 신의 메시지는 일관적이라는 게 그리스도교의 입장입니다.

하지만 이것도 신의 부름이기 때문에 이해하는 사람과 이해하지 못하는 사람이 있습니다……. 그래서 모든 인간을 구원할 수 없는 거예요.

**오사와** 제가 왜 율법과 사랑이 어떤 관계인지 끈질기게 물어보냐면, 일본인은 그리스도교에 대해서 단면적으로 이해하는 경향이 있어서 그래요. 예를 들어 그리스도교를 2층집이라고 생각했을 때 2층 부분(신약)만 본다는 거죠. 사실 1층에 율법(구약)이 있기 때문에, 그 위에 이웃 사랑이 있는 건데 말이죠. 그래서 일본인이 그리스도교에 대해서 잘 모르는 것 같아요.

# 12 속죄의 논리

오사와 사랑의 문제와 관련해서 또 하나 꼭 설명해주셨으면 하는 게 있는데, 바로 속죄의 논리입니다. 죄 없는 예수 그리스도가 십자가 위에서 죽음을 맞이함으로써 모든 인간의 죄가 용서받고 있다고 해석하는데요. 정작 이 해석의 창시자는 따지고보면 바울이긴 하나, 일반적으로 그리스도교에서 이렇게 이해하고 있잖아요.

하지만 아무리 생각해봐도 왜 그리스도가 죽어야 인간의 죄가 용서받게 되는지 이해가 안 가거든요.

하시즈메 그 부분은 성서에 제대로 나와 있지 않습니다. 왜 그럴까요? 너무 당연하게 여겨지는 부분이기 때문에 굳이 적어야 할 필요성을 못 느낀 게 아닐까요? 이 부분은 저도 잘 모르겠습니다.

어쨌든 제 생각에는 고대법의 동해 보복법同害報復法과 관련이 있지 않을까 싶습니다. "눈에는 눈, 이에는 이"처럼 말이죠…….

오사와 복수의 논리 같은 거네요.

하시즈메 복수의 논리입니다.

동해 보복은 복수법의 일종으로, 유대 민족이나 고대 세

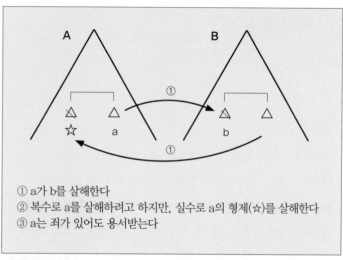

① a가 b를 살해한다
② 복수로 a를 살해하려고 하지만, 실수로 a의 형제(☆)를 살해한다
③ a는 죄가 있어도 용서받는다

동해 보복의 개념

계의 사람들에게는 상식처럼 여겨졌습니다.

그런데 우선 복수법입니다만, 이것은 형법과 민법이 확실하게 분리되지 않았습니다. 피해자(의 친족)가 직접 가해자(범죄자)에게 복수를 하고, 이게 형의 집행으로, 정의라고 하는 사고방식입니다. 죄를 지은 사람에게 보복을 해서 형벌을 내린다. 보복인지 형벌인지 알 수 없지만. 뭐 둘 다라고 볼 수도 있고요.

형법이기 때문에 "죄를 지었으니 벌을 내린다, 죄를 짓지 않으면 벌을 내리지 않는다"라고 하는 형법의 원칙을 따르는 것입니다. 죄의 크기에 따라 형벌도 달라졌는데요. 동해 보복은 죄(한쪽 눈을 뽑았다)에 동등한 벌(한쪽 눈을 뽑는다)

을 내려야 한다는 규준을 제시함으로써 죄에 비해 심한 벌을 받지 않도록 많은 신경을 썼습니다. 정의를 지키기 위해 복수를 원칙으로 삼은 것이지요.

그럼 "죄가 없어도 벌을 받는다"는 건 어떤 상황일까요? 이런 상황 때문에 예수 그리스도가 죽음에 이른 것이잖아요. 그 결과 무엇이 일어날까요?

복수법은 혈연 집단(부족이나 씨족과 같은 것)은 있지만, 국가 권력(경찰이나 사법)은 존재하지 않던 단계의 법률입니다. A와 B 두 그룹이 있다고 칩시다. 자신의 집단에 있던 사람이 살해를 당했다면 친족은 복수할 의무가 있습니다. 이는 법 질서(모두의 안전)의 전제인 것입니다. 예를 들어 B그룹의 b라는 인물이 A그룹의 a에게 살해당했다면 B그룹의 무리가 a를 살해하는 겁니다. 이게 "피의 복수"로, 피해자의 권리입니다. 그런데 범인 a를 죽여야 하는데, 실수로 a의 형제(☆)를 죽인 겁니다. B그룹은 나중에 안 거죠. 자기들이 죽인 게 a가 아니란 걸.

이 경우에 진범인 a를 처형할 수 있을까요? 아니요, 할 수 없습니다. 이미 한 사람이 죽었기 때문입니다. 피해자가 한 명이니 복수도 한 명에게만 할 수 있습니다. 동해 보복이니까요. 그 이상은 안 됩니다.

오사와 그것으로 동등해졌다고 할 수 있겠군요.

하시즈메 연대 책임인 것이지요. 복수법의 사고방식은. 연대 책임이기 때문에 A그룹에서 "죄 없는 자(☆)가 죄를 진 a 대신에 죽은" 것으로, "죄를 진 사람은 죄가 있어도 풀려날 수 있다"는 겁니다. 이런 일이 벌어집니다.

예수의 십자가 위에서의 처형도 이와 마찬가지입니다.

이 B가 야훼라고 한다면, 인간은 죄를 지었기 때문에 야훼가 그 벌로 인간을 파멸시킬 수 있습니다. 그런데 인간으로 태어난 예수가 "내가 대신해서 죽겠습니다"라며 인간의 죄를 대신해서 받고서 십자가에서 죽음을 맞이한 거예요. 그렇게 되면 어쨌든 모든 처벌이 끝났으니 야훼는 인간을 벌할 수 없게 되고 인간은 죄를 지은 채 풀려나는 겁니다.

예수 그리스도의 경우에 1사람 : 1사람이 아니라, 1사람 : 인류 전체로 균형이 안 맞는 것 같지만 신의 아들이므로, 아무튼 그 정도에서 끝나는 겁니다.

그 신의 아들이 인간의 죄를 대신해서 받기 위해 일부러 인간 세계에 출현했다는 것은 인간의 의형제가 되었다고 볼 수 있습니다.

**오사와** 그것은 하나의 해석으로서 있을 수 있을지도 모르겠네요. 당시 사람들에게 왜 그리스도교의 속죄 논리가 어느 종류의 설득력을 가졌는지 궁금했는데, 원래 씨족이나 부족 사이에는 그런 동해 보복의 습관이 있었기 때문이군요. 그리고 그리스도교의 속죄라는 아이디어에 관해서 문화인류학적으로 접근해도 그 뿌리에는 동해 보복의 습관이 있지 않을까 싶네요.

그러나 논리적으로 생각해보면 여전히 의문이 남습니다.

하시즈메 씨도 말씀하셨듯이, 예수는 신의 아들이지요. A그룹을 사람, B그룹을 신으로 보면 예수 그리스도는 A와 B 가운데 B에 속할 겁니다. 따라서 동해 보복으로 접근했을 때 B쪽이 "자, 우리(B) 아들을 너희(A)에게 내주어서 내가 아들을 죽일 테니까, 그걸로 너희들에게 복수한 걸로 치자." 이런 이야기가 되니, 여간 이상한 게 아니에요. 신은 상대편의 아들이 아니라 자기 아들을 죽인 것이니, 이는 동해 보복이라 보기 어렵지요.

예를 들어 『창세기』에 나오는 이삭의 봉헌이라면 모를까요. 곧 죄를 진 인간에 대해서 동해 보복의 논리를 들먹거리며 인간 가운데 한 명을 희생자로 내놓으라고 한다면 말이 되지요. 아브라함은 신의 명령으로 아들인 이삭을 죽이려고 했습니다. 결국 신이 아브라함을 이용해서 이삭을 죽이려고 한 겁니다.

그러나 예수의 십자가형의 경우에는 다릅니다. 결국 신쪽의 사람이 죽은 거잖아요. 그래서 저는 동해 보복 논리와 그리스도교의 속죄 논리는 앞뒤가 맞지 않다고 생각해요.

하시즈메 확실히 부당한 매치[조합]처럼 생각됩니다만, 신이 그렇게 판을 짠 게 아닐까 싶어요. 이 모든 게 신의 계획으로, 예수를 이 세계에 보낸 이유라고 생각합니다.

오사와 그런가요?

하시즈메 지금 아브라함과 이삭 이야기를 하셨는데요. 예수의 속죄는 그 이야기와도 깊은 대응 관계가 있다고 저는 생각합니다.

아브라함은 신에게 선택받은 존재잖아요. 신에게 자손의 번영을 약속받아서 간신히 외동아들을 얻을 수 있었습니다.

**오사와** 꽤 늦둥이었지요.

**하시즈메** 그런데 이유도 말하지 않은 채 이삭을 야훼에게 희생의 제물로 바치라(곧 죽이라)는 명을 받게 된 거죠. 아브라함은 주저하지 않고서 그 명령에 따라 이삭을 죽이려 하자 천사가 날라와서 "알았다. 이제 그만해라"고 하자 멈추었습니다.

이것은, 아브라함이 신을 위해서라면 주저없이 자신의 가장 소중한 것(외동아들)도 바치는 것을 보고서 야훼가 흡족해했음을 알 수 있습니다. 여기서 야훼는 인간에게, 말하자면 "빚진 게" 있는데, 야훼는 이때의 경험을 잊지 않고서 이제 인간이 힘들어할 때 외동아들 예수 그리스도(가장 소중한 것)를 제물로 삼자는 생각을 하게 된 것입니다. 그리고 이번에는 아브라함과 이삭 때와는 달리, 정말 희생을 하게 된 거고요.

이처럼 이삭의 희생과 예수의 희생 모두 외동아들을 제물로 바쳤다고 하는 구도로 대응하고 있기 때문에 야훼는 인간에게 응답하고 있다고 볼 수 있습니다.

**오사와** 이삭의 희생과 그리스도의 처형에는 분명 서로 대응하는 점이 있습니다. 이삭의 케이스의 아브라함의 위치에 신이 들어가고, 이삭의 곳에 신의 아들이 들어간다면 그리스도의 케이스로 전환한다. 그리스도의 죽음은 이삭의 케이스를 업그레이드시킨 느낌입니다.

어쨌든 저는 그리스도의 속죄의 논리라는 것은 좀처럼 이해하기 어렵습니다.……와닿지 않는다고 해야 할까. 굳이 말하자면, 신이 너무 유니크한 성격 쪽이기 때문에 이런 일이 일어난 거 같기도 하고요(웃음).

**하시즈메** 일종의 메시지인 거죠. 예수 그리스도가 인간 세상에 태어나 십자가에서 희생당하는 것을 신이 우리에게 주는 메시지라고 여기면 그리스도교 신자라 볼 수 있습니다.

**오사와** 그렇군요. 그리스도교 신자의 입장에서는 기분 나쁘게 들릴 수 있겠지만 굳이 자신의 아들을 희생시켜가면서까지 이런 번거로운 일을 벌여야 하는지, 그렇게 하지 않아도 되지 않나 싶어요. 죄 많은 인간을 용서할 거라면 그냥 용서하면 되잖아요. 이래나 저래나 신의 선택이니 뭐라고 할 사람이 아무도 없는데.

**하시즈메** 신도 계약에 묶여 있기는 인간과 다를 바 없습니다. 일단 계약을 맺은 이상은, 인간에게 구제받으려면 계약을 지켜달라고 얘기할 수밖에 없거든요. 그런 룰로 일이 진행되는 거니까요. 율법의 게임이 진행되고 있는 상황이니, 신이라고 해도 계약을 무시하고서 인간을 구제해줄 순 없잖아요.

# 13 예수는 자신이 부활할 것을
    알고 있었을까


**오사와** 복음서를 읽다보면 예수는 몇 차례나 자신이 살해당할지도 모른다는 예언을 합니다. 아마 유대인 장로들의 질투나 시샘을 느낀 게 아닌가 싶은데요. 예수는 이렇게 자신의 죽음을 예견했고, 실제로 그대로 살해당했습니다. 그리고 죽은지 사흘만에 부활했지요.

이때 예수는 자신이 부활할 걸 알고 있었을까 하는 궁금증이 생깁니다. 어쨌든 예수는 신의 아들이기에, 설령 죽는다고 해도 뒤에 부활할 것이라고 생각했을 가능성이 충분합니다. 하지만 설령 자신이 부활할 걸 미리 알고 있었다고 해도 사형을 당하는 것과 잠자듯 편안하게 죽는 것은 큰 차이가 있습니다. 후자라면 예수의 살해를 둘러싼 사건의 압도적인 임팩트가 없어져버리게 됩니다.

하시즈메 씨는 도대체 예수 본인이 부활할 걸 알고 있었다고 생각하시나요?

**하시즈메** 확실히 이건 그리스도교 이해의 급소의 하난데요.

아까 말씀드린 마트료시카 이야기를 다시 떠올려보죠. 마트료시카의 가장 안쪽에 는 역사적인 실재로서의 예수가 있었습니다. 신의 아들은 아닙니다. 그저 평범한 인간으로,

[정]의의 교사로서 바리새파 사람들의 심기를 불편하게 만드는 설교를 하다 붙잡혀서 사형을 당합니다. 인간으로서 고생했다고 생각합니다. 그게 끝입니다. 사흘 뒤에 부활할 것이라곤 생각하지 못했다고 봅니다.

**오사와** 사실로서는 그렇지요. 역사적인 인물 예수는 누명으로 사형에 처해졌습니다. 그런데도 신앙을 갖고서 읽는 사람, 곧 예수가 신의 아들의 이야기로서 읽는 사람은 이 부분을 어떤 식으로 읽으면 좋을까요?

**하시즈메** 그리스도교 신자는 예수를 신의 아들이라고 했습니다. 신의 아들이라고 생각한다면, 예수가 그런 의식을 갖고 있지 않다고 생각하면 안 됩니다. 신의 아들이라는 자각이 없다면 복음을 전[파]할 수 없기 때문입니다. 나는 신의 아들이며 너희들을 대신하여 희생할 것이라는 뜻을 함축하여 가르쳤기 때문에 [정]의의 교사의 도덕적인 스피치가 아니라, 복음이 되는 것입니다. 복음이란 이를 듣고 있는 사람들은 구제를 받는다는 의미니까요.

그리스도교가 성립하기 위해서는 예수의 스피치가 복음이지 않으면 안 됩니다. 그러기 위해선 예수 스스로가 신의 아들이라고 의식하고 있지 않으면 안 됩니다. 부활할 것도 알고 있지 않으면 안 됩니다. 부활할 걸 알고 있다면 아무리 고통스러워도 힘들기만 할 뿐, 두렵지 않습니다. "인간적인 고통"과는 그 질이 다릅니다.

이로써 모두 고민하지요.

깔끔하게 정리하자면 100% 신의 아들이라면 인간의 요소는 0, 고민하거나 괴로워하는 것처럼 보여도 전부 연기라는 셈입니다. 혹은 처음부터 예수 그리스도는 환상으로, 인간으로 실재하지 않았다. 실재하는 건 신뿐으로, 예수 그리스도는 가상적인virtually 3D 영상이라는 이야기가 됩니다. 그게 바로 그리스도 가현설假現說이지요. 이런 논리라면 모순없이 일신교 체제를 확립할 수 있습니다.

**오사와** 하지만 그렇게 따지면 그리스도교의 특징이 확 줄어들잖아요.

**하시즈메** 이걸 한쪽 극단으로 삼는다면, 또 한쪽 극단에는 예수는 100% 인간으로, 신의 아들일리도 없다. 기껏해야 예언자라는 사고방식도 있습니다. 이 또한 명쾌해서 모순없이 일신교의 논리와 일치합니다.

그렇지만 이 두 논리 모두 사람들의 궁금증을 해소할 수 없었습니다. 그래서 논쟁의 결과, 어느 쪽도 아닌 가운데로 의견을 모으기로 한 겁니다. 그것도 하나로 합쳐서 평균점을 찾은 게 아니라, 예수 그리스도는 "완전한 인간이면서도, 게다가 완전한 신의 아들이다"라는 결론으로 말이죠.

이렇게 되기까지는 필연적인 무언가가 있었을 겁니다.

우선 신의 아들이지 않으면 복음이 되지 않기 때문에 신의 아들이지 않으면 안 됩니다. 그래서 예수는 인간으로 태어나지 않으면 안 되었습니다. 왜냐하면 가상적인 존재로서는 인간을 구제할 힘이 없으니까요. 실제로 인간으로서 십자가에서 죽음을 당했습니다.

양쪽의 의견을 모두 수용했기 때문에 예수 그리스도는 비논리적인 존재가 된 거예요. 신의 아들이면서 인간이기도 한 존재가 신의 주도로 이 세계에 출현했다고 생각하면 예수는 어떻게 하든 비논리적인 존재가 되는 것입니다. 어쨌든 이런 이유로 그리스도교의 교리는 어느 정도 정리되기 시작했습니다.

**오사와** 이건 어떻게 할 수 없는 패러독스로밖에 이야기할 수 없지요. 하시즈메 씨 말씀대로, 논리적으로 설명하려고 하면 그리스도는, 실은 보이고 있어도 그건 실체가 아니라는 아이디어가 되는데요. 그렇게 따지면 십자가 위에서 죽든 말든 무슨 상관이냐 이거죠. 다른 편에서 십자가 위에서 죽었기 때문에 이다지 강한 임팩트를 가진 사건이기 위해서는 예수는 아니나 다를까 인간으로서 죽음을 맞이하지 않으면 안 된다. 그런데 그렇게 되면 이번에는 인간 하나 죽은 거에 지나지 않으니 수많은 예언자의 희생과 별 다를 것이 없어서 예수의 가르침을 복음이라고 할 수 없게 됩니다.

그렇기 때문에 두 논리 모두 가능성이 있다고 말할 수밖에 없는 거고요. 이것은 아마 그리스도교가 떠앉고 있는 궁극적인 역설의 하나의 단면이 아닐까 싶습니다.

**하시즈메** 예수는 100% 신이자, 100% 인간입니다. 더하면 200%가 되어버립니다. 그런 예수 그리스도의 내면은 인간으로서는 추측할 수 없습니다. 애초에 그런 인간은 존재하지 않으니까요.

십자가 위의 예수 그리스도는 인간이 받는 고통과 똑같은 고통을 받지 않으면 안 됩니다. 그리고 동시에 한시도 신의 아들이라는 사실을 잊어서는 안 됩니다. 신의 아들이라는 사실을 자각하면 인간과 똑같은 고통을 느끼지 못할 것이라 생각하는 사람도 있는데요. 그리스도교는 신의 아들이라고 100% 자각하는 동시에, 인간으로서의 고통도 100% 받습니다 이게 공식적인 교리로서 결정된 겁니다.

굳이 비유하자면, 오늘날의 해리성解離性 정체 장애와 비슷합니다. 곧 이중 인격이라는 거죠. 한 사람의 인격이 완전한 인간으로, 또 완전한 신으로 변하는 것입니다.

**오사와** 그렇게 생각할 수밖에 없겠네요.

복음서를 읽고 있으면 예수는 인간으로서 상당한 고통을 받는 것 같은 인상을 주니까요. 죽음을 예감하고서 두려움을 느끼는 건 아닐까 하는 생각마저 드는 데요. 이른바 최후의 만찬이 끝난 뒤에 예수는 제자들을 이끌고서 겟세마니(올리브 산)에 가서 혼자서 기도를 드립니다. 이때 신에게 진정 이 참극을 피할 수 있다면 피하고 싶다는 기도를 드립니다. 그리고 동시에 만일 그게 신의 뜻이라면 받아들이겠다는 식의 이야기도 합니다. 이때 예수가 느끼는 고통은 인간적인 고통과 똑같다고밖에 표현할 길이 없습니다. 이 부분에서 많은 사람이 강한 심적 동요를 느낀 것 역시 예수가 인간적으로 괴로워하고 있는 모습을 보기 때문이겠죠.

# 14 유다의 배신

**오사와** 만약 인류 역사에서 가장 큰 영향력을 미쳤던 사건을 하나 꼽으라면 저는 예수의 처형이라고 대답할 겁니다. 단 한 사람의 죽음이 결과적으로 인류사에 큰 자취를 남겼고, 지금까지도 많은 영향을 미치고 있으니까요.

왜 이 사건이 이다지나 임팩트를 미쳤을까요.

저는 그 이유가, 예수가 너무 참혹하게 살해당했기 때문이라고 생각하는데요. 특히 누명이라고밖에 볼 수 없는 미묘한 죄로, 그러나 십자가형이라는 가장 참혹한 방법으로 살해당했잖아요. 이것만으로도 사람들의 마음을 움직였다는 겁니다.

그래도 예수가 명예롭게 죽었다고 보는 이도 있습니다. 비록 그렇게 죽음을 맞이하긴 했지만, 결과적으로 순교 이상의 순사殉死라는 형태가 되었습니다. 곧 예수의 죽음은 가장 비참한 죽음인 동시에, 영광스런 죽음이었지요. 그런 의미에서 예수는 사후에 구제받고 있습니다.

그러나 이러한 일련의 사건 속에서 전혀 구원받지 못한 사내가 있죠. 바로 유다입니다. 유다는 예수 이상으로 비참한 삶을 보냈다고 할 수 있는데요. 복음서를 읽어보면 유다는 정말 구제받을 가치도 없는 인간으로 묘사됩니다.

뭐, 유다 말고 다른 사도[제자]들도 정도가 달라서 그렇지, 어쨌든 소극적으로 예수를 배신하긴 했습니다. 예수가 체포되자마자 모두 재빠르게 모습을 감췄고, 베드로의 "닭이 두 번 울기 전에 세 번 나를 부인하리라"고 하는 장면도 유명하지요. 그렇기 때문에 다른 사도들도 꼴사납게 묘사되긴 마찬가지지만, 그들은 예수가 죽은 뒤에 원시 그리스도 교단을 만들어서 그 안에서 영향력 있는 지위에 올랐습니다. 그리고 사후에도 최고의 성인으로 추앙받았죠. 하지만 유다만큼은 달랐습니다. 구원할 가치도 없다는 거죠.

복음서마다 유다의 배신에 대한 기록이 조금씩 다른데, 사실인지 아닌지 애매한 부분도 있습니다.

유다는 언제 예수를 배신하려고 했을까요? 저는 최후의 만찬 때가 아닌가 상상합니다. 예수는 제자들과 함께 식사하면서 "이 가운데 한 명, 나를 배신할 녀석이 있다"고 예언하면서 제자들에게 부정적인 뉘앙스를 풍깁니다.

이게 무슨 뜻인지 잘 생각해봐야 하는데요. 예수가 이런 식으로 말을 하자 제자들이 저마다 "저는 아니죠?"라면서 입을 열기 시작합니다. 이 장면에 대해서 복음서마다 조금 다르지만, 마태 복음에서는 유다가 맨마지막에 "저는 아니지요?"라고 묻습니다. 그러자 예수는 유다를 향해서 "너는 분명 그렇게 말했도다"라고 대답합니다.

이런 이야기를 들으면 인간은 거꾸로 암시에 빠지는 느

낌이 들지요. 하면 안 된다고 생각하면 할수록 무심코 저질러버리는 경우가 종종 있잖아요. 그래서 예수는 제자들 가운데 누군가가 자신을 배신해야만 하는 상황을 만들어서 함정에 빠지도록 한 게 아닌가 싶습니다.

예수는 한편으로는 누군가에게 살해당한다는 것을 슬프게 생각했습니다. 그리고 피하고 싶다는 생각도 했고요. 그러나 다른 한편으로는 구약성서 속에서 예언되어 있는 것과의 관계도 있어서 자신이 처형당해 죽지 않으면 이 상황이 끝나지 않을 것이란 것도 알고 있었습니다. 그렇기 때문에 이 상황을 마무리짓기 위해서 제자들에게 암시를 걸어서 자신을 배신하도록 유도한 건 아닐까요.

좀 더 생각해보면 말이죠, 최후의 만찬에서 "너희들 가운데 한 명……"이라고 말할 때 예수는 사실 누가 자신을 배신할지 몰랐던 것 같아요. 그래서 이런 말을 했을 때 가장 불안해하고서 암시에 걸릴 것 같은 제자를 찾아내기 위해서 일부러 그런 미끼를 던진 게 아닐까요. 그런 의미에서 "이 가운데 누군가가 나를 배신한다"라는 예수의 말은 전형적인 "자기 성취적인 예언"일지도 모른다는 생각을 했습니다. **하시즈메** 오사와 씨의 추측은 상당히 신빙성이 있다고 봅니다.

복음서가 복음서로서 성립하기 위해서는, 예수는 무죄이지 않으면 안 됩니다. 그래서 형사범으로 기소되어 사형당하지 않으면 안 됩니다. 곧 누명이지 않으면 안 됩니다.

**오사와** 그렇습니다.

**하시즈메** 누명이라고는 해도 일단 법정에서는 증거 조사 등의 제대로 된 절차를 밟았습니다. 강압적인 수사를 해선 안되어서 정식으로 재판을 받고 사형을 집행해야 할 필요가 있는 거죠.

그렇다면 예수의 일을 이해하지 못하거나, 혹은 이해하지 않아서 예수를 받아들이지 못하는 사람들, 즉 이 이야기를 만들어가는 악역이 없으면 복음서는 성립되지 않습니다.

그들은 굳은 신념을 지닌 사람들로, 한편에는 바리새파로 대표되는 유대교도라고 한다면, 다른 한편에는 제자들로, 예수를 지켜야 할 그들이 예수를 지키지 않았다는 말입니다……. 제자들이 똑똑하고 유능해서 예수가 체포당하지 않고 사형당하지 않았다면 아마 지금의 복음서는 없었을 겁니다. 그래서 누명이라는 장치를 넣은 것입니다. 베드로도 여러 실수를 저지르긴 했지만, 예수가 사형을 당하도록 결정적인 역할을 한 것은 아닙니다. 유일하게 유다만이 주체적으로 제자들의 역할을 넘어서 이 줄거리(플롯)에 가담한 것입니다. 곧 배신했다는 이야기죠.

유다의 배신이 플롯이기 위해 절대 필요한 건 오사와 씨 말씀대로, 그렇다고 한다면 복음서에서 가장 대단한 역할을 수행하고 있으며 신의 계획을 완성시키고 있는 건 유다입니다.

오사와 저 역시도 그렇게 생각합니다.

하시즈메 유다는 신의 계획의 일부로, 유다를 움직이고 있는 건 신이다, 뭐 이런 생각까지 든다니까요.

유다 입장에서 쓴 『유다 복음』이라는 책이 비교적 최근에 발견되어 얼마 전에 번역서가 출간되었습니다.

오사와 저는 아직 읽어보진 않았는데 무슨 내용인지 궁금해지네요.

하시즈메 다른 복음서에 비해 상당히 짧은데, 요점만 말씀드릴게요. 유다는 예수가 가장 신뢰하는 제자였습니다. 예수 그리스도가 십자가 위에서 죽는다는 계획을 실현하기 위해 여하튼 유다의 협력이 꼭 필요했습니다. 그래서 예수는 유다에게 "유다야. 너는 제자들 중에서 내가 제일 믿을 수 있는 녀석이다. 나를 은화로 팔아주길 바란다. 이런 부탁을 할 수 있는 것은 너뿐이다"라고 합니다. 이 소리를 들은 유다는 그대로 실행에 옮겼다고.

이것은 베드로가 첫 번째 제자로 천국의 열쇠를 보관하고, 베드로 이후에 대대로 교황의 자리를 이어오고 있다고 하는 가톨릭 교회의 입장에서 보자면 절대로 인정할 수 없는 복음서인 거지요. 이 번역서가 나왔을 때 바티칸이 바로 성명을 발표하고 영미권 미디어에서는 심도 있게 다뤘지만, 일본에서는 기사 한 줄 안 나왔더군요.

오사와 가만히 생각해보면 부활극의 포인트는 누군가가 예수를 딱 배신하지 않으면 안 된다는 것이지요. 따라서 유다의 역할이 절대적으로 필요합니다.

단,『유다 복음』처럼 명시적으로 배반을 계획해버린다면 이 사건의 임팩트는 상당히 줄어들 겁니다.

예수는 되도록 그 사건을 피하고 싶었지만, 오이디푸스의 비극처럼 어쩔 수 없이 휘말리게 되었습니다. 후세에도 강한 임팩트를 남긴 건 배신을 당했기 때문입니다. 그런데 만약 물밑에서 둘이 이런 계획을 짰다면 애초에 배신이라고 할 수 없으니 참 미묘한 문제라고 생각합니다.

**하시즈메** 그래서 성서에 포함되지 못한 거 아닐까요?

**오사와** 하긴 그렇겠군요. 이런 내용을 성서에 넣었다면 처형·부활의 스토리가 완전히 물거품이 되버릴테니까요. 그래서 그런지 저는 유다를 보면 항상 안쓰러운 마음이 들어요.

# 15 불가해한 비유 1 – 부정한 관리인

**오사와** 하시즈메 씨는 복음서를 읽으면서 이해가 안 되는 부분 없으셨나요? 저는 예수가 든 비유 가운데 이해가 안 되는 게 몇 개 있었거든요.

**하시즈메** 어떤 비유요?

**오사와** 이미 나왔던 이야기지만, 예수는 전부 비유를 들어 "신의 나라"를 설명했습니다. 하나도 정면으로 "신의 나라란……"이라고 정의하는 말은 없었어요. 그리고 비유 가운데는 딱 들어맞는 것도 있지만, 좀처럼 이해가 안 되는 부분도 적지 않았습니다.

가장 이해가 안 되었던 부분부터 말씀드리자면, "부정한 관리인 비유"라 불리는 이야기입니다. 그다지 유명한 이야기는 아니지만, 저 말고도 많은 사람이 이해하기 어려우실 거예요.

어떤 부자가 관리인 하나를 부리고 있었습니다(대략 부자가 신에 대응하는 것이라 보면 될 것 같습니다). 관리인은 부자의 돈을 관리하고 있었는데, 어느날 누군가가 부자 주인에게 "당신의 관리인이 재산을 함부로 사용하고 있습니다"라고 고발한 겁니다. 관리인을 의심하던 주인은 그를 불러서

회계 보고를 하게 했고, 두 번 다시 너에게 관리하도록 하지 않겠다고 합니다. 관리인은 일자리를 잃는 건 아닌지 불안해하기 시작했습니다.

그래서 관리인은 만약 일자리를 잃게 되더라도 다른 사람에게 도움을 받을 수 있도록 미리 은혜를 베풀어야 겠다는 생각을 하게 됩니다. 그는 재산을 관리했기 때문에 주인이 누구에게 얼마나 빌려주었는지를 알고 있었는데요. 부자에게 채무가 있는 사람들을 하나씩 불러서 자기 마음대로 차용증서를 새로 쓰게 했고, 이런 식으로 채무를 줄여주었습니다.

일반적인 상식으로 보면, 이 관리인의 행동은 말도 안 되는 이야기죠. 원래 그는 주인의 재산을 부정 사용한데다가, 이제는 차용증까지 꾸며서 부자가 빌려준 채무를 멋대로 줄여주었으니 업무상 이중 횡령이라고 할 수 있습니다.

그런데 이 사실을 안 주인이란 자가 화를 내기는커녕 관리인을 칭찬하는 겁니다. "너는 빈틈이 없어, 참으로 훌륭하다"고 말이죠. 도대체 부자는 무슨 생각으로 이렇게 칭찬한 건가요? 그리고 이 이야기와 신의 나라가 무슨 상관이 있나요?

하시즈메 누가 복음서 16장에 나오는 비유이군요.

빌려준 돈을 줄인 부분은 받는 걸 금지하고 있던 이자여서 그렇게 하는 건 올바르다라는 해석도 할 수 있습니다. 그래도 석연찮은 부분이 있지요.

복음서의 비유는 사람들의 상식을 전제로 하면서, 그 근간을 뒤흔들만한 이야기입니다. 금전 관리를 제대로 해야 할 일꾼이 횡령이나 부정을 저질르지 않는다는 건 상식입니다. 그래서 재산을 허망하다고 혐오하고 있던 관리인은 그 앞을 생각하기 시작한다. 그가 했던 건 금전의 대차 관계를 우애로 변환하는 것입니다. 이웃의 채무를 없애주면 자신의 죄가 사라질 것이라고 생각한 겁니다.

이런 일꾼을 칭찬한 주인은 금전 관계가 지배하는 이 세상이 머지않아 끝날 것이란 걸 알고 있습니다. 즉 그는 야훼라는 거죠. 그렇기 때문에 이 이야기는 "신과 부富 모두를 섬길 수는 없다", "부정으로 얼룩진 부富로 벗을 만들자"와 결부되어 있습니다. 종말론에 근거한 행동은 세속의 윤리 도덕을 초월하는 것임을 말하고 있는 겁니다.

**오사와** 음. 아직도 이해가 잘 안되네요. 자기 돈을 준 거면 이 관리인은 대단하지만, 주인의 돈으로 이용해서 은혜를 베풀고 있잖아요. 회사에서 해고될 것 같으니, 회사의 돈을 누군가에게 증여하고서 그 사람에게 새로 취직하려 하는 거 아닌가요. 너무 말이 안 되니까 누가 복음서에만 실린 거 아닐까요? 이런 내용을 읽어본 적이 없거든요.

# 16 불가해한 비유 2
### ─ 포도농장의 노동자 · 방탕한 아들, 99마리와 1마리

**오사와** 또 궁금한 이야기가 있습니다. 바로 "포도농장의 노동자"인데요. 이건 앞서 말한 비유보다 더 유명한 이야기입니다.

포도농장을 가진 주인 ─ 이게 신이지요 ─ 이 자신의 포도농장에서 일할 노동자를 찾아 나섰습니다. 그리고 아침 일찍 노동자 A를 찾아 하루 일당 1만 엔을 주겠다고 약속합니다. 어느 정도 시간이 흐른 뒤에 노동자들이 모여 있는 곳에 가서 그때까지 일을 구하지 못한 노동자 B를 고용합니다. 오후에는 노동자 C를, 저녁에는 노동자 D를 만나 농장에서 일을 해달라고 부탁했습니다.

그리고 하루의 노동을 끝내고서 일당을 건네는 장면이 나옵니다. 노동자 가운데는 A처럼 아침 일찍부터 일한 자가 있는가 하면, D처럼 마지막 한 시간 정도밖에 일하지 않은 자도 있었습니다. 이런 상황에서는 일반적으로 임금의 차이가 생기는 게 당연하잖아요. 그런데 주인은 일꾼 모두에게 똑같이 1만 엔을 지불한 겁니다. 당연히 A가 주인에게 항의를 했습니다. 그러자 주인은 A에게 "나는 당신에게 1만 엔의 일당을 약속했고, 약속대로 당신에게 지불했소. 내가 내 돈을 어떻게 쓰든 상관하지 마시오"라고 합니다.

A가 불만을 표현하는 게 당연하다고는 할 수 없지만, 오래 일한 자와 짧게 일한 자가 똑같은 임금을 받는다는 건 불공정한 것 아닐까요. A가 상대적인 박탈감 같은 걸 느끼는 데는 그만한 이유가 있다고 생각합니다. 그런데 예수는 이래도 괜찮다고 합니다.

하시즈메 이건 굉장히 유명한 에피소드지요. 저녁 늦게 일을 시작한 사람은 한 시간 정도밖에 일을 하지 않았는데 돈을 받을 때는 1데나리(하루치 일당)를 받았으니 좀 더 오래 일한 사람들은 왜 저 사람이랑 똑같은 일당을 받는지 불만이 생기고, 혹시나 자신들이 좀 더 많이 받을 수 있지 않을까 하고 기대했습니다.

오사와 솔직히 저라도 그럴 것 같아요.

하시즈메 그런데 모두 1데나리를 받았습니다. 주인에게 화를 내며 항의하자 계약한 대로 준 것이라는 답변만 돌아왔습니다. 주인은 "나는 저녁부터 일한 사람에게도 똑같은 임금을 주고 싶습니다"라는 말까지 덧붙여서요.

이는 통상적으로 유아 세례를 받아서 어릴 때부터 그리스도교 신자였던 사람과 어른이 되어서 신자가 된 사람, 말년에 병상에서 "급하게" 세례를 받은 사람 가운데 누가 신의 나라에 들어갈 수 있는가라는 문제로 치환할 수 있습니다. 그리고 예수 그리스도는 누구나 똑같이 신의 나라에 초대하고 싶다고 이야기하는 것으로 해석합니다.

**오사와** 그렇군요.

**하시즈메** 이에 대해서 유아 세례를 받고서 오랫동안 그리스도교 신자였던 사람이 불만을 가져서는 안 된다는 이야기입니다. 이는 주인의 권한이니까요.

**오사와** 주인이란 건 신이지요.

**하시즈메** 그런데 꼭 이렇게 해석하지 않아도, 이 이야기는 상당히 심오한 의미를 지니고 있습니다.

**오사와** 이보다 한 단계 업그레이드된 버전인 "방탕한 아들" 이야기지요. 이것도 유명한 이야기인지라, 조금이라도 신약성서를 접한 적이 있는 사람이라면 모두 알 거라고 생각하는데요.

두 아들을 둔 아버지는 살아 있을 때 증여하는 형태로 아들들에게 많은 재산을 물려주었습니다. 형은 계속 고향에 머물며 그 재산을 기반으로 열심히 일했지만, 동생은 집을 떠나 놀기만 했고 빈털터리가 되었습니다. 돈이 없어서 이제는 돼지사료로 끼니를 이어나가야 하는 상황에 이르자 아버지에게 되돌아가면 일자리도 다시 얻을 수 있을 거라 생각했습니다.

그런데 아버지는 동생을 사용인으로서 고용했을 뿐만 아니라, 사라진 아들이 돌아왔다는 이야기에 매우 기뻐하며 매년 한 차례 성대하게 파티를 열었습니다. 이때 마침 밭일을 마치고 돌아온 형이 매우 화를 냈습니다. "나는 아버지가 하신 말씀을 한 번도 어기지 않고서 일로매진해왔습니다. 그런 저를 위해서 이런 요리를 만들어주지도 않았습니다. 동생이 이렇게 된 건 자업자득인데, 갑자기 이렇게 파티를 열고서 환영하다니요"라고.

그러자 아버지는 "저 아이는 집을 나갔다 이제 겨우 돌아온 것이다. 죽었던 아이가 살아돌아온 것이야. 기뻐하는 건 당연하지 않겠느냐"라고 말했습니다. 아까 나온 포도농장 주인이 "나는 똑같은 임금을 주고 싶소"라고 말한 것과 상당히 비슷한 논리라고 생각합니다. 성실하게 일한 건 형인데, 그저 놀기만 한 동생이 아버지에게 환영을 받는다는 이야기잖아요. 이것도 정의나 공정의 논리에 반하지 않습니까. 이런 식으로 임금을 주는 회사가 있다면 성실한 사원들은 모두 그만두거나 일을 안 하려고 해서 도산하고 말 겁니다.

**하시즈메** 그걸 응축하고 있는 게 "99마리와 1마리" 이야기입니다.

**오사와** 없어진 양들 이야기 말씀하시는 거죠?

**하시즈메** 99마리의 양을 두고서 사라진 1마리를 찾기 위해 떠난다는 이야기인데요. 잃어버린 양을 찾았을 때 너무 기뻐서 두고온 99마리의 양을 깜빡 잊었을 정도라고 적혀 있습니다.

이렇듯 신이 인간을 배려하는 행동방식은 인간의 사회 상식을 뛰어넘는다는 이야기입니다. 신과 인간의 관계를, 인간과 인간의 관계의 유추로 이해하려면 안 된다는 게 지금까지 나온 이야기들의 공통점입니다.

**오사와**  방금 포도농장 이야기도 그렇지요.

**하시즈메**  그렇습니다. 잃어버린 양 이야기에도 나오지만, 신은 인간 하나 하나가 다들 어디서 무엇을 하고 있는지 잘 알고 있습니다. 신은 각각에 맞게 구제해줄 방법을 생각하고 있기 때문에 인간은 자신의 구제받은 방식을 남과 비교하면 안 되는 겁니다.

**오사와**  그래도 이걸 우화로 생각한다면 신에게 구제받으려고 생각하여 평생 열심히 산 사람과 마지막의 마지막까지 향락적인 생활을 보내다가 최후의 한 순간만 신앙에 눈뜬 사람 가운데 누구를 구원해야할 지 모르겠어요…….

**하시즈메**  신의 입장에서는 모두 다 똑같습니다. 오히려 신을 잊고 살던 사람이 마지막 순간에 신 쪽을 향한다면 신은 그만큼 기뻐할 겁니다. 제가 좀 삐딱하게 보는 건가요?

**오사와**  아니요. 그 나름대로 심오한 의미가 있다고 생각하기 때문에 괜찮습니다(웃음).

# 17 불가해한 비유 3
## ─ 마리아와 마르타, 카인과 아벨

**오사와** 아직 이야기가 좀 더 남아 있는데 괜찮으시죠? 어떻게 보면 복음서 가운데서 가장 별 게 아닌 이야기일 수도 있는데, 이 이야기 속 예수는 도대체 무슨 생각으로 이랬는지 정말 모르겠어요…….

**하시즈메** 괜찮습니다.

**오사와** 그건 "마리아와 마르타"의 이야기입니다(누가 10장).

어느 마을에서 예수 일행이 마리아와 마르타 자매의 집에 초대를 받았습니다. 예수가 왔다고 하여 언니 마르타는 열심히 대접할 준비를 하는데, 동생 마리아는 예수와 이야기만 할 뿐 일을 돕지 않았습니다. 이에 화가 난 마르타가 예수에게 "마리아는 일을 도와주지 않습니다. 좀 꾸짖어주세요"라고 했습니다.

그러나 예수는 마르타에게 "너는 별 것도 아닌 일에 신경 쓰고 있구나"라며 "중요한 것은 단 하나, 마리아는 지금 잘하고 있다는 것이다"고 말했습니다. 이 말은 마치 마르타는 옳지 않고 마리아가 올바르다는 식으로 들립니다.

이건 어째서일까요? 솔직히 자신들을 환대하려고 열심히 준비하고 있는 마르타에게 할 말은 아니잖아요.

마르타는 일상의 프랙티컬한 생활을, 마리아는 종교적이고 관상적인 생활을 각각 우화적으로 표현하고 있다고 일반적으로 해석하는데요. 마르타 쪽은 일상적인 사소한 일에 정신이 팔려 있고, 마리아는 예수의 말을 경청하고 있다고 여겨지고 있습니다. 그런데 이 상황을 순수하게 보면 거추장스럽게 해석할 필요가 없어요. 저는 여기서 확실하게 예수가 마르타에게 실수했다고 봅니다.

어디까지나 제 추측이지만, 이 일화가 돌고돌아서 정전에까지 실렸다는 건 그 당시 예수 주위에 있던 제자들도 당혹했기 때문 아닐까요. 물론 제자나 복음서 기[록]자는 예수가 실수했다고 생각할리 없으니, 분명 심오한 의미가 있는 게 틀림없을 거라고 생각해서 기록에 남긴 게 아닐까 싶습니다. 후세의 신자는 정전에 적힌 내용이니, 중요한 이야기라고 생각해서 다양한 해석을 내놓았고요.

하지만 저처럼 신앙으로부터 자유로운 사람은, 이런 인간 예수의 행동을 허심탄회하게 보자면 그렇게까지 심오한 종교적인 의미를 읽어낼 필요는 없지 않나 싶습니다. 아까 나온 무화과나무 이야기와도 마찬가지로, 예수의 인간적인 측면이 두드러진 부분이 아닐까요. 마리아는 물론 귀여운 동생입니다. 마르타가 귀여운 마리아를 조금 골탕먹일 생각으로 말한 건데, 예수는 "마리아는 이대로도 괜찮아"라고 했으니(웃음). 하시즈메 씨는 어떻게 생각하시나요?

하시즈메　음, 저는 마르타가 화를 내선 안 된다고 생각합니다.

**오사와** 그런가요?

**하시즈메** 예수를 맞이하려고 마르타가 기분 좋게 부엌에서 일하거나 물을 내주고, 청소를 했다면 좋았을 텐데, 내심 마리아가 부러웠던 거예요. 게다가 이런 감정을 마리아에 대한 분노로 나타냈잖아요. 만약 진심으로 예수를 환대할 생각이었다면 마리아의 역할과 마르타의 역할 모두 필요하다고 이해했을 테니, 자신의 역할에 만족하고서 마리아에게 질투심을 느낄 필요가 없는 거죠. 그래서 마르타는 예수에게 좋은 소리를 듣지 못한 거예요.

**오사와** 음, 그렇게도 볼 수 있겠지만, 이 부분을 심도 있게 연구한 중세의 대신학자 마이스터 에크하르트Meister Eckehart의 글을 읽어보면 그 역시 저와 마찬가지로, 뭔가 위화감을 갖고 있던 걸 알 수 있습니다. 무엇보다도 그 뒤의 대응이 저와 에크하르트는 정반대예요. 저는 단순하게 예수가 인간적인 실수를 한 것으로 이해했습니다. 하지만 에크하르트는 예수가 잘못했다고 생각하지 않았기 때문에 도대체 무슨 소리를 하는지 알 수 없는 강인한 해석을 내놓습니다. 사실은 마르타가 잘한 거다, 뭐 이런 식으로요.

**하시즈메** 『창세기』에 나오는 "카인과 아벨" 이야기도 이와 비슷합니다.

**오사와** 아, 맞아요.

**하시즈메** 낙원에서 추방당한 뒤에 아담과 이브는 부부가 되어 카인과 아벨 형제를 낳습니다. 일하지 않으면 살 수 없으니 카인은 농업을, 아벨은 유목을 하게 되었죠. 처음으로 수확물을 얻자 형제는 각각 신에게 제물로 바쳤는데요. 신은 아벨의 제물만 기쁘게 여기고 카인의 제물은 반기지 않았습니다. 카인은 화를 내며 동생 아벨을 공터로 불러내어 찔러 죽여버렸습니다. 그러자 신은 카인을 살인죄로 규탄하며 추방의 벌을 내렸습니다.

하지만 신이 왜 아벨의 제물만 기쁘게 여기고 카인의 제물은 기뻐하지 않았는지에 대한 해석 같은 건 나오지 않습니다. 이 글을 어떻게 접근하는지에 따라 너무하다는 생각도 드는데요. 이 이야기는 어떻게 생각하시나요?

**오사와** 이상하다고 생각해요. 하지만『창세기』의 특히 첫 부분에는 이해하기 어려운 일이 계속 벌어지잖아요(웃음). 일단 참고 읽는 거죠. 물론 전 카인이 불쌍하다고 생각합니다. 부모에게 사랑받지 못한 아이처럼 행동하잖아요. 마음이 아프죠.

**하시즈메** 결국 인간에게는 신에게 사랑받는 자와 그렇지 못한 자가 있다는 얘기가 됩니다. 그걸 받아들이지 않으면 안 됩니다. 이 세상에는 건강한 사람과 병에 걸린 사람, 천재와 그렇지 않은 사람 등 모두 다르잖아요. 이 모든 차이를, 신은 만들어서 허가하고 있는 겁니다. 그러니 이 세상에는 축복받은 자와 그렇지 못한 자가 존재하게 되는데, 일신교에서는 이를 신에게 사랑받는 자와 그렇지 못한 자라고 해석할 수밖에 없습니다.

　그리고 인간은 반드시 자기보다 사랑받는 자가 누군지, 그렇지 못한 자가 누군지 하고 찾습니다. 이걸 하나 하나 질투의 감정이나 신에 대한 분노로서 표명하면 일신교는 성립하지 못하지요. 그래서 그와 같은 일을 절대적으로 금지해왔는데, 카인과 아벨이 맨처음 그런 감정을 드러낸 겁니다. 그 전에는 아담과 이브밖에 없었고 남자와 여자였기 때문에 이런 차이가 눈에 띄지 않았는데, 카인과 아벨은 사내 형제잖아요.

오사와　그렇습니다.

하시즈메　방금 전 마리아와 마르타도 자매였잖아요. 따라서 두 사람은 비슷하나 일이 다릅니다. 저는 카인과 아벨 이야기의 다른 버전이라고 생각합니다.

오사와　음, 인간으로서는 적어도 알 수 없는 이유로, 신에게 사랑받고 혹은 사랑받지 못합니다. 그 궁극적인 모습이 제1부에 나온 『욥기』의 주제이기도 하죠. 하지만 이보다도 더 중요한 건, 일신교가 어떻게 지금까지 신을 유지해왔는가입니다.

하시즈메　이런 상황에서 신의 일을 믿지 않는다고 한다면 일신교는 성립하지 못하지요.

오사와　그렇습니다.

하시즈메　가장 중요한 건 예수의 이야기에 귀를 기울이는 것이라고 단순한 의미로 이해하면 좋다고 생각합니다.

# 18 그리스도교를 만든 사내, 바울

**오사와** 그런데 이미 몇 차례나 등장한 이름이지만 아직까지 제대로 이야기를 나누지 못한 사람이 하나 있죠. 바로 바울입니다. 사실 우리들은 이미 바울이 한 이야기, 바울이 만든 교의를 전제로 삼으면서 그리스도교에 대해서 이야기를 나눴습니다.

생각해보면 그리스도교를 그리스도교이게끔 한 건 바울이라고 해도 과언이 아닙니다. 실제로 신약성서의 대부분은 바울이 쓴 것이니까요. 바울이 없었다면 그리스도교가 하나의 시스템으로서 계승되지 못했을 겁니다. 그래서 만약 굳이 그리스도교에 대해서 전통적인 의미에서의 교조가 누구냐고 물으면 예수보다도 바울 쪽이 더 가까울지도 모르겠습니다.

그러나 바울은 베드로나 유다와는 달리, 처음부터 예수를 따랐던 직계 제자가 아니었습니다. 앞에서도 잠깐 말씀드렸지만, 바울은 어느날 갑자기 극적인 회심을 하여 그리스도교 신도가 된 것입니다. 그때까지는 오히려 그리스도교를 철저히 탄압해왔던 파벌이었습니다. 어느날 갑자기 사고방식이 바뀌어서, 이번에는 그리스도교를 필사적으로 옹호하고 체계화시켜 나간 것입니다.

이것도 역사적 사실이기에 그렇다고 말할 수밖에 없을는지 모르겠지만, 불가사의한 구성입니다.

다시 정리해볼게요. 먼저, 신의 아들인지 구세주 같은 사람이 등장합니다. 그 신과 같은 사람의 옆에는 12명이나 되는 직접 제자가 있었습니다. 그러나 그리스도교라는 종교를 체계화하는 데 공헌한 건 그 12명의 제자가 아니라, 한참 뒤에 들어온 바울이라는 구조입니다. 정작 바울은 생전에 예수를 만난 적도 없는데 말이죠.

하시즈메 씨는 바울이라는 인물에 대해서 어떻게 생각하시나요?

**하시즈메** 바울의 고향은 타르수스라는 소아시아 마을로, 처음에는 사울이라고 불렸습니다. 그는 유복한 유대교 가정에서 태어나 헬레니즘 문명에서 성장했기 때문에 그리스어를 유창하게 구사할 수 있었고, 로마 시민권을 갖고 있었습니다. 총명한 지식인이었으나, 어딘지 모르게 말주변이 없는 사람이었습니다. 독실한 유대교 신자로 바리새파였습니다. 그는 청년 행동대장 같은 역할로, 신흥 세력인 그리스도교 신자들을 닥치는 대로 붙잡아들여 신문하고 탄압했는데요. 이때 신문을 통해서 그리스도교에 대한 지식을 얻은 것으로 보입니다.

어느날 바울은 말을 타고 예루살렘에서 다마스쿠스로 이동하던 도중에 갑자기 예수 그리스도를 "만나게" 되었습니다. 앞이 보이지 않아 말에서 떨어졌습니다. 어느 정도 시간이 지나자 눈은 원래대로 돌아왔고 세례를 받아서 그리스도교 신도가 되었습니다(회심回心). 그때부터 복음을 전하는 선교 여행을 하며 여생을 보냈습니다.

**오사와** 바울의 회심에는 무엇이 크게 작용했나요?

**하시즈메** 제가 추측컨대, 그리스도교 신자들을 신문하면서 그들이 자기보다 신에 대하여 올바르고 깊은 신앙을 가졌다는 생각이 든 것으로 보입니다. 독실한 유대교 신자였던 바울 입장에서는 여간 괴로운 일이 아니었을 거예요. 자기가 신문을 하는 정당성 자체가 흔들렸을 테니까요.

그때부터 의식할 수 없는 깊은 죄책감과 자기 형벌의 감정이 쌓이게 되어 더 이상 그 역할을 계속할 수 없었습니다. 하지만 그만두려고 해도 간부였기 때문에 쉽게 발을 뺄 수 없었고 무리하게 일을 진행하는 와중에 폭발적인 회심(전향)이 생겨난 것으로 보입니다.

**오사와** 신약성서는 우선 네 가지 복음서로 구성되어 있고, 뒤이어 사도행전(사도 언행록이라고도 한다)이 있는데, 여기까지는 역사 이야기입니다. 그 다음부터는 편지가 포함되어 있어요. 하시즈메 씨 말씀대로 실제 작성 시기는 이 순서와 반대로, 편지가 가장 오래된 것입니다.

편지의 앞부분에는 「로마서」가 나오는데, 이는 바울이 쓴 것 가운데 하나로 의외로 내용이 어렵습니다. 사교행전까지는 역사 이야기이기 때문에 사건이 일어난 순서대로 글이 진행되어서 술술 넘어가지만, 그 이후에 나오는 편지들은 잘 읽히지 않더군요.

하시즈메 거의 논문 수준이죠.

오사와 맞아요, 논문이지요.

하시즈메 바울이 왜 편지를 썼는지 궁금하지 않으세요? 바울은 포교 활동 도중에 구금되어 자유롭게 활동할 수 없었는데요. 그래도 로마 시민권을 가지고 있었기 때문에 편지를 쓸 수 있었습니다. 그래서 많은 편지를 작성하였고, 그 가운데 몇 개가 남아 있는 겁니다. 바울은 내성적이고 골격이 작아 웅변에 그다지 적합한 인물은 아니었습니다. 바울이 아니더라도 입담 좋고 설득력 있게 전도하는 사람들은 많았으니까요. 이런 점은 모세와 조금 비슷합니다.

오사와 모세도 언변이 좋은 편이 아니었지요.

하시즈메 그러나 뭔가 기록하거나 쓰는 데 능숙한 편이었습니다. 언변이 좋지 않으니 문장력이 뛰어났던 건지도 모르겠네요.

오사와 요즘에도 그런 사람들이 꽤 있지요.

아마 바울이 없었다면 결국 예수가 행해온 것들이 교의가 되지 못해서 그때만의 사건으로서 끝났을지도 모릅니다. 예수의 언동에 포함되어 있는 논리를 끄집어내고 의미지운 덕택에, 그런 일들이 역사 전체를 규정하는 구조가 되기도 했습니다. 그렇게 생각해보면 압도적인 바울의 공헌을 무시할 수 없지요.

그런데 왜 예수의 직접 제자들이 아니라, 간접적인 제자로 분류되는 바울에 의해 이루어졌냐는 거죠. 예수를 따라다니면서 결정적인 일을 함께 체험했던 직접 제자보다도 바울이 더 자세하게 묘사하다니 참 신기하죠.

**하시즈메** 우선, 제자 12명은 너무나 능력이 떨어졌어요.

12명 중에서 그나마 성실했던 유다가 금전 관리도 담당했었고, 여러 모로 다른 사람들보다 똑똑한 편이었습니다. 시몬(베드로)이 리더를 맡긴 했지만, 제자들의 원래 직업은 어부 등 그저 평범한 인물들이었다고 합니다.

다음으로, 언어의 문제도 있었는데요. 예수와 12명의 제자들은 히브리어(내지는 히브리어의 방언인 아람어)로 말했습니다. 히브리어로는 헬레니즘 문명 사람들에게 전도할 수 없었고, 히브리어를 사용하는 유대인 커뮤니티 속에서만 활동할 수 있었습니다. 영어를 못하는 일본인 같아서 신흥 종교를 만들어도 전 세계에 포교할 수 없었습니다. 이때까지만 해도 그리스도교는 압도적인 소수파인 채로입니다. 그런데 그리스어가 능숙했던 바울이 등장한 거죠. 지금으로 따지면 영어 실력이 뛰어난 국제파인 셈이었고, 헬레니즘 세계에 그리스도교를 포교할 찬스가 있었습니다. 초기 교회에서는 히브리어로 활동하는 국내파와 그리스어로 활동하는 국제파가 세력을 양분하고 있었는데요.

그 뒤에 정치 정세의 변화로 말미암아 예루살렘의 활동 거점을 빼앗겨버리기도 하면서 그리스도 교회는 국제파,

특히 바울의 교의를 바탕으로 기초를 다질 수 있었습니다.

**오사와** 당시 헬레니즘 세계에서 그리스어라고 하는 건 인텔리들의 국제 공통어였나요. 평범한 사람들은 그리스어를 구사할 줄 몰랐나요?

**하시즈메** 헬레니즘 세계는 그리스어가 공통어로, 글자를 읽을 수 없다고 해도 일상 생활에서는 그리스어로 소통을 해야만 했기에 교양이 있든 없든 모든 사람이 자유롭게 구사할 수 있던 언어는 그리스어뿐이었다고 생각합니다. 그래서 교회에서도 그리스어가 사용되었던 거고요.

**오사와** 그렇군요. 그렇다면 실제로 바울이 쓴 건 어떤 내용인가요?

**하시즈메** 바울이 쓴 편지가 대부분이긴 한데, 개중에 바울의 이름을 빌려온 것도 있습니다. 정말 바울이 쓴 건 절반 정도가 아닐까 싶습니다.

**오사와** 이는 전부 역사적으로 증명된 사실인가요?

**하시즈메** 「로마서」, 「코린트서」 등은 바울이 쓴 게 확실합니다. 그 밖에 바울이 쓴 게 무엇인지는 학자마다 의견이 다릅니다.

**오사와** 정말 바울이 쓴 것도 있지만, 바울의 느낌으로 씌어진 것도 있다는 것이네요.

**하시즈메** 네, 그렇습니다.

**오사와** 바울의 이름만 따온 것도 포함하면, 절반 이상이 바울이 작성한 거지요.

**하시즈메**  애초에 교회라는 걸 만들 수 있던 게 바울의 최대의 공헌이지요.

# 19 초기 교회

**오사와** 교회 이야기가 나와서 말인데요, 전반적인 내용은 뒤에 나올 제3부에서 다루기로 하고, 마지막으로 초기 교회에 대해서만 잠깐 이야기를 나눠볼까 합니다.

고등학교에서 세계사를 배웠다면 로마의 콘스탄티누스 황제가 313년에 그리스도교를 공인하고(밀라노 칙령), 392년에 테오도시우스 황제가 국교화한 걸 알고 계실 겁니다. 그건 어떠한 경위입니까? 로마 제국은 처음에 그리스도교를 탄압했지만 어느새 국교가 되었습니다. 이 역전은 어떤 프로세스로 일어났다고 생각하면 좋습니까?

**하시즈메** 초기 그리스도교는 헬레니즘 세계에서 어떻게 보였을까요.

헬레니즘 세계는 종교의 백화만발이었습니다. 그리스의 신들, 로마의 신들, 그 밖에도 외래의 신들이 많이 있어서 어느 도시 국가나 종교가 뒤섞이는 상황이었습니다. 그래서 다양한 신전이나 무언가가 있었습니다. 그리스도교 신자들은 절대 그런 "우상"을 숭배하지 않았고, 다른 종교와도 관계를 갖지 않는다는 점이 특징이었습니다. 유대교도 이런 점은 일치했지만, 유대인 커뮤니티에서 벗어나지 못했기 때문에 공공연하게 알려지진 않았습니다. 그래서 그리스도교는 최초로 공공연히 등장한 일신교로서 사람들에게 강한 인상을 남겼습니다. 그리스도교는 무신론이기 때문에 신을 숭배하지 않을 것이라는 소문까지 돌았습니다.

**오사와**  우상이 없을 뿐이기 때문인데, 신을 모시지 않는 것처럼 보였군요.

**하시즈메**  네. 더구나 기묘한 의식儀式을 지낸다는 소문도 있었는데요. 처음에는 성찬식 정도로 정말 식사만 했었습니다. 그런데 모두 굶고서 의식에 참석하자 교회의 재정 상황이 이를 뒷받침할 수 없게 되었고, 교회에서는 식사를 마치고 오라고 한 뒤에 빵과 포도주의 의식으로 바뀌게 되었습니다. 교회는 일요일에 모여서 기도하는 곳이지만, 평상시는 다양한 사회 생활의 장이기도 했습니다. 이런 그리스도교의 스타일이 가능해졌습니다. 그래서 그런지 성찬식에서 인육을 먹고 피를 마신다는 소문도 돌았습니다.

유대교의 시나고그[유대교 회당]와 이슬람교의 모스크는 남자와 여자가 따로 착석합니다. 하지만 그리스도교의 교회는 남녀가 함께 앉습니다. 여자는 베일을 써야 한다고 규정하는 교회도 있었지만, 평상시에는 베일을 벗기 때문에 계속 써야 하는 무슬림과는 차이가 있습니다. 또한 무슬림은 복장 규정이 있기 때문에 외견상으로도 단번에 무슬림이라는 걸 알 수 있지만, 그리스도교 신자는 복장만으로는 알 수 없습니다. 또한 이슬람은 시간을 정해서 단체로 기도를 하기에 신앙이 관찰 가능하지만, 그리스도교 신자는 문을 걸어 잠그고서 조용히 기도를 하는 것도 다릅니다. 그래서 그리스도교 신자들이 언제 기도하는지는 지극히 사적인 것으로 알기 어렵습니다.

그 사이에 그리스도교는 로마 제국의 탄압의 표적이 되었고, 황제 숭배를 거부한다는 등의 이유로 체포되어서 사자의 먹잇감으로 던져지거나 눈엣가시로 여겨졌습니다. 그러던 와중에 로마의 권력자가 그리스도교로 개종하는 등, 탄압의 대상에서 로마 쪽에서 봤을 때 적당히 이용할 수 있는 종교로 발전하게 됩니다.

**오사와** 그래서 공인되었군요.

제3부에서는 세속의 권력과 종교의 관계라는 것도 포함해서 예수가 죽은 뒤에 그리스도교가 후세에 어떤 식으로 임팩트를 남겼는지에 대해서도 알아보겠습니다.

제3부

# 어떻게 "서양"을 만들었을까

# 1 성령이란 무엇인가

오사와  그리스도교는 성립 이후에 이러저러한 형태로 사회에 침투하고 사람들에게 영향을 미치면서, 말하자면 "서양"을 만들어갔습니다. 종종 말하는 "세계화globalization"도 포함하여, 근대화란 건 보기에 따라서는 지구적·인류적인 규모의 서양화라고 볼 수 있습니다. 따라서 서양 세계란 게 어떻게 만들어졌는가를 아는 것은 현대를 이해하는 데 중요한 열쇠가 됩니다. 그 서양 세계의 근간에 그리스도교가 있던 건 명백합니다.

제3부에서는 그리스도교가 어떻게 해서 서양 세계를 만들어나갔는지에 대해서 중요한 단면 몇 가지를 짤라내어서 고찰하려 합니다. 단, 이번 테마는 상당히 어려운데다가 범위가 넓은데요. 그래서 우선 로마가 그리스도교를 국교로 인정한 뒤에 어떻게 전개되었는지부터 알아봅시다.

예수가 죽은 뒤에 몇 백 년인가 지나고나서부터 그리스도교에는 삼위일체라는 교의가 생겨났습니다. 이는 그리스도교의 대단히 특징적인 교의인데요.

교과서적으로 말하자면, 무엇이 삼위三位인가 하면 "아버지인 신"과 "아들인 그리스도"와 그 다음에 "성령"이지요.

이 세 가지가 셋으로 해서 하나라는 게 "삼위일체"의 주장인 겁니다.

이와 관련해서, "성령"이라는 말은 성서에도 등장합니다. 그러나 이 세 가지가 무슨 관계인지에 대해서는 아무런 설명이 없습니다. 그런데도 그리스도교란 걸 수미일관하게 해석하기 위해서는 "신"과 "그리스도"와 "성령"이라는 세 가지 관계를 분명히 해두지 않으면 안 됩니다. 그 해석의 하나로서, 이 세 가지를 하나로 봐야 한다는 해석이 등장하게 된 겁니다. 당시 삼위일체설 이외에도 다양한 해석이 있어서, 어느 게 정통이고 이단인지를 둘러싸고서 때론 피튀기는 논쟁을 통해서 최종적으로 삼위일체가 정통 교의로 여겨지게 되었습니다.

조금 더 해설해보자면, 삼위일체는 본래는 그리스어로, "'세 가지는 우시아ousia(실체·존재)로서는 하나이나, 휘포스타시스hypostasis(라틴어로는 페르소나persona, 일본어로는 위격位格으로 번역한다)로서는 세 가지다"라고 표현했는데요. 실체로서는 하나, 그러나 위격으로서는 세 가지……이를 어떻게 이해하면 좋을까요?

우리는 제2부에서 예수가 신인지, 인간인지를 둘러싸고서 이야기를 나눴잖아요. 어느 정도 이해하나 싶었는데, 이제는 성령이라는 새로운 개념이 등장했습니다. 하시즈메 씨는 삼위일체라는 교리에 대해서 어떻게 생각하시는지 궁금합니다.

**하시즈메**  스케일이 큰 주제인 만큼 좀 나눠서 설명하는 게 좋을 것 같은데요. 먼저 성령에 대해서 이야기를 나눈 뒤에, 그리스도교에 독특한 공회의公會議를 시작으로 하여 삼위일체에 대해서 생각해보도록 하겠습니다.

**오사와**  네. 삼위일체설은 공회의에 의해서 정통 해석으로 결정되었습니다. 공회의는 그리스도 교회의 정상 회담 쯤으로 생각하면 되는데요. 예를 들어 불교의 공회의라는 건 없다는 거예요. 도대체 어떤 필연성이 있어서 이런 공회의가 열리는지, 그 이유도 궁금합니다.

**하시즈메**  우선 성령부터 설명하자면, 사도행전에도 등장하는 개념입니다.

예수는 금요일 오후 3시에 십자가에서 숨을 거뒀습니다. 금요일 일몰부터 시작하는 안식일(토요일) 때문에 마음이 급해진 사람들은 빈 묫자리에 시체를 대충 밀어넣은 뒤에 큰 돌로 덮고 돌아갔습니다. 다음날 하루 종일 쉬고서 일요일에 다시 돌아와 보니, 묫자리는 이미 텅 비었고 예수가 부활했다는 이야기입니다.

갈릴리 지방으로 가면 부활한 예수를 만날 수 있다는 얘기를 듣고서 제자들이 찾아가자 모습을 드러낸 예수가 눈앞에서 승천했다고 합니다. 그래서 예수는 지금 하늘에 있습니다.

사람이 과연 승천할 수 있을까요? 엘리야가 불의 전차를 타고서 승천한 전례가 있긴 하나, 부활한 뒤에 승천한 건 예수가 처음입니다.

승천한 예수가 다시 이 세상에 내려왔을 때(재림)는 종말이 왔을 때라고 하는데, 우리는 그날이 언제인지 알 수 없으며 그때까지 예수 그리스도와 연락을 할 수 없습니다.

야훼는 자신의 의사를 전하기 위해 예언자나 예수 그리스도를 파견했는데요. 예수 그리스도가 할 일을 다 하고서 퇴장한 뒤에는 더 이상 예언자가 나타날 수 없었습니다. 예언자는 예수 그리스도의 출현을 예언했기 때문에 더 이상 할 일이 없어진 것이지요. 예언자도 사라지고 예수도 승천하자 복음(예수 그리스도의 말)만 서적의 형태로 남았을 뿐, 정말 아무것도 없는 시대가 되어버린 것입니다. 사람들은 종말이 올 때까지 버텨야만 하는 겁니다.

이렇게 세상에 남겨진 인간과 신을 이어주는 유일한 연락 수단이 바로 성령인 것입니다.

성령은 승천한 예수를 대신하여 제자들이 모여 있는 곳에 내려옵니다. 불 같은 형태로 등장하기도 하고, 제자들의 몸속에 들어가기도 합니다. 유대교에서도 예언자가 "영령에 빙의憑依된 상태"가 있었는데, 그리스도교에서는 그게 성령이 되었습니다.

성령이 깃들면 외국어를 구사할 수 있게 되는 등의 여러 가지 일을 할 수 있게 됩니다. 제자 중 어떤 이가 알 수 없는 소리를 하자 혹시 술에 취한 건가 싶어서 가만히 들어보니 배운 적도 없는 외국어로 이야기를 하고 있었다는 기록도 있습니다. 또한 성령은 종종 중요한 걸 일러주기도 하는데요. 선교 여행중이던 바울이 소아시아에서 어디로 갈지 고민하자 성령이 길을 바꾸지 말라고 알려주었습니다. 이는 바울의 육감이나 혹은 바울과 관련된 첩보 조직원이 슬쩍 흘린 것일 수도 있지만, 어쨌든 이 모두가 성령의 작용으로 봅니다.

예수 그리스도는 비록 자신의 육체는 없어도 신자들이 모여 있는 곳에 항상 함께 한다고 했습니다. 그래서 예수 그리스도가 없어서, 대신에 성령이 존재하는 겁니다. 여하튼 성령에 대한 이런 설명은 사도행전에도 나오는데요. 성서에 이런 내용이 나오는 이상, 그리스도교 신자들은 성령이 존재한다고 믿지 않을 수 없는 것입니다.

**오사와** 하지만 성령의 이미지가 무엇인지 쉽게 와닿지 않습니다.

신이나 그리스도를 매개로 해서 신자들이 서로 이심전심으로 주고받는 것이라 이해하면 되나요? 아니면 인터넷 네트워크 같은 건가요? 신자들이 모여 있는 곳의 분위기와도 상관이 있나요?

예수는 신자들이 모여 있을 때 나도 거기에 있다고 생각하라고 말했습니다. 그리고 그거야말로 성령이 있는 상태라고 한다면, 성령이란 신자들의 연결고리나 공동성을 그들 나름대로 해석한 게 아닐까 싶은데요…….

**하시즈메** 오사와 씨가 말씀하신대로, 성령은 네트워크나 상호 감흥 같은 작용인 것이긴 하지만, 일본인이 흔히 생각하는 공기[분위기]나 이심전심과는 다릅니다. 어떻게 다를까요. 성령은 단 하나뿐이라는 점이 가장 큰 차이점입니다. 그리고 그건 신이 내려주신 거고요. 신과 인간을 이어주는 게 성령으로, 사람과 사람도 결과적으로 이어주고 있습니다. 이 점이 중요한데, 성령은 수직 방향으로 작동합니다.

왜 성령이 필요한가 하면 바울의 편지를 신의 말(성서)로 삼기 위해섭니다.

바울은 예수가 살아 있을 때, 그리고 예수가 부활했을 때도 직접 대면하지 못합니다. 여행 도중에 환영을 보았을 뿐입니다. 그런데도 그는 사도라는 이름으로, 회심을 한 뒤에 많은 편지를 써서 여러 곳의 교회로 보냈습니다.

가만히 생각해보면 이게 신의 말인지, 아니면 그냥 바울이 쓴 편지인지 하는 문제가 생겨났습니다.

이건 복음서가 예수 그리스도에 대한 증언인 것과 다른 성질의 이야깁니다. 증언이라면 그걸 인간이 썼다고 해도 증명되어 있는 건 신이기 때문에 신의 말로 보지 않을 수 없잖아요. 하지만 편지는 증언은 아닙니다. 그건 생각입니다. 예수 그리스도를 어떻게 생각하면 좋을지라는 바울 개인의 해석을 서술한 것입니다. 해석은 사람의 것이니, 사람의 말은 그대로 성서로 삼으면 안 되지요.

그래서 바울의 편지는 실은 바울의 생각이 아니라, 바울로 하여금 그렇게 생각하도록 만들었다는 겁니다. 무엇이 그렇게 만들었을까요? 바로 성령입니다. 성령이 바울의 손을 움직여서 글을 쓰게 만든 겁니다.

**오사와** 자동 필기처럼 느껴지네요.

**하시즈메** 바울을 도구로 사용하고 있는 거지요. 그리스도교의 로직으로 자주 등장하지만, 여하튼 "성령의 움직임에 의해서"라고 말하는 겁니다. 바울의 경우에는 성령의 작용이 두드러졌기 때문에 성서에 포함된 것입니다.

성령(곧 신)의 권위에 의해서 예수 그리스도에 대한 "해석"을 성서에 집어넣는 게 신약성서의 특징입니다. 원래 성서는 해석인 겁니다. 이런 현상은 구약성서나 쿠란에는 없습니다.

## 2 교의는 공회의에서 결정된다

**하시즈메** 성령을 통해서 바울의 편지가 성서가 되었습니다. 이제 그 성령과, 예수 그리스도, 아버지인 신 사이의 관계에 대해서 짚어보도록 할게요.

예수 그리스도가 신의 아들인지에 대해서도 여러 의견이 있었듯이, 성령과의 관계를 둘러싸고도 정말 많은 의견이 있었습니다. 바울의 편지에도 이에 대한 명확한 정의가 나오지 않습니다.

일신교는 "인간의 일"과 "신의 일"을 엄격하게 구별하는 특징이 있습니다. 그리고 "인간의 일"에 권위를 인정하지 않는 겁니다. 그렇지만 여하튼 어떤 "해석"(인간의 일)이 없으면 교회가 집단으로서 유지될 수 없게 됩니다. 이미 성서가 편찬되었으니, 이 문제를 어떻게 해결할지 고민하게 되었습니다.

그래서 고안해낸 게 공회의입니다.

공회의는 각지의 교회의 지도자 위치에 있는 사람들(주교)이 한 명도 빠짐없이 모인 회의를 가리킵니다. 그들은 공회의에 모여서 그리스도교의 올바른 교의(요컨대 해석)란 무엇인지 논의를 하고 결정을 내립니다. 의견이 갈릴 경우에는 다수파의 의견을 "정통"으로 삼는데, 만약 소수파가 다수파의 의견을 따르지 않으면 이단으로 간주되어 교회에서 추방당합니다. 그리스도 교회는 이것을, 여러 차례 반복한 거지요.

이런 방법이 가능했느냐 하면, 공회의에 성령이 작용하고 있기 때문입니다. 인간들이 모여서 내린 결론(어떤 해석이 옳은지)이라고 할지라도 해석을 뛰어넘는 게 됩니다. 그래서 모든 신자들은 공회의의 결정에 따라야 하며, 이는 그리스도교의 관습입니다.

삼위일체설도 역시 이런 과정을 통해서 결정되었습니다. 학설 자체만 보면 모순도 많고 설득력 있는 반대 의견도 많았지만, 옥신각신한 끝에 381년의 제1차 콘스탄티노플 공회의에서 거의 지금의 형태로 결정되었습니다.

총 6차례(세는 방식에 따라서는 7차례) 공회의가 개최되었다고 합니다. 그 가운데 중요한 공회의는 삼위일체설을 결정한 제1차 니케아 공회의(325년)와 제1차 콘스탄티노플 공회의(381년), 그리스도의 신인 양성神人兩性을 결정한 에페소스 공회의(431년)와 칼케돈 공회의(451년) 등이 있습니다.

**오사와** 좀 더 자세히 들여다볼게요. 이슬람교에서는 쿠란을 가장 중요한 법원法源으로 삼고, 그 다음으로 순나(무함마드의 언행)를 중요시합니다. 그런데 이것만으로도 결정을 내릴 수 없을 때는 이슬람법의 대학자들이 서로 논의하고 합의하는데, 이를 "이쥬마ijmā"라고 합니다. "이쥬마"는 그리스도교의 공회의와 비슷한 것으로 생각해도 되나요?

**하시즈메** 사실 성격이 다릅니다. 공회의에서는 해석에 대한 차이가 있기 때문에 다수결로 결론을 내리지만, 이슬람교의 이쥬마는 만장일치가 아니면 결론을 내릴 수 없습니다. 만약 의견 차이가 생기면, 그게 다수의 의견이든 소수의 의견이든 상관없이 인간의 의견에 지나지 않기 때문에 신의 의견이라 볼 수 없습니다. 그래서 양쪽 모두 틀린 겁니다. 이렇듯 이쥬마는 그리스도교 공회의와 달리, 다수결로 결정하지 않습니다. 그런데도 공회의는 다수결입니다. 다수결마저 없는 경우도 있습니다.

**오사와** 그렇네요. 그렇다면 이쥬마와 공회의의 대비는 이슬람교와 그리스도교의 차이를 상징하고 있군요.

제2부에 확인했듯이, 그리스도교의 경우에 복음서끼리도 서로 내용이 조금 다릅니다. 신은 단일하지만, 그를 경험한 인간들의 관점이나 견해는 다양하기 때문에 정전인 신약성서에도 그런 차이가 깃들어 있는 것으로 이해할 수 있습니다.

한편, 이슬람교의 경우에는 무함마드가 직접 신에게 전해듣고 있기 때문에 성전인 쿠란에는 다양성이나 다의성은 들어갈 수도 없거니와, 들어가서도 안 됩니다. 순나도 역시 어떻게 전승되어왔는지 그 경로를 정확히 확정한 다음에, 내용을 일률적으로 결정하고자 하는 강렬한 의지가

| 초기 기독교 연혁 | |
|---|---|
| 28년 | 그리스도 전도 개시 |
| 30년 경 | 그리스도 처형 |
| 50년 | 유대교 신자와 기독교 신자, 로마에서 추방 |
| 51~57년 | 바울의 전도 |
| 64년 | 네로 황제의 박해. 바울 순교 |
| 70년 | 예루살렘 멸망 |
| 70~100년 경 | 공관 복음서 성립 |
| 100년 경 | 요한 복음서 성립 |
| 180년 경 | 신약성서 성립 |
| 303년 | 디오클레티아누스 황제의 대박해 시대 |
| 313년 | 콘스탄티누스 황제 밀라노 칙령으로 기독교 공인 |
| 325년 | 제1차 니케이 공회의<br>(그리스도를 신과 동일시하는 아타나시우스파가 정통으로 공인받아 그리스도를 인간이라 보는 아리우스파는 이단으로 간주.) |
| 375년 | 게르만인 대이동 시작 |
| 381년 | 제1차 콘스탄티노플 공회의<br>(삼위일체설을 정통 교의로 인정했다.) |
| 392년 | 테오도시우스 황제, 기독교를 국교화 |
| 395년 | 동서 로마 분열 |
| 431년 | 에페소스 공회의<br>(그리스도의 신성과 인성을 분리하여 생각하는 네스토리우스파가 이단으로 여겨졌다.) |
| 451년 | 칼케돈 공회의<br>(그리스도는 신성과 인성이라는 두 가지 본성을 지녔다는 양성론이 정통 교의로 인정받고 단일성이라는 단성론이 이단으로 여겨졌다.) |
| 476년 | 서로마 제국 멸망 |

이슬람교에는 있습니다. 이슬람법의 경우에는 애초부터 의견 불일치가 있을 수 없으며, 만약 서로 의견이 엇갈린다고 한다면 이는 엄청난 스캔들이 되는 거지요. 그래서 적어도 법을 해석할 때 조금이라도 의견차가 생기면 결론을 내릴 수 없게 됩니다.

그러나 그리스도교에서는 공회의에서 다양한 의견이 나오는 건 당연한 일입니다. 곧 불일치하다는 걸 미리 전제하고서 결론을 유도했던 게 아닐까 싶은데요.

그렇다고 해서 그리스도교가 다양한 해석이나 의견에 무조건 관용적이었다고는 할 수 없습니다. 오히려 거꾸롭니다. 다수파의 의견을 정통이라 여긴다고 했잖아요? 이는 정치적인 역량에 가까운 것에 의해서 가장 힘이 있는 사람이 내놓은 해석을 정통 해석으로 간주하고 교의로서 정착합니다. 그리고 그와 다른 생각은 이단이 되는 것이고요.

정통으로서 승리한 교리 속에서 가장 중요한 게 삼위일체설입니다. 하지만 지금까지도 도대체 무슨 말을 하고자 하는지 이해가 안 되는 설이기도 합니다.

아버지인 신[성부] · 아들인 그리스도[성자] · 성령 세 가지가 서로 다른 초월적인 에이전트가 되어버리면 일신교의 근본 원칙이 무너지게 됩니다. 그래서 이 세 가지는 하나가 되지 않으면 안 됩니다. 그런데 각각에게 역할이 있는 것도 사실로, 필요불가결합니다. 그렇다면 세 가지인 것과 하나인 걸 어떻게 해서 양립시킬 건인가라는 문제가 생겨서 고육지책과 같은 결론이 삼위일체설이 아닌가 생각합니다. 물론 다른 일신교인 유대교나 이슬람교에서는 이런 문제가 없었습니다.

# 3 로마 가톨릭과 동방 정교

**오사와** 지금까지 우리는 대담을 진행하면서 "그리스도교"라고 일괄해서 말했지만, 사실 크게 두 가지로 나눠서 설명해야 합니다.

일본인은 그리스도교라고 하면 보통 가톨릭 위주로 생각하는데요. 이는 로마를 중심으로 한 그리스도교, 서유럽에서 번영한 그리스도교입니다. 16세기가 되면 프로테스탄트protestant라는 게 등장하는데, 이들은 "가톨릭에 프로테스트[항의]하는 자"라는 의미이기 때문에 넓은 의미로는 가톨릭의 흐름 속에 포함됩니다. 그러나 이와 별개로, 동쪽의 그리스도교, 정교正教orthodox라고 불리는 그리스도교도 있습니다.

"서양"을 이해하자는 우리의 목표와의 관계에서는 아무튼 가톨릭 계열을 주로 논의하게 되지만, 그 전에 가톨릭과 별개로 정교가 있다는 사실을 똑바로 이해할 필요가 있습니다.

도대체 어째서 로마 가톨릭과 동방 정교로 분리된 것일까요? 그리고 이 둘 사이에는 어떤 차이가 있는지 궁금합니다. 이러한 점들을 조금 설명해주시죠.

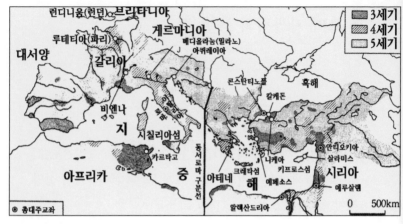

그리스도교의 전파

하시즈메 그리스도교에는 상반되는 두 가지 조직 원리가 있습니다.

하나는 모두 평등하다라는 사고방식입니다. 신 앞에서 모두 평등하기 때문에 인간은 서로 평등하다는 겁니다. 그래서 조직 내 상하 관계hierarchy를 가능한 만들지 않으려는 경향이 있습니다.

또 하나, 이와 거꾸로의 논리는 통일을 중시하는 겁니다. 그래서 하이어라키가 있는 조직을 만듭니다.

어느 쪽이든 너무 지나치면 그리스도교적이 아니기 때문에 이 둘을 적절히 섞어야 하는데요.

그래서 교회의 하이어라키가 어떠냐 하면, 우선 각 교회에 장로가 있고, 그 위에 주교를 두었습니다. 그리고 지역을 관리하는 대주교[추기경]와 대주교를 관리하는 총주교를……두는 식으로 이루어져 있습니다. 이는 로마 군대를 모방한 것으로 알려지고 있습니다.

이 총주교가 있는 장소(교회)를 총주교좌라고 합니다. 처음에는 예루살렘, 안티오키아, 알렉산드리아, 콘스탄티노폴, 로마에 위치하여 5대 총주교좌라고 했습니다. 이 가운데 앞의 세 곳은 곧 개점 휴업을 해서 콘스탄티노폴과 로마 두 곳만 남게 되었습니다. 총주교좌 아래는 많은 교회가 있어서 다양한 해석이 나왔습니다. 그래서 전체 회의를 열어서 정통한 교의를 결정하고 있던 것입니다.

그리고 이 회의에서는 주교가 대표권을 행사했는데, 각지에서 수백 명의 주교가 모여들어 대등하게 논의를 진행하는 등의 평등을 중시하는 원리도 남아 있었습니다.

이 회의에 참가하지 않거나 회의에서 내린 결론을 인정하지 않아서 이단으로서 추방당한 그리스도교 분파도 많았습니다. 예를 들어 아르메니아 교회는 칼케돈 공회의에 참가하지 않고, 통상의 삼위일체설을 받아들이지 않습니다.

동방 교회(그리스 정교)와 서방 교회(로마 가톨릭)는 이런 마이너한 교회나 이단 그룹과는 달리, 그리스도 교회의 본류입니다. 총 6회 열린 공회의 내용 모두를 승인하였고, 이에 따라 정통이라 인정받았거든요. 이런 의미에서는 동방 교회나 서방 교회는 차이가 없습니다.

동방 교회와 서방 교회가 분열한 것은 스폰서였던 로마

제국이, 테오도시우스 황제가 죽은 뒤에 동서로 분열했기 때문입니다(395년). 분열된지 얼마 지나지 않아서 두 교회 합동의 공회의가 열리지 않게 되었습니다. 경호나 경비를 부담하기 어려워졌기 때문이죠. 공회의가 열리지 않게 되면서 해석의 차이를 좁혀나갈 방법이 사라지게 되었습니다. 이때부터 동방 교회와 서방 교회의 해석이 점점 어긋나기 시작해서 합동할 수 없게 되었고, 결국 별개의 교회로 발전하게 되어 오늘날에 이르게 된 것입니다. "정통[오쏘독스]" 교회도, "가톨릭" 교회도 모두 "진짜" 교회라는 의미입니다. 우리들이 가끔 온천에 가면 어디는 "원조"라고 하고, 어디는 "본점"이라고 하는 것처럼 둘 중 누가 정통성을 갖고 있는지는 알 수 없는 겁니다.

이제부터는 이 둘의 실질적인 차이점에 대해서 알아볼게요.

우선 전례典禮 언어입니다. 교회에서 어떤 말을 사용하는가. 동방 교회는 그리스어를, 서방 교회는 라틴어를 사용합니다. 그 밖에 이콘icon이나 여러 크고 중요한 문제에 대해서 서로 다른 해석을 내놓습니다. 게다가 동방 교회는 막스 베버가 말하는 "황제교황주의caesaropapism", 즉 정치적 리더와 교회의 수장이 일치하는 체제였기 때문에 특이한 발전을 이뤄냈습니다.

그 다음에 동방 교회는 새로운 지역에 포교하는 데 그 지역의 언어를 전례 언어로 삼아서, 점점 교회가(총주교좌도)

분열하기 시작했습니다. 러시아어를 사용하는 러시아 정교회, 세르비아어를 사용하는 세르비아어 정교회 이런 식으로요. 전례 언어로 오직 라틴어만 사용하고 가톨릭 교회의 분열을 인정하지 않았던 서방 교회와는 상반된 행보라고 볼 수 있는데요. 서방 교회는 "하나의 교회＋많은 국가"라는 체제로, 즉 서유럽 세계의 토대를 만들었습니다.

**오사와** 이야기를 듣다보니 한 가지 궁금증이 생겼는데요. 로마 교회가 라틴어를 채택한 건 왜일까요? 동방 교회가 그리스어를 선택한 이유는 알겠습니다. 신약성서가 그리스어니까요.

그렇지만 꼭 라틴어를 사용하지 않으면 안 되는 이유라도 있는 건가요? 성서에도 그런 내용이 나오지 않아서 엄청 궁금해요.

로마 교회가 라틴어를 사용했기 때문에, 결과적으로 서양에서는 오랫동안 라틴어가 학문적인 언어가 됩니다. 예를 들어 근대 철학의 기점으로서 자주 그 이름이 열거되는 데카르트의 『방법 서설』은 프랑스어로 씌어졌지만, 그 중심적인 명제는 "코기토, 에르고 숨Cogito, ergo sum(나는 생각한다, 고로 나는 존재한다)"으로 라틴어로 표현되는 경우가 많습니다. 데카르트와 파스칼이 주고받은 편지 또한 대부분 라틴어였다고 해요. 그래서 근대 초기까지 라틴어의 권위는 상당했습니다.

그런데 왜 로마 교회에서 라틴어를 사용했는지 모르겠

어요.

**하시즈메** 원래대로라면 그리스어인데 말이죠.

**오사와** 그러니까요.

**하시즈메** 헬레니즘 세계의 공통어는 그리스어이기 때문이지요.

그럼에도 서방 로마 교회는 로마 제국과 밀접한 관련을 맺을 때 교회의 언어를 라틴어로 삼아버렸습니다. 성서 역시 불가타가 번역한 라틴어 성서를 사용했고요.

그리스도교는 이슬람교와 달라서 성서를 번역해도 아무 문제가 없습니다.

그 사정을 말하자면, 예수가 말하던 건 히브리어였습니다. 예수는 그리스어를 할 줄 몰랐거든요. 그런데 바울이 그리스어로 편지를 썼습니다. 신약성서는 복음서, 편지, 묵시록 모두 그리스어로 작성되었습니다. 그래서 복음서가 전하고 있는 예수의 말은 전부 그리스어로 번역한 것입니다. 복음서는 처음부터 신의 말의 번역이라고 생각해도 무방하지요. 그렇기 때문에 라틴어로 번역해도 큰 죄가 되지 않습니다. 라틴어는 로마 제국의 서쪽에서 많이 쓰였는데, 그 사람들 입장에서는 가톨릭 교회가 라틴어를 사용하니 얼마나 편리했겠어요.

**오사와** 그래도 아무 말이 아니라, 꼭 라틴어가 아니면 안 된다는 게 흥미롭습니다. 16세기에 루터가 독일어로 성서를 번역한 건 유명하잖아요. 그때까지 서유럽의 성서는 기본적으로 라틴어였습니다. 거꾸로 신약성서의 그리스어를 고집한 동방 정교는 포교할 때 그 지역의 언어를 전례로 사용해도 전혀 문제가 되지 않았습니다.

여담이지만, 로마 가톨릭이 라틴어를 중심에 두었기 때문에 서유럽 지식인은 거의 그리스어에 능숙하지 못했습니다. 그래서 중세 후반에 아리스토텔레스와 플라톤이 재발견되어 영향을 주면서 그리스도교 신학도 발달했지만, 서쪽의 지식인이 그리스어 실력이 여러 모로 발목을 붙잡았습니다. 조금 특이한 발전을 이룬 셈이지요.

# 4 세속 권력과 종교적 권위의 이원화

**오사와**  다시 본론으로 돌아가시죠.

로마 제국이 분열되면서 그리스도교 또한 동서로 나뉘어지고 병행하게 됩니다. 이 토론의 주제, 곧 근현대를 규정하는 주요한 인자로서의 서양이라는 주제와의 관계에서는 서쪽의 그리스도교(가톨릭)가 관심의 중심이 됩니다. 오늘날의 흐름을 고려해볼 때도 서쪽의 그리스도교가 정착한 지역의 문화의 역사적인 영향력이 압도적인 것을 알 수 있습니다.

하지만 그 지역이 처음부터 선진국이었다곤 반드시 볼 수 없습니다. 로마 제국이 동서로 분열된 이후에 서로마 제국은 채 백 년도 되지 않아서 멸망해버렸으니까요. 15세기 중반까지 천 년 이상 존속한 동로마 제국(곧 비잔틴 제국)과는 대조적인 모습입니다. 게르만 민족의 대이동 등으로 눈 깜짝할 사이에 서로마 지역의 정치적 통일성이 사라져버린 것입니다. 일단 신성 로마 제국[중세에서 근대 초기까지 이어진 그리스도교 성향이 강한 유럽 나라들의 정치적 연방 체제 – 옮긴이]이 있긴 했지만, 정치적으로 실질적이었던 건 아니었거든요. 그래서 서로마 제국이 소멸하면서 그 지역은 정치적으로 완전히 공중분해되어버린 셈입니다.

그런데도 이 지역이 독특한 문화적·문명적인 통일성을 지니고 있었기 때문에 명확한 영향력을 미친 건 사실입니다. 알기 쉬운 예를 하나 들어보자면 EU이지요. EU의 초기 구성국이면서 현재에도 중핵을 이루고 있는 나라 대부분이 서로마 제국이 있던 장소에 위치합니다. EU는 서로마 제국의 유적지에 만들어진 거나 마찬가지입니다. 그런 의미에서 서로마 제국은 지금까지 그 존재감이 이어지고 있다고 볼 수 있습니다.

이제 예전에 서로마 제국이 있던 지역(가톨릭이 보급된 지역)에는 무슨 특징이 있었는지 살펴봅시다.

저는 세속의 정치 권력과 종교적 권위가 아주 명확하게 이원화되어 있는 점을 꼽고 싶은데요. 로마 교황은 정치적인 권력을 잡지 않았고, 별도로 세속의 권력자가 있었습니다. 물론 신성 로마 황제가 가장 중요한 인물이긴 하지만, 그 밖에도 왕이나 봉건 영주가 있어서 중세에는 그들이 군웅 할거하고 있었습니다.

그리고 세속의 권력과 종교적인 권위는 그다지 원만한 관계가 아니었는데요. 로마 교황이 신성 로마 황제를 파문하여 곤란하게 만들거나, 혹은 황제 쪽이 강해져 교황을 연금하기도 했습니다……. 이렇게 복잡한 관계가 된 건 양쪽 모두 기본적으로 독립해 있어서 멋대로 자신들의 영향력을 강화하려 했기 때문입니다.

이렇게 서유럽(가톨릭)에서는 세속의 권력과 종교적인 권위가 확실하게 이원화되어 있었습니다. 그에 반해서 비잔틴 제국에서는, 아까 말씀드렸듯이 교황이 곧 황제여서 이 둘은 통일되어 있었습니다. 이슬람 또한 그렇고요. 일원성이 확실했습니다.

왜 서쪽 그리스도교 지역만 세속의 권력과 종교적인 권위가 명확히 분열되어 이원화되어 었던 걸까요?

하시즈메 우선, 로마 제국이 건재하고 그리스도 교회가 아직 약체였던 시기에는 정치 권력과 교회는 서로 대립하고 있었습니다. 황제는 반드시 그리스도교 신자가 아니었습니다. 이교도였음에도 황제는 권력이 있기 때문에 교회는 황제의 의견을 따르지 않으면 안 되었습니다. 정치와 교회는 이런 식으로 좋든 싫든 분리되어 있었습니다.

그 뒤에 상황이 변해서 그리스도교 신자가 다수파가 되었고, 황제 역시 그리스도교 신자가 되었습니다. 그래서 몇 가지 가능성이 생겨나는데요. 로마 제국이 분열한 뒤에 동쪽에서는 황제와 교회의 수장이 일치하면 좋지 않은가 하는 사고방식이 되었지만, 서쪽은 제국 그 자체가 해체되어 버렸기 때문에 그런 선택지 자체가 사라지게 된 겁니다. 따라서 로마 교회는 정치 권력의 후원 없이 정면 돌파할 수밖에 없었고, 동쪽과는 다른 운명을 걷게 된 것입니다. 그 뒤에 게르만 민족이 하나 둘 그리스도교로 개종해나갔습니다.

혹시 야기 유지八木雄二 씨의 『천사는 왜 타락하는가天使
はなぜ堕落するのか 中世哲学の興亡』(春秋社, 2009)를 읽어보셨
나요?

**오사와** 네. 읽어봤습니다.

**하시즈메** 야기 씨가 강조하듯이, 서유럽 사람들은 그리스도
교로 개종하기 전에 드루이드교를 믿고 있었습니다. 드루
이드교는 원래 켈트인들이 믿던 종교로, 켈트 사회에서 사
제[성직자]들은 상당히 높은 사회적 지위를 갖고 있었습니
다. 그처럼 종교적 권위를 인정하는 사회적 배경 때문에 그
리스도교로 개종한 뒤에도 왕들이 성직자나 교회 관계자
들을 매우 존경하고 우대할 소지가 있었습니다. 예를 들자
면 아일랜드입니다. 아일랜드에 켈트인들이 살았는데, 잉
글랜드 같은 곳보다도 먼저 그리스도교로 개종하고 그리
스도교가 이른 시기에 자리잡은 데는 이런 사정과 무관하
지 않습니다.

게르만 민족도 드루이드교의 영향을 받았는데요. 게르만
민족은 정치 권력이 강했기 때문에 왕의 명령으로 부족이
모조리 하루아침에 그리스도교로 개종하였습니다. 왕의 명
령으로 크리스찬이 되었기 때문에 너는 사제, 너는 신부로
왕이 임명합니다. 그리고 교회를 지어서 십자가까지 내걸
었지만 무엇을, 어떻게 모시면 될지 몰랐습니다. 그래서 개
종하기 전에 그들이 하던 요소(예를 들어 나무 숭배, 소인, 요
정……)대로 그리스도교를 숭배했습니다. 그 대상만 바뀌었

을 뿐, 그리스도교로 흡수되었습니다. 우리가 흔히 아는 그리스도교의 모습이 갖추어진 것은 몇백 년도 더 걸린 일입니다. 당시 교회는 실체가 없고 왕권에 종속되어 있었기 때문에 로마 교회 입장에서 보자면 이상한 존재였습니다. 그래서 이때 주교나 신부를 임명하는 권리 정도만 로마 교회에 넘겨주자는 성직 서임敍任[임명]권 투쟁이 벌어집니다. 그 정도로 서쪽 세계에서 교회의 입지가 약했습니다.

그런데 시간이 지나자 서유럽에서는 봉건제라는 독특한 사회가 형성됩니다.

로마 제국이 근거지로 삼았던 지중해 연안과 게르만 민족이 정착한 북방에서는 농업 기반이 전혀 다릅니다. 지중해 연안에서는 대규모 농업으로, 오이코스oikos 같은 노예 노동의 대토지 경영이었습니다. 그것은 제국과 함께 해체되었습니다. 북방은 산림 지대로, 정착한 게르만인은 소규모 가족 경영으로 농업을 이어나갔는데요. 그들을 지배하는 소영주가 토지를 기반으로 주종의 네트워크를 만드는 봉건제를 만들었습니다. 이때 교회도 토지를 기부받아서 영주가 되었고, 슬슬 정치 권력에 대항할 실력을 갖추었습니다(일본에서도 비슷한 시기에 장원 귀족과 사사寺社[신사와 사찰] 세력, 무사의 네트워크 형성과 병행하고 있어서 대단히 흥미롭습니다). 이때 수도원도 많이 만들어졌는데, 국왕은 교회나 수도원에 대한 세금을 면제해주었습니다. 교회는 구약성서대로 십일조를 내라고 주장하기도 했는데요. 십일조는 원래 유대교 제도였기 때문에 조금 석연찮은 구석이 있었으나 크게 문제가 되지 않았습니다. 이런 식으로 왕권과 교회가 공존하는 서유럽 사회의 골격이 가능해졌습니다. 정교 분리라기보다도 병존이지요.

**오사와** 그렇군요.

지금 포인트만 집어서 설명해주셨는데, 그리스도교의 침투 "과정"과 그리스도교가 오늘날까지 큰 영향을 남겼다고 하는 "결과"를 대비해보면 의문의 핵심이 자연스럽게 떠오릅니다.

어쨌든 서쪽의 그리스도교는 정치적 실체가 없었잖아요. 예를 들어 이슬람에서는 정치적 실체와 종교가 모두 존재하였고, 종교가 정치적 실체에 의해서 수호되었습니다. 그리스도교 역시 로마가 국교로 인정했을 때는 그런 분위기가 조금 만들어졌지만, 동서 분열 이후에 서쪽은 주요 스폰서가 사라졌기 때문에 그리스도교인지 뭔지 알 수 없는 종교들이 많이 생겨서 교회가 성직자의 인사권을 장악하는 것마저 힘들어질 정도로 약체화되는 거지요.

그저 종교를 전도하는 것에 만족하고서 현실적인 스폰서가 없는 상황이기 때문에 상식적으로 생각해보면 매우 불리한 입장입니다. 예를 들어 관념만 존재하고 정치적 실체가 없던 경우에는 사회적인 영향력을 잃어버리는 경우가 많았다고 생각합니다.

그런데 결과만 놓고 보면 정치적 권력이 없던 서쪽의 교회가 어떻게 지금까지 영향력을 유지할 수 있었을까요?

하시즈메 그리스도 교회는 로마 제국에서 한 차례 특권적 지위를 인정받았고 그 맛을 봤기 때문에 국지적인 약소 왕권에 복속하는 것은 말도 안 된다고 생각했습니다. 그래서 그들 약소 왕권에 넘어가지 않은 채 교회의 통일과 독립을 유지하는 데 전력을 쏟습니다. 야만적이고 문화적으로 뒤쳐졌던 게르만 왕권 입장에서는 로마 제국의 유산을 물려받은 로마 교회가 이용 가치가 있었고요.

우선 교회는 라틴어를 전례 용어로 삼아서 게르만의 로컬한[국지적인] 언어를 사용하는 걸 절대 용납하지 않는 전략을 취합니다. 그들은 문자가 없어서 적당히 둘러대기도 좋았습니다. 아마 그때 로컬한 언어를 사용했다면 로컬한 민족 교회로 전락했을 겁니다. 하지만 라틴어를 계속해서 고집했고 아무리 못 배운 수도자라고 해도 어느 정도 라틴어를 구사할 수 있게 되었습니다. 그러자 자연스레 상업이나 외교 등의 갖가지 정보 전달에 유리한 입장이 되었습니다. 그래서 정치 권력에게 있어서 이용 가치가 생기게 된 것입니다. 정작 교회가 분열하지 않고서 하나의 조직으로 똘똘 뭉쳐 정치적인 세력권을 뛰어넘는 네트워크를 구축할 수 있기 때문에 이런 이점이 더욱 빛을 발하는 것입니다. 이게 바로 교회가 존속할 수 있던 커다란 이유 가운데 하나라고 생각합니다.

그 다음에 정치 권력에 개입하는 데는 일신교의 논리가

대단히 중요하다고 생각합니다. 신의 은혜와 구제가 없으면 인간은 살아갈 수 없습니다. 그래서 종말의 교의를 각색하여 악마나 지옥, 연옥 등 오직 교회만이 예수 그리스도를 대신하여 사람들을 구제할 수 있다고 선전했거든요. 그러기 위한 수단(구제재救濟財)이 교회에 깃춰져 있다고 했습니다. 정치 권력을 뛰어넘는, 인간의 구제에 관한 권한이 교회에 있다는 이야기입니다.

그리고 결혼에도 개입했는데요. 결혼은 본래 세속적인 일이기 때문에 그리스도교와 상관이 없었지만, 교회는 수백 년에 걸쳐서 이를 성사聖事sacrament로 여겼습니다. 교회가 인정하는 결혼이 정식 결혼이 되었습니다. 주권자인 신의 허가에 의해서 결혼할 수 있다는 겁니다. 어떤 식으로 이게 정치력이 되었냐 하면 봉건 영주의 권력 기반은 토지로, 그걸 상속하려 했습니다. 정식 결혼을 통해서 태어난 아이들에게만 상속권이 생기니, 교회의 협력이 없으면 봉건 세력은 스스로를 재생산할 수 없습니다. 세대 교체마다 교회에 문안을 드릴 필요가 있는 겁니다. 왕위 계승이나 토지 상속 때마다 교회의 개입 찬스가 생깁니다. 이게 정치적인 파워가 되었습니다.

교회의 성직자는 독신이어서 상속 문제가 일어나지 않습니다. 가족이나 혈연과 엮일 일이 없으니 서유럽 전체를 커버하는 관료 기구를 만들 수 있었는데, 그 유력한 멤버는 봉건 영주층으로부터 충원되었습니다. 그 점에서도 일본

의 사사寺社 세력과 비슷하지만, 영토를 분할 상속하지 않
아서 상속에서 제외된 아들에게 약간의 땅을 떼어주는 식
으로 교회나 수도원을 관리하도록 할 수 있었습니다. 이런
식으로 교회와 봉건 영주는 마치 2인 3각의 관계를 구성할
수 있었습니다.

# 5 성스러운 언어와 포교의 관계

**오사와** 로마 교회는 라틴어만을 전례 언어로 제한했습니다. 곧 라틴어가 "성스러운 언어"인 것이죠. 세계 종교는 이처럼 문자로 표기할 수 있는 성스러운 언어를 가지고 있습니다. "성스러운 언어"는 신의 초월성의 표현과 같은 점이 있습니다.

그런데 성스러운 언어와 포교에 대해서 생각해보면 대조적인 두 가지 전략이 있는 것처럼 생각됩니다.

하나는 성스러운 언어를 고집하지 않고서 현지어(방언)를 적극적으로 사용하는 전략입니다. 동방 정교의 행동방식이지요. 그리스어를 성스러운 언어로 인정했지만, 전례 등에서는 현지어를 적극적으로 사용하면서 포교에 나섰습니다. 이런 전략에는 신이 가진 초월성, 일신교의 신의 압도적인 초월성이 약화된다는 약점이 있는데요. 아까 하시즈메 씨가 지적하셨듯이, 총주교좌가 무슨 언어를 사용하는지에 따라 하나씩 분열되어버렸습니다.

또 하나는, 거꾸로 성스러운 언어를 고집하는 전략입니다. 가장 알기 쉬운 건 이슬람교인데요. 쿠란은 아랍어가 아니면 안 되고, 절대 번역해선 안 됩니다. 라틴어만 고집하는 중세 가톨릭 역시 그렇습니다. 성스러운 언어의 사용을 엄격하게 준수하면 신의 성성聖性이나 초월성이 침해받지도 않거니와, 교회의 통일성에 금이 갈 일도 없습니다.

다만 이것에도 명백한 한계가 있습니다. 라틴어를 할 줄 아는 지식인이 아니면 성서를 읽을 수 없었고, 교의를 정말 이해할 수도 없는 겁니다. 곧 보통 민중에게는 성서를 자신이 납득하는 형태로 해석해서 내면화할 수 없다는 말입니다. 실제로 나중에 이런 문제 때문에 루터가 성서를 방언(독일어)으로 번역하게 되었습니다.

정리해보면 한쪽 끝에 현지어를 펑펑 사용해서 포교를 하고 있던 동방 정교가 있고, 다른 쪽 끝에는 성스러운 언어를 엄수한 이슬람교가 있습니다. 가톨릭은 양 극단 사이에 위치하고 있습니다. 라틴어를 고집하긴 했으나, 아랍어에 대한 이슬람교의 집념에 비한다면 적었습니다. 그래서 뒤에 종교 개혁 때 방언 번역 성전[성서]이 출간될 수 있었다고 생각합니다.

언어에 대한 가톨릭의 이런 중간적인 태도는 "근대 사회"라는 것의 형성에 어떤 역할을 했을까요?

하시즈메 그리스도교는 일신교지만 종교법(유대법이나 이슬람법 같은 것)이 없다고 하는 변종이어서, 그 내실은 학설(삼위일체설 같은)인 겁니다. 그러나 그걸 라틴어로 설명했기 때문에 민중은 이게 무슨 말인지 이해하지 못했습니다. 이때 커다란 역할을 한 게 바로 그림(십자가에 매달린 예수나 이콘, 성인화 등. 이것은 일신교가 우상 숭배를 엄격하게 금지한 걸 생각하면 아이러니합니다)이나 음악, 의식(빵과 포도주를 이용한 성찬, 세례, 고해 등)이었습니다. 그림이나 음악, 의식으로 말을 몰라도, 교의를 몰라도 어느 정도 이해할 수 있었습니다.

이 행동방식은 처음에는 약점으로 작용했지만, 결과적으로 가톨릭 교회에 이점이 되었다고 생각됩니다.

중세를 생각해보면 봉건 영주는 실로 로컬한 존재여서 여기까지는 프랑스, 거기부터는 독일 이런 식으로 구별하는 게 아니라, 여러 민족이나 로컬한 언어가 다양하게 뒤섞이면서 발전했습니다. 이때 공통점이 된 것은 가톨릭 교회밖에 없었습니다.

이게 중세라고 한다면, 시대가 진전되면서 강력한 왕king이 등장하게 되는데요. 왕이란 네이션nation을 형성하는 핵입니다. 왕은 봉건 영주와는 다릅니다. 봉건 영주는 자신의 영지에서 조세권과 재판권을 가지며, 전통에 구속되어 있다곤 해도 소속 영토를 통치하는 군주입니다. 그런데 이 영토는 자신의 사유 재산이기 때문에 상속 문제가 일어나고, 후대에는 영토의 범위가 바뀌기도 합니다. 자식들이 있으면 나누어줘야 하고, 먼 친척의 영토를 상속받기도 하고요. 굉장히 복잡해서 마치 오셀로 게임처럼 영토territory를 계속 갱신했습니다. 이에 반해서 왕은 자신의 영토에 대해서 딱히 걱정할 일도 없었고, 어느 범위(영토)를 일괄적으로 통치합니다. 일본에서도 이와 비슷한 이치엔 시하이一円支配라는 개념이 있는데요. 이른바 왕과 같은 존재인 다이묘大名가 등장하여 무로마치室町 시대부터 전국 시대에 걸쳐서 여러 장원이나 영주들에게 세금을 걷었습니다. 유럽에서 이에 상응하는 게 왕king입니다.

봉건 영주 및 귀족과 왕은 굉장히 사이가 나빴습니다. 서로 각축을 벌이거나, 심지어 전쟁을 일으키며 왕이 세력을 키워나갔습니다. 잉글랜드나 프랑스 등 여기저기에서 왕이 등장하게 됩니다.

여기서 교회와 왕king의 관계가 초점이 됩니다. 교회는 왕을 지원해서 대관戴冠이라는 의식을 고안해냅니다. 당신은 정통한 왕이다와 같은 증명 의식입니다. 교회는 이리하여 적어도 명목상으로라도 왕에 대한 우위를 확보했습니다. 이런 식으로 교회가 왕보다 우위라면 교회의 수장인 교황이 왕들을 전쟁에 내보낼 수도 있어서 십자군 같은 것도 가능하게 되는 겁니다.

이슬람에는 이런 논리가 없습니다. 이슬람은 매우 성공한 종교인데도 일원적이기 때문에 우선 교회가 없습니다. 성직자도 없습니다. 그 수장인 교황도 없습니다. 그러니 대관하는 주체가 없는데요. 유럽에서는 대관을 교황 스스로 하는 게 아니라, 그 대리로 추기경 등이 진행합니다. 가톨릭 교회는 지역 할당제로 모든 지역에 담당자가 있습니다.

서유럽에서는 가톨릭 교회가 보편성을, 왕권이 내셔널

한 지역성을 대표합니다. 이런 이원 체제를 전제로 세속적이나, 그럼에도 절대적인 주권 국가의 관념이 키워졌던 것입니다.

# 6 이슬람교 쪽이 리드하고 있었다

**오사와** 이미 몇 차례나 화제가 되었습니다만, 7세기 무렵에 성립한 이슬람교는 일신교 가운데서도 후발 주자에 속합니다. 그리스도교보다도 훨씬 뒤에 등장했거든요.

언뜻 보면 대충 만들어진 것 같지만, 그리스도교보다 명쾌하고 수미일관성이 높은 것으로 보입니다. 물론 그 이유의 하나는 후발 주자의 유리함 같은 것도 다소 작용했기 때문에 그럴 수도 있겠지요. 하지만 조금 종교에 내재한 이유가 있음을 알아차릴 수 있습니다.

3대 일신교 가운데 가장 오래된 유대교를 기준으로 해서, 그리스도교와 이슬람교를 새삼스럽게 비교해볼게요.

지금까지 우리는 그리스도교가 얼마나 유대교를 인계해 왔는지를 강조했지만, 그와 동시에 그리스도교에는 명확히 유대교의 부정이라는 측면도 있습니다. 혹은 유대교에는 없는 요소가 그리스도교에는 존재합니다. 그게 예수 그리스도로, 이게 들어가기 때문에 설명하는 데 상당히 애를 먹었는데요. 삼위일체설 등이라는 것도 어떻게 생각하는지에 따라 궤변으로 들릴 수도 있는 아크로바틱한 논리이지요.

그에 반해서 이슬람교는 그리스도교만큼 유대교를 과격

하게 부정하는 요소가 없고, 오히려 그것을 솔직하게 발전시키고 있는 것으로 보입니다. 이슬람교에게 무함마드는 특별한 존재이지만, 앞서도 이야기했듯이 그 역시 예언자입니다. 이렇듯 이슬람교는 유대교 전통인 예언자를 부정하지 않습니다.

정전에 관해서도, 신약성서에는 내용이 일치하지 않거나 모순되는 점이 있지만 쿠란은 그렇지 않죠. 뿐만 아니라 이슬람교는 법의 측면에서도 아주 정합성이 높습니다. 쿠란으로 충족되지 않는 경우에는 어떻게 해결해야 하는지 매우 시스터매틱한 규정을 해두었습니다.

후계자 문제도 그렇습니다. 그리스도교에서는 누가 예수의 정신을 계승하고 있나요. 물론 베드로나 바울도 중요한 인물이긴 하죠. 하지만 명확한 후계자라는 것과는 다릅니다. 애초에 신의 아들에게 후계자가 있을리 없잖아요. 그에 반해서 이슬람교는 무함마드의 후계자가 누구인지 확실히 정해져 있습니다. 점점 시간이 지나면서 의견이 갈리긴 했지만, 적어도 초기에는 큰 문제가 없었습니다. 이 점에서도 이슬람교는 애매함이 없습니다.

그런데 근대화란 무엇인가요. 막스 베버는 합리화에 그 본질을 찾아냈습니다. 합리화(혹은 합리성)란 무엇인가라는 철학적 문제는 제쳐두고서, 우선 베버가 말한 대로 근대화란 여러 분야에서 일어나는 합리화 과정이라고 칩시다. 그렇다고 한다면 그리스도교보다는 이슬람교 쪽이 더 합리적으로 보이지 않나요? 그런데 왜 그리스도교(가톨릭)가 근대화에서 주도권을 쥐게 된 것일까요?

역사를 거슬러 올라가면 중세 정도까지는 이슬람권 쪽이 가톨릭 세계보다도 훨씬 앞서 있었습니다. 기술의 측면에서도, 철학이나 사상의 측면에서도 대부분 이슬람권 쪽이 더 우위에 있었습니다. 중세 후반에 아리스토텔레스 철학이 이슬람권 쪽에서부터 가톨릭 세계로 이른바 역수입되면서 그리스도교 신학의 수준을 크게 끌어올렸다는 사실 또한 이슬람권이 얼마나 앞서고 있었는지를 보여주고 있습니다. 역전의 조짐이 나타난 건 16세기 무렵, 곧 대항해 시대입니다. 혹은 종교사에 대입해보면 종교 개혁 무렵입니다.

어째서 지극히 수미일관성이 높고 합리적인 종교인 이슬람교가, 더군다나 중세 시대까지는 단연 우위에 있던 이슬람교가 근대화의 과정에서는, 결국 그리스도교에게 주도권을 빼앗겼을까요. 대단히 불가사의하지 않나요?

하시즈메 상당히 중요한 대목인데요.

우선 종교의 수미일관성만 놓고 보면, 이슬람교와 그리스도교 가운데 아마 이슬람교 쪽에 더 많은 신자가 몰릴 겁니다.

오사와 그렇지요. 이슬람교와 그리스도교 교의 가운데 어느 쪽이 더 설득력이 있는지 물으면 다들 이슬람교라고 할 거예요. 그리스도교에서 말하는 부활이나 신의 아들, 삼위일체설 등 이해하기 힘든 장애물이 많기 때문이잖아요. 실제로 신자의 숫자만 봐도 이슬람교의 규모는 상당합니다. 하지만 단순히 신자가 얼마나 더 많은지가 아니라, 그리스도교에는 이슬람교와 다른 플러스알파의 영향력이 있기 때문에 판도가 뒤바뀌었다고 생각합니다.

**하시즈메** 그리스도교의 우위에 대해서는 여러 이야기가 있는데요. 종교 개혁도 중요하고, 신대륙의 발견도 그만큼 중요하고, 과학 기술의 발전이나 산업 혁명, 자본주의도 빼놓을 수 없습니다.

그 가운데서 그리스도교 신도가 자유로이 법을 만들 수 있다는 점이 가장 근본적인 이유라고 생각합니다.

**오사와** 율법은 없는 거나 마찬가지니까요.

**하시즈메** 종교법(유대법이든, 이슬람법이든)의 전통에서는 법을 만드는 주체(입법자)는 신입니다. God가 법을 만드는 거예요. 인간도 법을 만들 수야 있지만 신의 법을 만들 수 없으며, 인간이 만든 법은 신의 법보다 하위의 법입니다. 예를 들어 신이 "헌법, 민법, 형법" 같은 법률을 만든다고 치면 인간은 지방 자치 단체의 조례나 행정 규칙 정도밖에 못 만드는 거예요. 비교도 할 수 없는 거죠.

이처럼 그리스도교 신자가 자유롭게 법을 만들 수 있는 건 그리스도 교회가 원래 법률을 만들지 않았기 때문입니다. 초기 교회는 다만 로마 제국의 임의 단체였기 때문에 힘이 없어서 법을 만들 수 없었습니다. 그래서 로마 제국의 법률을 따랐는데요. 로마 제국은 그리스도 교회와 전혀 상관없는 이교도의 단체였기 때문에 그 법률은 세속법이었습니다. 그런 로마 제국이 사라지자 게르만 관습법이 있기 때문에 게르만 관습법을 준수하지요. 영국의 커먼로common law를 준수하게 되었습니다. 그런 법률이 시대착오적이어서, 이제는 자기들이 직접 새로운 법률을 만들게 되었습니다. 대표들이 의회에 모여서 입법을 하지요. 결국에는 의회제 민주주의가 시작된 겁니다.

사회가 근대화할 수 있는지 여부의 커다란 열쇠는 자유롭게 법률을 만들 수 있는지 여부입니다. 그리스도교 사회는 이게 가능했습니다. 예를 들어 은행을 만들어서 이자를 받거나 기업에게 당좌예금의 구좌를 설정해주고서 수표를 발행하고 할인하는 등의 일을 하려면 상당히 복잡한 법적 조작이 필요합니다. 유대인들은 유대법을, 이슬람교 신자는 쿠란이나 순나, 이슬람법을 기준으로 삼지만 그리스도교 신자는 그렇게 생각하지 않습니다. 그리스도교 신자가 생각하는 건, 우선 무엇을 하고 싶은지라고 하는 목적. 그리고 금지되지 않았는가. 금지되지 않은 것은 "할 수 있다"고 생각합니다. 목적을 생각하고, 수단을 생각하고, 실현까지의 로드맵을 만드는 거죠. 요즘에 자주 볼 수 있는 폴리시 페이퍼policy paper나 매니페스토manifesto와 비슷한 방법입니다.

이에 더하여, 그리스도교를 근대 합리 정신의 담지자로 밀어올리는 건 무엇이지요.

종교 개혁은 그리스도교의 원칙에 선다면 전통 사회의 습관도, 교회의 관행도 성서에 근거한 게 아니라면 모두 무의미하다는 결론을 이끌어내었습니다. 로마 교회는 말 그대로 관습으로 똘똘 뭉쳐있었기 때문에 종교 개혁의 이런 비판은 결정적인 의미를 갖습니다.

신대륙의 발견은 대항해 시대를 불러오는데요. 대항해라고 해도 당시 중국인, 이슬람교 신자 등 모두가 항해 능력을 가지고 있었습니다. 문제는 항해의 능력이 아니라, 신대륙으로 이주하는 동기를 지녔는지 여부입니다. 왜 그리스도교 신자만이 신대륙으로 대거 이주했는가. 그건 구대륙에서 박해받았기 때문입니다. 종교 개혁으로 인해 그리스도교는 또다시 균열이 생겼고, 무관용과 종교 전쟁을 일으켰습니다. 전쟁을 하면 당연히 승자와 패자가 생기고, 패자는 갈 곳이 없어집니다. 보트 피플이 되어서 신대륙을 찾아갈 수밖에 없는 거예요. 구대륙에서 안락한 생활을 할 수 있다면 누가 굳이 신대륙을 찾아서 떠나겠어요. 그래서 중국인, 인도인, 아랍인은 적극적으로 신대륙을 찾아나서지 않았습니다. 오직 그리스도교 신자만이 그런 동기를 갖고 있었습니다.

# 7 그리스 철학과 그리스도교 신학의 융합

**오사와** 종교 개혁이란 건 특히 사회학적으로는 대단히 중요한 사건입니다. 종교 개혁에 대해서 이야기를 나누기 전에, 의문의 포인트를 이해하기 위한 사고방식의 구조 같은 걸 또다시 확인해보고 싶습니다.

우리들은 지금 그리스도교의 영향에 대해 살펴보고 있습니다. 그러나 그걸 생각하려면, 제1부의 마지막 부분에서 논의한 것처럼 의식 레벨의 신앙만 보아서는 이해할 수 없습니다. 무의식의, 태도 레벨에서의 신앙에도 눈을 돌리지 않으면 그리스도교의 "영향"의 실태는 보이지 않습니다. 나는 전혀 종교에 관심이 없어요, 교회에 가지 않아요라고 말해도 무의식 속에 그리스도교적인 에토스ethos나 행동양식이나 사고방식을 채용하고 있는 사람은 많기 때문입니다. 실제로 하시즈메 씨의 말씀에서도 법에 대한 태도 등, 꼭 크리스찬을 자칭하는 사람들이 취한 태도는 아니더라도 그리스도교를 고려한다고 설명할 수 있습니다.

그래서 이런 점을 확인한 위에서, 구체적인 질문을 드릴게요.

저는 유럽과 일본의 관계를 생각할때 일본에 거의 없었

던 것, 혹은 일본이 수입할 수밖에 없던 것 가운데 하나가 철학이라고 생각합니다. 물론 일본에도 "사상"은 전통적으로 있긴 하지만, 철학은 사실상 유럽으로부터의 수입으로 시작된 거잖아요.

원래 철학은 그리스도교에서 생겨난 건 아닙니다. 철학의 기원으로 간주되는 건 통상 고대 그리스입니다. 그건 그리스도교보다도 훨씬 앞선 것이고, 유대교와도 딱히 상관이 없습니다. 그러나 어느 시기부터, 곧 중세에 이르러서는 철학과 그리스도교 신학은 떼려야 뗄 수 없는 관계가 됩니다. 유럽에서 철학이 발달하고 점점 정교해진 건 그리스도교 신학과 일체화되었기 때문이라고 보는데요. 아까 논의한 삼위일체 등도 중세 그리스도교 신학과 철학의 중요한 주제입니다.

여기서 궁금한 건 그리스도교와는 아무 상관없이 생겨나서 발달해온 철학이 그리스도교와 적절히 투닥거리면서 합체했다는 사실을 어떻게 받아들여야 하냐는 거죠.

바울은 그리스적인 교양인이었고 신약성서도 그리스어로 씌어졌기 때문에 상당히 이른 시기부터 그리스 계열의 문화(헬레니즘)와 유대·그리스도교 계열의 문화(헤브라이즘)가 융합될 조짐을 보였습니다. 그리고 중세(곧 아우구스티누스 이래로)가 되면 그리스도교 신학은 플라톤이나 신플라톤주의, 아리스토텔레스 등의 논리를 사용해서 자기 표현을 하게 됩니다.

특히 중세 후반 아리스토텔레스의 권위는 상당한데요. 아까 그리스 철학이 이슬람권에서 역수입되었다고 했는데요. 실제로 당시 아리스토텔레스의 문헌은 성서 다음가는 권위를 가졌고, 중요한 신학자나 철학자가 아리스토텔레스의 개념을 사용하면서 논의를 했습니다.

그런데 생각해보면 아리스토텔레스는 그리스도교와 그다지 관계가 없었습니다. 아리스토텔레스는 그리스도교가 만들어지기 훨씬 이전에 활동한 사람이니 당연한 이야기입니다. 그래서 아리스토텔레스의 철학은 그리스도교 신학을 위한 것도 아니며, 어떻게 보면 그리스도교에 불리한 내용이 많이 나옵니다. 그럼에도 불구하고 아리스토텔레스의 논리를 억지로 성서 내용에 갖다붙인 거예요. 다른 문화의 이러한 강인한 접착방식에는 놀라웁지요. 하시즈메 씨는 이 두 가지 문화의 융합에 대해서 어떻게 생각하시나요?

**하시즈메** 대단히 흥미로운 테마 설정이네요.

철학의 중심에는 이성이 있습니다. 이성은 원래 그리스에서 발전했는데, 이 점은 자세히 말하지 않아도 모두 잘 알고 계실 거예요.

그리스도교 신자들은 처음에 이성에 대해서 그다지 깊게 생각하지 않았어도, 이슬람을 통해서 아리스토텔레스를 비롯한 그리스 철학을 받아들이고 나서는 새삼스럽게 진지하게 생각하게 되었습니다. 그리스도교 신자는 이성을 종교적인 의미에서 재해석했는데, 그 결론이 대단히 중요합니다. 그리스도교의 사고방식에서는 신이 세계를 창조했고, 인간도 창조했다. 신에게는 그런 설계도가 있으며, 의도된 것입니다. 인간이 신을 이해하려고 생각한다면 신의 설계도나 신의 의도를 이해하지 않으면 안 되는 겁니다. 그러기 위해서는 어떻게 해야 하는가? 그 가능성을 부여한 게 이성인 겁니다.

토마스 아퀴나스에게 자연법론이란 게 있습니다. 『신학대전』의, 유대법에 대해서 쓰고 있는 「구법」 구분을 보면 법에는 "신의 법이 있고, 자연법이 있고, 인정[국왕의]법이 있다"라는 대목이 나옵니다. 그리스도교 신학의 가르침에 따르면, 법은 신의 법/자연법/국왕의 법(인간이 만든 법, 제정법)으로 계층 구조를 이루고 있습니다. 신의 법이란 신이 우주를 만든 설계도를 의미하는데, 이는 신의 문서에 신의 말로 적혀 있어서 인간은 볼 수도, 이해할 수도 없습니다. 다만 일부분은 인간도 알 수 있는데, 그 부분이 바로 자연법이라는 겁니다. 자연법이란 신의 법 가운데 인간의 이성에 의해서 발견할 수 있는 부분입니다. 입법자는 신으로, 인간은 오직 그걸 발견할 수만 있습니다. 이성은 인간의 정신 능력 가운데 신과 동형同型인 부분, 구체적으로는 수학·논리학을 의미합니다. 인간은 죄가 많고 한계가 있어서 신보다 훨씬 열등한 존재이지만, 이성만큼은 신과 비교해도 부끄럽지 않습니다. 수학의 증명이나 논리의 운용은 비록 인간이 하더라도 신과 똑같은 스텝을 밟습니다. 때문에 자연

법을 발견할 수 있는 겁니다. 이렇게 위치지운 게 그리스도교 신학입니다.

자연법이라고 했지만, 그리스도교에서 말하는 "자연na-ture"은 이해하기 힘듭니다. 제가 이해한 바로는, 자연이란 "신이 만든 그대로"라는 의미입니다. 신의 업이지, 인간의 업이 아닙니다. 신이 만든 산이나 강은 그대로가 자연이고, 식물이나 동물도 자연입니다. 동물은 자연스럽게 활동하기 때문에 죄(신을 배신하는 일)를 범할 수 없습니다. 그래서 신이 만든 인간이 날 때부터 가진 성질(nature)도 자연인 것입니다. 법률에도 이렇듯 자연적인 게 있습니다. 예를 들어 도둑질이나 살인은 인간의 이성에 비춰봤을 때 그래서는 안 되는 거예요. 그래서 이는 신이 정한 자연법에 해당합니다. (이와 관련해서 유대법이나 이슬람법은 성전에 정확한 규정이 나오므로, 그걸 읽는다면 자주 성전 밖에서 특별히 자연법을 발견한다라는 발상이 없습니다.)

이성에 이와 같은 위치를 부여하면 신앙을 갖고서 이성을 갖추는 것을 바람직한 태도라고 여기게 됩니다. 이성은 신에게서 유래한 것이고, 신과 협동하는 것입니다.

시험삼아서 이성을, 신에게 향한다면 어떻게 될까요. 이성을 통해서 신을 이해할 수 있을까요. 이성은 신이 인간에게 내려준 능력이기 때문에 그 능력을 사용하면 신의 존재를 확실히 증명할 수 있을 게 틀림없습니다. 이게 바로 신학의 최초의 테마였는데요(신학이라고 해도 내용은 철학입니다). 막상 해보니 쉽지 않은 거예요. 이때 이성이 미치지 못하는 앞에, 신앙이 불러일으킨 지식(신의 은혜)이 있다라는 점으로 낙착합니다. 그래서 이성/신앙은 양쪽이 모두 인간에게 필요한 요소인 겁니다. 이성을 통해서 신의 전모를 확인할 수 없는 것이지요.

그러나 거꾸로 말하자면, 신이 창조한 이 세계(우주)는 신이 아니므로 인간의 이성으로 모두 설명할 수 있다고도 말해집니다. 우주에 이성을 적용한다면 신의 의도나 설계도를 독해할 수 있지 않을까 생각했습니다. 이것도 신앙으로 생겨난 길이라고 생각했습니다. 이리하여 자연과학을 개시하는 태세가 갖춰지게 되었던 겁니다. 그럼에도 이건 아리스토텔레스의 자연학은 아닙니다. 아리스토텔레스는 이성을 사용해서 자연은 이렇게 되어 있다고 쓰고 있지만, 그게 신의 설계도대로 이루어졌다는 증거가 되는 건 아닙니다. 자신의 이성을 통해서 자연을 바라보면 우리 모두 코페르니쿠스가 되고, 케플러가 되고, 데카르트가 되고, 뉴턴이 되겠죠.

자, 이제 자연 현상에 대해서 명쾌하게 해명했다 치고서 이제 사회 현상에도 이성을 적용해봅시다. 스피노자부터 홉스, 루소, 로크, 흄, 칸트, 헤겔, 마르크스가 떠오를 텐데요.

이것들(철학, 자연과학, 사회과학)은 신앙이 이성을 올바르다고 시인함으로써 스타트하거니와, 그리스도교적 문맥과 동떨어져도, 때때로 그리스도교에 반대하면서까지도 이성적으로 작동하는 이성주의를 만들어냈습니다. 예를 들어 프랑스에서는 대혁명 때 가톨릭 교회와의 인연을 끊고, 교회령을 몰수하고, 프랑스 공화국을 수립하고, 이성 신을 숭배하기도 했습니다.

**오사와** 맞아요. 이성의 제전이란 게 벌어지지요.

**하시즈메** 이성을 종교로 삼은 거죠.

여담으로, 혁명 전 프랑스는 영국에 대항하여 아메리카 독립을 도와주고, 프랑스 대혁명 때는 아메리카가 도와주었습니다. 그 인연으로 아메리카 독립 100주년 기념으로 프랑스는 자유의 여신상을 선물했어요. 그걸 뉴욕에 세운 거지요. 가만히 생각해보면 "자유의 여신"은 그리스도교의 신이 아니니 우상이 될 수 없습니다. 경건한 퓨리탄이나 복음파 입장에서는 프랑스 혁명을 일으킨 무신론자들이 골탕 한번 먹어보라고 보낸 선물로 보일 겁니다. 일본인은 아메리카가 자유의 나라이기 때문에 자유의 여신상을 세웠다고 생각하는데, 사실 그렇게 간단한 문제가 아닙니다.

# 8 왜 신의 존재를 증명하려 했을까


**오사와**  아마 중세의 신학자 · 철학자는 이슬람권에서 역수입된 형태로 아리스토텔레스를 재발견했을 때 아리스토텔레스 철학의 치밀함에 깜짝 놀랐을 겁니다. 그래서 그와 똑같은 수준으로 교의를 연구하려고 해서 철학이 점점 발달하게 되었습니다. 제가 궁금한 건 그 당시에 왜 신의 존재를 증명하려고 애썼냐는 거죠. 통상적으로 생각하면 그들에게 있어서 신이 존재하는 건 증명의 대상이 아니라 전제잖아요?

서양 중세 철학사의 대가 에티엔 질송Etienne Gilson은, 요컨대 중세 이래의 서양 철학의 포인트는 "존재의 우위"에 있다고 설명했습니다. 곧 "존재란 무엇인가"를 묻는 게 철학이라는 거죠. 실제로도 그렇게 특징지워진다고 생각합니다. 이런 요약에 가장 적합한 근대의 철학자는 말할 것도 없이 마르틴 하이데거입니다. 그러나 꼭 하이데거가 아니더라도, 서양 철학은 강하게 존재에 대한 집착에 지배당해 있습니다.

도대체 왜 존재가 중요한 걸까요? 존재 중의 존재란, 결국 신의 존재를 의미합니다. 야훼라고 하는 것은 존재라는 뜻으로, 신에 대해서 묻는 건 결국 존재에 대해서 묻는 것이 됩니다. 그래서 중세에는, 특히 신의 존재가 그 중심적인 테마가 되었습니다. 예를 들어 토마스 아퀴나스는 다섯 가지 방법으로 신의 존재를 증명하려고 했습니다. 그리고 이러한 신의 존재 증명의 논법이 이성의 작동방식의 원형이 되었습니다.

거듭 반복하지만, 신의 존재는 자명하고, 이는 전제가 됩니다. 중세의 신학자·철학자에게 "신의 존재를 믿습니까" 하고 물으면 "당연하죠"라고 대답할 겁니다. 그런데 왜 증명하지 않으면 안 될까요. 증명한다고 하는 건 불확실하기 때문이지요. 존재 증명이라는 행위 자체가 신을 모독하는 일이라 생각하는데…….

어째서 신의 존재를 자명시하고 있는 사람들이 왜 이렇게 강박적으로 신의 존재를 증명하려 하는 걸까요?

**하시즈메** 음, 굉장히 어려운 질문이네요.

우선, 일신교에서는 존재가 2단계로 나뉘어져 있습니다. 신도 존재하고, 신이 만든 세계도 존재한다고요. 존재한다는 면에서는 똑같습니다. 그러나 그 랭크가 다릅니다. 우리들이 알고 있는 존재는 눈에 보이고, 만질 수 있으며, 우리 주위에 있습니다……라고 합니다. 세계 내[속] 존재라고도 해야 하는 것이지요. 그에 반해서 신의 존재는 눈에 보이지 않고 확인할 수 없습니다. 신의 존재는 시간적·공간적으로 국한되지 않습니다. 우리의 감각을 뛰어넘고 있습니다.

그런데도 모든 존재를 존재하게 만든 근거이니, 그 존재는 감히 의심할 수 없는 존재인 것입니다. 신이 모든 것을 창조하고 모든 것을 존재하게끔 한 것은 성서에 씌어 있기 때문에 의심할 여지가 없습니다.

그래서 신이 세계를 창조했다는 것은 "존재해라, 그러자 존재해버렸다"라고 하는 명령입니다. 그냥 스위치를 누른 거예요. 그러나 눈에 보이는 건 우리들 앞에 펼쳐진 세계뿐, 신은 보이지 않습니다. 이성적으로 접근하면 오직 이 세계만 인식하고 이해할 수 있습니다. 이 세계와 신의 관계에 대해서는 이성에 의해서는 파악할 수 없기 때문에 신앙의 문제가 되는 것입니다.

그래서 2단 로켓이 되는 거예요. 이성으로 갈 수 있는 데까지 가보고 신이라는 영역이 나타나서 더 이상 전진할 수 없으면 그때 신앙으로 2단 로켓을 꾸려 날아간다는 거죠. 이게 소박한 그리스도교의 사고방식이라고 생각합니다.

존재 증명은 이걸 신앙 없이 하려 하니 야심이 과한 것이지요. 지나치게 이성을 믿는 사람들이 하는 짓입니다. 할 수 없어도 괜찮은, 밑져야 본전인 것이거든요. 만약 신이 우리에게 그만큼 대단한 이성을 주셨다면 어쩌면 가능할지도 모르겠군요. 하지만 전 쓸데없는, 과잉 노력이라고 생각합니다.

왜 철학의 물음이 존재의 문제에 집중했을까요. 그것은 인간이 "신에게 존재되었"기 때문입니다. 세계도 "신에게 존재된" 것이기 때문이라고 생각합니다. 그리스도교의 힘이 강해지면서 신이 존재의 근거가 되었습니다. 철학이 신학에서 분리되면 신을 존재의 근거로 삼을 수 없습니다. 그렇게 되면 신 대신에, 이성이 존재를 근거지우지 않으면 안된다고 생각한 거죠.

철학이 존재의 문제에 대해서 제대로 된 답을 내리지 못한 반면에, 이성을 원동력으로 삼아 자기 입맛대로 이 세상에서 일어나는 문제를 해결하려는 학자들이 속출했습니다. 철학은 핑계에 불과할지도 모릅니다.

**오사와** 어떤 의미에서는 모순되고 있다는 거군요.

**하시즈메** 네.

**오사와** 상당히 모순되는 부분도 있어서 제3자 입장에서 보면 그렇게까지 신경쓸 필요가 있나 싶긴 한데, 그 나름대로 재미도 있어요.

제1부에서 우상 숭배의 금지에 대한 이야기를 할 때도 일신교에서 말하는 신의 "존재"는 보거나 만질 수 있는 통상적인 존재와는 전혀 다르다고 했잖아요. 일반적인 존재의 근거(보고 만질 수 있는 것)는 신에게는 해당되지 않습니다. 그래서 가장 "존재하지 않다"고 여겨지는 듯한 근거를 가지고서 "존재"를 확정해버리는 게 일신교의 신입니다.

중세의 신학에서는 더 나아가서, 신에 대해서는 원래 포지티브한 무엇으로도 말할 수 없는 게 되었습니다. 이를 부정 신학이라고 하지요. 예를 들어 통상적인 사물에 관해서는 "이 건물은 크다"라든가, "이 볼펜은 작다"고 말할 수 있습니다. 하지만 신에 대해서 "신은 크다"든가, "신은 위대하다"고 해버리면 통상적인 사물의 크기의 서열 속에서 신이 상대화되어버립니다. 그래서 신에 대해서 포지티브하게 술어를 붙일 수 없다는 거예요. 바꿔 말하자면, 신에 대해서는 "~가 아니시다"로, 부정적으로밖에 서술할 수 없다는 겁니다.

이렇게 생각하면 가장 곤란해지는 건 다름 아닌 "존재한다"라는 술어입니다. "이 펜이 존재한다"고 말했을 때와 "신이 존재한다"라고 말했을 때의 "존재한다"라는 말은 똑같은 의미일까요. 부정 신학적인 착상에서 보면 전혀 의미가 다릅니다. 극단적으로 말하자면, 두 가지의 "존재한다"는 완전한 동음 이의어同音異議語가 되는 거예요.

그렇게 되면 "신이 존재한다"고 말할 때의 "존재한다"는 어떤 의미인지 알 수 없게 되어버립니다. "신의 존재 증명"이란 도대체 무엇을 설명하려는 걸까요…….

그래서 타협안으로서, 토마스 아퀴나스는 "존재의 유비성analogia entis"이라는 걸 이야기합니다. "신이 존재한다"와 "펜이 존재한다"는 똑같은 의미는 아니지만, 비유와 같은 유비의 관계에 있다는 겁니다.

그러나 이것도 무슨 소리인지 잘 모르겠지만요. 그래서 중세가 끝나갈 무렵에는 거두절미하고서 두 종류의 "존재한다"는 완전히 같은 의미라고 단정짓는 철학자가 등장합니다. 바로 "존재의 일의성一義性"라 불리는 아이디어인데, 이걸 주창한 게 둔스 스코투스Duns Scotus입니다. 여기까지 오니 다시 원점으로 되돌아간 느낌인데요. 다만 두 종류의 "존재한다"가 서로 똑같은 의미라고 해도 통상적인 사물에 관해서 존재의 근거로 여겨지는 것은 우상 숭배 금지의 논리에 따라 모두 거부해야 합니다. 그래서 "신이 존재한다"라는 게 도대체 무슨 의미인가 하는 의문이 여하튼 남는 겁니다.

이런 식으로 신의 존재를 생각하자마자 이야기가 복잡해지는데요. 하시즈메 씨 말씀대로, 이런 과정을 통해서 독특하고 합리적인 체계가 만들어진 것도 분명한 사실입니다. 곧 무슨 의미가 있을까 생각해보다가 포지티브한 지식 체계가 만들어진 게 아니라, 풀 수 없는 문제를 필사적으로 풀어보려고 하다가 거꾸로 좋은 결과를 만들어냈다는 이야기입니다.

그리스도교라는 건 공이 존재할 수 없는 진공 상태에서 배트를 힘껏 휘둘렀는데, 무슨 이유에서인지 갑자기 공이 튀어나와 배트에 맞아서 그대로 홈런이 된다는 식의 방식으로 영향을 미친다고 생각합니다.

# 9 종교 개혁 – 프로테스탄트의 등장

**오사와** 슬슬 프로테스탄트에 대해서 이야기해봅시다. 프로테스탄트라는 것은 16세기부터 17세기에 걸쳐 가톨릭 주류파를 비판하면서 등장한 그리스도교의 여러 그룹입니다.

우선 소박한 질문인데요, 간단하게 프로테스탄트와 가톨릭은 어떤 점에서 가장 커다란 차이가 있는지 궁금합니다.

**하시즈메** 종교 개혁의 주제를 한 마디로 말한다면, 신과 인간의 영역을 분리하고, 그것에 의해서 신과 인간의 관계를 바로 잡는 것입니다.

이 때문에 신에게 받은 것을 증명할 수 없으면 신에게 받은 것이라 인정할 수 없다. 증명할 수 없어서 신으로부터 받은 것인지도 모르겠지만, 신에게서 받은 게 아니기에 우상숭배가 되므로 거부합니다. 이런 행동방식을 엄격히 밀어붙였습니다.

그래서 무엇이 신으로부터의 것인가. 신은 인간에게 예수 그리스도를 보냈습니다. 인간들은 예수를 신에게서 온 가장 큰 메시지로, 복음이라고 합니다. 그러나 예수 그리스도에게서 직접적으로 가르침을 받은 인간은 한정적입니다. 예수가 간 뒤에 복음서 등의 증언 기록이나 바울의 서간이 남았습니다. 이게 신약성서이지요. 성서를 통해서 신에 접촉하는 것을 바람직하게 여겼는데요. 성서가 만들어진 뒤에 공회의에서 성서의 독해방식(학설)을 결정하였고, 이것도 포함하여 성서라고 생각했습니다. 이리하여

　　　신 - 성서 - 인간

　이라는 관계가 확립되었습니다. 그 밖에는 아무(인간)도 끼면 안 된다고 생각했습니다. 이걸 성서 중심주의라고 합니다.

　성서 중심주의는 신앙과 신의 관계를 바로 잡고, 성서를 근거로 모든 걸 정당화하려 하는 증명 방법론입니다. 가톨릭 교회에는 미사나 성직자(사제나 신부)가 있지만, 그것들은 성서에 근거를 가지고 있지 않습니다. 그래서 존재할 수 없는 거예요. 교회당도 없어도 좋다. 의식儀式도 없어도 좋다. 성서만 있으면 된다는 극단적인 생각을 하면서 오직 자신과 신만이 대화하는 걸 이상적으로 봅니다. 여기서 교회는 필요없다고 하는 무교회파도 출현하는데, 통상적인 프로테스탄트도 이렇게까지 극단적으로 나오진 않습니다. 대체적으로 집단(교회)을 만들고 목사를 둡니다.

　그런데 성서는 문자 그대로 독해할 수 없는 책입니다. 해석을 달지 않으면 이해하기 힘든데, 이때 자기 마음대로 해석하면 안 됩니다. 왜냐하면 해석은 "인간의 것"이니까요. 그래서 공회의가 채택한, 삼위일체설을 따릅니다. 그 밖에도 정통한 해석을 따르는데, 프로테스탄트도 여기까지는

인정합니다. 그렇지만 가톨릭 교회는 성서에 씌어 있는 것도 아니고, 공회의의 정통한 해석도 아닌, 출처가 모호한 교회의 전승 등을 따르기 시작합니다. 성인 숭배나 연옥煉獄 같은 이야기를 하면서 면죄부를 팔고, 고해告解나 7가지 성사聖事 등을 진행해왔습니다. 프로테스탄트는 이를 인정하지 않았습니다.

그 결과 프로테스탄트는 몇몇 그룹(교회)으로 분리될 수밖에 없던 거예요. 조금이라도 생각(해석)이 다르면 성서에 이런 이야기가 어디에 나오느냐며 언성이 높아졌고 상대방을 설득할 수 없게 되면서 분열하게 된 겁니다. 그래서 루터파와 칼뱅파, 퀘이커교도, 침례교도, 영국 국교회 등 수많은 교회(종파)가 생긴 것입니다.

이렇게 갈라지기만 한 건 아니고, 합병한 경우도 있습니다. 초기 감리교회는 분리되었지만 오래 전에 통합했고, 유니테리언 교회와 유니버셜리스트 교회도 서로 비슷한 생각을 가지고 있어서 유니테리언 유니버셜리스트 교회로 합쳐졌습니다. 아메리카에서는 교회가 자유 경쟁하고 있으므로 내리막길에 들어선 교회는 교회당을 다른 교회에 팔거나 간판을 새로 내걸었습니다. 마치 은행의 M&A처럼요.

**오사와**  미쓰비시도쿄UFJ은행 같은 건가요(웃음).

**하시즈메**  네. 그렇게도 볼 수 있겠네요. 교회도 마찬가지예요. 사실 교회(단체)는 그렇게 중요하지 않거든요. 결국 개인 거지요. 가장 중요한 건 개인과 신의 관계니까요. 단체는 임의적인 겁니다. 투자가의 행동을 살펴보면, 요컨대 자신의 자금이 이윤을 낼 수 있으면 좋은 거고 어디에 투자하는지는 부차적인 문제이기 때문에 기업이나 투자 펀드가 어떻게 뭉치든, 어떻게 흩어지든 별 관심이 없습니다. 프로테스탄트는 이렇게 생각하는데, 가톨릭은 또 다릅니다.

**오사와** 만약 가톨릭이 그런 태도를 취했다면 교회가 하나씩 사라졌을 거예요.

**하시즈메** 가톨릭은 구제를 위해서는 교회가 꼭 필요하다고 생각합니다.

예전에는 구제를, 문자 그대로 교회가 도와줬습니다. 예수 그리스도의 대리인으로서, 사람들에게 구제를 약속하고 있었거든요. 그런데 종교 개혁 이후에 여러 비판을 받게 되자 이런 활동을 접었고, 연옥이나 면죄부 등의 교의는 모두 없어지게 되었습니다. 하지만 공회의의 의결을 따랐기 때문에 정작 자신들이야말로 유일한 정통 교회라는 입장을 고수하고 있습니다. 그리스도교 신자가 되려면 그 유일한 교회에 참석해야만 한다고 생각했던 거예요. 그 교회의 수장은 예수 그리스도이고 신자들이 예수의 손발이 되기 때문에 예수와 신자들이 분리될 수 없다고 생각하는 거지요.

더구나 프로테스탄트의 교회에서는 가톨릭의 세례를 인정했기 때문에 가톨릭 교회의 신도가 와도 성찬(빵과 포도주의 의식)에 참여시켜주었습니다. 거꾸로 가톨릭 교회에 프로테스탄트가 찾아가도 똑같이 대했을 거예요. 이런 점을 생각해보면 분열했다고 해도 하나의 교회라고 생각합니다.

**오사와** 그렇군요. 이야기를 들으면서 가톨릭과 프로테스탄트를 비교해보니 계속 역설이 있는 것처럼 보이네요.

가톨릭의 경우에는 신과 인간 사이에 성직자나 성인, 의식이 개입합니다. 특히 "교회"라는 게 절대로 없어서는 안 되는 조직이 되고요.

그에 반해서 프로테스탄트의 경우에는 그것들을 쓸모없는 것, 없어도 그만인 것, 오히려 있으면 안 되는 것으로 여기고서 배제해버렸기 때문에 신과 인간이 다이렉트로 연결되는 겁니다. 신과 인간의 관계가 교회라는 조직을 통해서 관계맺는 게 아니라 각 개인의 내면의 문제인 것으로, 어떤 의미에서 신과 인간의 차이가 강조되면 될수록 신과 인간의 관계가 직결된다는 역설이 생깁니다.

성서와의 관계도 마찬가지인데요. 프로테스탄트에게 있어서 성서는 신과 인간의 관계에서 유일한, 절대 배제할 수 없는 실마리이므로, 신자 하나 하나가 읽어서 성서를 올바르게 해석해야 합니다. 그래서 독일어 번역을 필두로 여러 방언의 성서가 등장하게 된 거예요. 신자에게 성서가 내면화된 것이죠. 가톨릭에서는 라틴어 성서를 사용했기 때문에 평범한 신자는 읽으려고 해도 읽을 수 없었어요. 그래서 라틴어 성서가 신과 인간을 가로막는 벽처럼 느껴진 겁니다.

정리하자면 신과 인간의 사이의 이념적인 거리가 철저하

게 중시되자, 거꾸로 신과 인간이 도리어 1 : 1로 직접적으로 연결된다는 역설이 생깁니다. 멀어지면 멀어질수록 가까워진다는 소리죠.

# 10 예정설과 자본주의의 기묘한 연계

**오사와** 사회학의 고전 중의 고전으로서, 막스 베버의 『프로테스탄티즘의 윤리와 자본주의 정신』이라는 유명한 책이 있습니다. 이는 사회학 문헌 가운데서도 가장 많이 읽히고, 가장 큰 영향력을 미친 책이라고 해도 과언이 아닙니다.

이 책에서는 프로테스탄티즘, 특히 칼뱅이 만들어낸 교의에 규정받은 생활 태도(에토스)가 근대적인 자본주의로의 결정적인 드라이브를 낳았다고 합니다. 굉장히 유명한 이야기인데, 사실 베버가 살아 있던 시대부터 오늘날까지 비판적으로 보는 사람도 적지 않습니다. 물론 저는 베버의 이야기가 상당히 설득력 있다고 생각하지만요.

이 책의 전반에는 루터에 대해서, 후반에는 주로 칼뱅에 대해서 논하고 있습니다. 종교 개혁과 근대적인 자본주의의 합리성의 관계에서 특히 칼뱅파가 중요한데요. 칼뱅파가 불러일으킨 생활 태도가 의도치 않은 결과로서 자본주의 정신과 연계되어 있기 때문입니다. 하지만 그 연계방식을 설명하는 논리도 대단히 어렵습니다. 저도 이제까지 여러 번 강의에서 이 이야기를 다뤘지만 여간 어려운 게 아니었어요.

칼뱅파라는 것은 프로테스탄트의 존재방식의 가장 철저한 버전입니다. 루터의 용기 있는 한 걸음으로 종교 개혁이 시작되었지만, 뒤에 등장한 칼뱅은 루터의 정신을 보다 순화시켜서 극단에까지 밀고나갔습니다. 칼뱅 입장에서는 루터가 허술했다고 생각할지도 모르겠군요.

칼뱅파의 교의는 예정설(혹은 이중 예정설)이라고 합니다. 그리스도교 신자는 최후에 신의 나라에서 영생할지, 아니면 지옥 같은 곳에 떨어져서 영원히 고통받을지 두 갈래 길에 놓이게 됩니다. 어디로 갈지의 결론은 최후의 심판에서 전해들을 수 있습니다. 이에 대해서 예정설은 두 가지 이론을 가지고 있습니다.

첫째로, 신이 당신이 구제받는 쪽에 있을지, 저주받는 쪽에 있을지 이미 결정해버리고 있기 때문에 인간의 행위에 의해서 그걸 바꿀 수 없다는 것입니다. 인간이 신의 환심을 사려고 이것저것해도 신의 결정을 바꿀 수 없다는 거죠.

둘째로, 신이 결정한 걸 인간이 미리 알아차린다는 것은 원리적으로 불가능하다는 것입니다.

일신교에서 말하는 신의 원리를 순수하게 철저화한다면 이리 되는 겁니다.

하지만 이런 상황이라면 인간은 타락하거나 불신에 빠질 위험이 있습니다. 예를 들어 교사가 학기 첫 수업이 시작되기도 전에 학생들에게 "너희들 성적은 리포트를 내기 전에 이미 정해놓았다", "너희들이 뭘 하든 그건 의미가 없어"라

고 말하면 어떻게 될까요. 당연히 학생들 모두 의욕을 잃고
서 게을러질 겁니다.

그 당시 대부분의 그리스도교 지도자들도 이런 걱정을
했을 거예요. 예정설은 좀 아닌 거 같은데 하고 말이죠.

악하거나 죄를 진 사람들이 회심했을 때 가장 큰 문제가
생깁니다. 아무리 나쁜 사람이라도 회심만 하면 신이 그를
용서해주고서 신의 나라에 갈 수 있도록 해준다고 칩시다.
많은 사람을 회개하도록 이끌 수 있겠죠. 하지만 예정설은
이 반대 논리이니, 사람들을 선善으로 이끌만한 계기가 없
어지는 거예요……

그렇지만 베버는 이런 걱정은 기우에 지나지 않으며, 예
정설에 규정되어 있는 특징적인 행동양식이나 생활 태도가
최종적으로는 자본주의적인 정신과 결부지어진다고 했습
니다. 아까도 말했듯이, 칼뱅파는 전혀 이런 결과를 의도하
지 않았어요. 칼뱅이나 프로테스탄트는 자본주의를 발전시
킬 생각이 전혀 없었거든요. 베버는 이런 기묘한 인과관계
에 대해서 열심히 설명했지만, 너무 들쭉날쭉해서 많은 사
람들이 이해하지 못했습니다.

도대체 예정설이 왜 자본주의 정신으로의 동인動因이 되
었을까요? 베버의 설명을 해석하거나 보충하는 식으로, 경
우에 따라서는 비판하면서 하시즈메 씨의 생각을 들려주
세요.

**하시즈메** 성서에는 이럴 때는 이렇게라고 하면서 각각 상황

에 맞게 다른 설명이 나옵니다. 구제 예정설도 그런 테마 중 하나입니다.

그리스도교도 일신교이기 때문에 신이 주권主權을 쥐고 있다고 봅니다. 신이 인간을 삶아먹든, 구워먹든 그건 신의 자유라고 생각합니다. 그리스도교에서 말하는 구제는 집단이 아닌 개인 차원입니다. 그래서 최후의 심판 때 신은 인간 한 명 한 명에 대해서 자유롭게 결정하는 겁니다. 결과로서 모두 구원받을 수도, 혹은 모두 구원받지 못할 수도 있습니다. 또 누구는 구원받고, 누구는 구원받지 못할 수도 있어요. 아마 그 중간에서 어떤 자는 구제받고, 어떤 자는 구제받지 못합니다.

그럼 인간의 행동(인간의 업)이 구제에 영향을 미칠 수 있을까요?

영향을 미친다는 설과 그렇지 않다는 설이 있는데, 이치적으로 생각해보면 그렇지 않다는 설이 더 설득력이 있습니다. 만약 인간의 행동이 조금이라도 신의 결정에 영향을 준다고 생각해보세요. 그럼 신과 인간의 상호작용이 일어난다는 이야기인데 일신교의 사고방식이 아니잖아요. 그래서 인간의 업의 영향력이 제로라고 생각하는 게 맞습니다.

결론만 보면 이렇긴 한데, 사실 성서를 읽어보면 중간 중간 모순되는 부분도 나옵니다. 그건 "후회하는 신"입니다. 신은 무엇을 한 뒤에 후회합니다. 예를 들어 노아의 홍수 때 처음에는 인류 모두를 죽이고서 처음부터 다시 시작하려고 했는데, 지상을 보니 의인인 노아가 있는 거예요. 그래서 처음에 세운 계획을 조금 변경해서 노아와 그 일족만 방주에 태우는 식으로 도와줍니다. 원래 예정에 없던 내용입니다. 신의 자유 재량이긴 하지만, 노아의 의로운 행동을 보고서 계획을 바꾼 거라고 독해합니다.

성서를 읽다보면 이렇게 신이 모든 걸 결정하고 인간은 아무 것도 할 수 없다는 원칙이 보입니다. 그런데 신이 하나하나 살펴서 나의 생각이나 마음, 행동을 알아차리고서 응답해줍니다. 이런 식으로 생각해서 자신을 위로하는 거예요. 눈에 띄게 예수그리스도도 역시 신은 당신이 무얼 바라고 있는지 알고 있기 때문에 이교도처럼 장황하게 기도하지 말라고 가르치고 있습니다.

구제 예정설은 그런 달콤한 게 아니라고 철저하게 신의 주권을 따졌습니다. 신이 후회한다. 인간에 따라서 행동을 바꾼다라는 측면을 제로로 만들었습니다. 그런 철저한 신학의 최초의 예라고 생각합니다.

다음 문제는 이제 인간은 근면해지는가입니다.

구제 예정설은 구제가 인간의 행동에 좌우되지 않는다는 설이기 때문에 이 설을 믿는 사람들은 근면하지 않을 것이라 생각합니다. 하지만 베버는 그와 반대라고 주장했습니다.

실제로 베버의 말대로, 구제 예정설을 믿었던 퓨리탄(칼뱅파의 일부로, 영국에 있던 사람들[청교도])은 근면한 생활을 유지했습니다. 구제 예정설의 구조를 제대로 이해하면 그렇게 말할 수 있습니다.

한 마디로, 구제 예정설은 구제받을지/구제받지 못할지가 세계가 창조됨과 동시에 정해져 있다는 설입니다. 이걸 복권에 비유하면, 추첨을 끝낸 뒤에 파는 것과 똑같은 거예요. 어떤 복권이 당첨될지 모르면 판매가 끝난 뒤에 추첨을 하나, 미리 추첨한 다음에 복권 번호를 금고에 넣어놓고서 파나 당첨 확률은 똑같고 별 차이가 없거든요. 사람들의 기분이 좀 그래서 그렇지.

어떤 복권이 당첨 복권인지 알 수 없는 것, 그리고 자신의 행동이 당첨 확률과 관계가 없다는 게 복권의 본질이지, 먼저 추첨할지 나중에 추첨할지는 중요한 게 아닙니다. 구제도 마찬가지인데요. 신이 누구를 구제할지 최후의 심판 때 결정하나, 천지 창조 때 결정하나 신에게 있어서는(그리고 인간에게 있어서도) 매한가지인 거예요. 어딘지 석연찮은 구석이 있다고 생각하는 사람들이 있는데, 그건 그 사람들이 잘못된 거고요.

잘 따라오고 계신가요. 어쨌든 구제 예정설은 그리스도교의 논리를 순수화시킨 겁니다.

그렇다고 한다면 그 다음에 인간은, 이상의 설명을 판별했던 경우에는 근면하게 일해도 아무 소용없다고 생각해서 게을러지거나 아니면 오히려 더 근면하게 일할 건지 하는 문제가 있습니다.

게임 이론을 사용해서 생각해보세요.

플레이어는 신과 인간 두 명입니다. 신에게는 구제한다/구제하지 않는다, 인간에게는 근면하게 일한다/타락한 생활을 한다라는 선택지가 있습니다. 구제 예정설이니, 신이 먼저 구원한다/구원하지 않는다 중에 하나를 선택하고, 그 다음에 인간이 근면하게 일한다/타락한 생활을 한다 중 하나를 선택합니다. 그리고 인간은 신이 어떤 선택을 했는지 알 수 없다는 게 이 게임의 기본 설정입니다.

그런데 신이 인간을 구제하기로 결정하고 있는 경우에 인간은 근면하게 일하나 타락한 생활을 하나 여하튼 구제받기 때문에 굳이 근면하게 일할 필요가 없습니다. 그래서 타락한 생활을 하는 게 낫습니다. 한편 신이 인간을 구제하지 않는다고 결정한 경우, 그 경우에도 인간은 근면하게 일하나 타락한 생활을 하나 어차피 구제받지 못하므로 근면하게 일할 필요가 없습니다. 이때도 타락한 생활을 하는 게 더 낫습니다. 이런 식이면 어느 쪽이든 타락한 생활을 하는 게 낫다는 결론이 나오는데요. 결론으로서, 어느 경우나 타락해서 사는 쪽이 낫지요. 이런 타락한 생활이 "지배 전략"이 되는 것입니다.

그렇다고 한다면 사람들이 구제 예정설을 믿는 사회에서는 줄줄이 사람들이 무절제하고 타락한 생활을 할 것 같죠? 그런데 또 그렇진 않습니다.

어디에 비밀이 있느냐 하면 자신은 이 게임의 이유를 증명하고 싶어 하니까요. 지상에서의 자신의 이익을 고려해서 행동한다면 타락한 생활을 하는 게 지배 전략이 됩니다. 그런 상황에서 만약 근면하게 일하는 사람이 있다면 이는 신의 은총(은혜)을 입어서 그렇게 되는 겁니다. 근면하게 일하는 건 신이 명령한, 이웃 사랑의 실천입니다. 이 상황에서 근면한 것은 신의 은총의 드러남입니다. 그리되면 자신이 신의 은총을 받았다는 확신이 있다면 매일 열심히 일할 수밖에 없는 겁니다.

**오사와** 자신이 구제받았다는 확신이 들면 지배 전략과 다른 방향으로 생각하는 거군요.

**하시즈메** 네. 그렇습니다. 신의 은총은 게임 이론의 전략적 사고를 초월하는 거예요.

그래서 자기가 은총을 받았다고 확신하는 사람들은 성실하게 일하지만, 그렇지 못해 타락한 생활을 하는 사람들도 비지니스에 차질이 생깁니다…….

**오사와** 게으른 생활을 하면 사람들이 아, 저 녀석은 구제받지 못한 놈이네 하고 간주해버리니까요(웃음).

**하시즈메** 네. 게으른 사람이 운영하는 빵집은 빵이 팔리지 않고, 은행에는 사람들이 돈을 맡기지 않을 겁니다. 그럼 장사가 잘 안 되겠죠. 그러니 모두들 근면하게 일할 수밖에 없는 겁니다. 베버가 말한 건 이런 게 아니었을까요.

**오사와** 그렇군요. 베버 자신이 게임 이론으로 설명한 건 아니지만, 상당히 흥미로운 이야기네요. 여기서도 중요한 건 게임 이론에서 도출된 솔직한 결론이 아니라, 당연한 결과인 지배 전략을 일부러 부정하는 듯한 행동양식이 오히려 지배적이 된다고 하는 역설이 작용한다고 봅니다. 그만큼 예정설이 독특한 결과를 불러일으킨 겁니다.

조금 덧붙이자면, 말씀하신대로 성서 속의 신은 예정설에서 말하는 철저한 신과 마음이 오락가락하는 신 둘 다라고 생각합니다. "노아의 방주"뿐만 아니라, 에덴 동산에서 인간이 금단의 과실을 먹었을 때도 신의 오산을 엿볼 수 있었습니다. 자신의 분신 같은 "신의 아들"을 인간 세계에 내려보내서 십자가에 매달려 죽게 만든 것도 신의 계획이었을까요. 이건 너무 나간 건가요.……어쨌든 이런 식으로 성서 상당 부분에서 "후회하는 신"적인 비전vision을 볼 수 있습니다.

그러나 서양에서는 주권자로서의 신, 예정설에서 말하는 신쪽으로 점점 순화되어가는 방향으로 그리스도교의 개혁이 일어났습니다. 그게 바로 종교 개혁입니다.

# 11 이자의 해금

**오사와** 자본주의와 그리스도교의 관계에 대해서 생각할 때 이자 이야기가 자주 언급됩니다.

이자는 그리스도교 신자 사이에서는 원래 금지된 것인데요. 특히 중세에는 엄격하게 금지되어 있던 시기가 있어서 이자를 받는 건 최대의 죄악의 하나로, 신의 의사에 반하는 것으로 간주했습니다. 고리대금업자는 신의 나라에 절대로 갈 수 없다고 여겼고요.

그러나 자본주의는 이자를 인정하지 않으면 개시되지 않습니다. 그래서 어느새 이자는 종교적 걸림돌인 단계에서부터 이자를 받아도 문제가 없는 상황으로 언젠가 이행하게 되었습니다. 이자가 점차 허용된 건 프로테스탄트가 등장하기 직전인데요. 중세에는 압도적인 죄였던 이자가 왜 머지않아 받아도 좋은 게 되었을까요. 이에 대해서 다양한 역사 연구도 있는데, 이를 어떻게 이해하면 좋을까요?

**하시즈메** 유대교는 이자를 받는 것을 금지했습니다. 그리스도교도 오랫동안 이자를 허용하지 않았고요. 이슬람교 역시 모두 이자를 받지 않았습니다.

이것은 원래 유대교의 율법에서 시작되었습니다. 유대교

신자들끼리는 이자를 받으면 안 되지만, 유대교 신자가 이교도에게서 이자를 받는 건 금지되지 않았다고 해요. 그래서 그리스도교 신자는 유대교 신자에게 이자를 지불하고 돈을 빌려도 됩니다. 유대인도 그리스도교 신자에게 돈을 빌릴 수 있었고요.

**오사와** 그렇군요. 셰익스피어의 「베니스의 상인」은 그리스도교 신자가 유대인에게 돈을 빌리는 이야기잖아요. 거기에서도 이자를 받는 유대인 샤일록은 나쁜 놈으로 취급됩니다.

**하시즈메** 이자 없이는 돈을 흔쾌히 빌려주는 사람이 없으니 돈을 빌리기가 쉽지 않죠. 어떻게 해서든 빌려야 할 때는 이자를 내는 식으로 그런 일이 꽤 있었다고 해요.

그럼 왜 이자를 받으면 안 되었던 걸까요. 이자 그 자체가 나쁜 게 아니라, 이자를 받으면 동포를 괴롭게 만들기 때문입니다. 돈을 빌리려는 사람들은 대부분 경제적으로 힘든 사람들입니다. 경제적으로 힘든 동포에게 돈을 빌려주고서 이자를 받아내려고 하면 안 되는 겁니다. 그래서 이자 없이 돈을 빌려주라는 규정인 겁니다.

유대교는 이런 규정이 많은 게 특징인데요. 전당포를 예로 들어볼게요. 웃도리를 담보로 돈을 빌릴 경우에 웃도리를 일몰까지는 돌려주라고 합니다. 왜냐면 당시 웃도리는 밤에 잘 때 모포 같은 역할을 했기 때문에 웃도리가 없으면 저녁에 추워서 힘들거든요. 가난한 사람의 경우에 웃도리

말고는 담보로 잡을 만한 것이 없으니 저녁이 되면 꼭 웃도리를 돌려줘야 합니다. 그리고 맷돌도 담보로 잡으면 안 됩니다. 맷돌로 밀을 갈아서 빵을 만들기 때문에 맷돌이 없으면 생활하는 데 많은 어려움이 생기니까요. 이런 규정들이 많이 있었는데, 이자 금지는 그 일환이었습니다. 돈을 빌리는 사람들을 힘들게 해선 안 되며, 비지니스를 시작하기 위해 돈을 빌리는 건 괜찮습니다. 하지만 그런 대금까지 포함해서 이자를 금지했습니다.

그리스도교는 유대 법률을 부정하지요. 그런데도 수도원이나 교회는 형태만 바꿔서 십일조를 거뒀습니다. 서양사에서 십일조는 그리스도교의 세금으로 보는데요. 원래는 유대교 세금으로, "다른 곳에서도 걷고 있으니 우리도 일반 소비세로 보겠다"라며 도입한 거라고 해요. 『베니스의 상인』 시대까지만 해도 이자에 대한 반발이 강해서 금융업 등이 제대로 이뤄지지 않았지만, 동인도회사 등이 설립되면서 투자에 이익을 배분하는 시스템이 생겨났습니다. 큰 배를 만들어 외국으로 보내고 무역을 해서 이윤이 생기면 돈을 출자한 사람들이 이를 나눠먹는 겁니다. 배를 건조하는 데는 거액이 필요하니 돈을 출자한 사람들이 그룹을 만드는데요. 이익을 배분해도 되기 때문에 기대 이익을 이자로서 약속하는, 상업 은행의 성립까지는 단번에 이루어집니다. 이런 형태가 점차 홀랜드[네덜란드]나 잉글랜드에 정착해갔습니다.

**오사와** 말씀하신대로 유대교는 이자 그 자체를 막는 게 아니라 이웃 사랑이나 동포애 정신에 반하는 것을 죄악시했기 때문에 이자가 인정받을 여지는 원래 있었다고도 말할 수 있습니다. 그러니 이자에 관해서 그럴싸한 이유를 갖다 붙여서 정당화되었고, 결국 이자가 당연해졌습니다. 그런 역사적 프로세스가 있던 거지요.

이와 관련해서, 이자에 대한 여러 연구가 있습니다. 예를 들어 프랑스 중세사의 대가 자크 르-고프Jacques Le-Goff가 쓴 『연옥의 탄생』을 보면 본래 그리스도교에는 천국과 지옥만 있었는데, 중세에 들어와서 연옥煉獄이라는 개념이 생겨나서 정착했다고 합니다.

연옥이란 것은 천국과 지옥으로 가기 전의 중간 대합실 같은 곳인데요. 생각해보면 천국과 지옥밖에 없는 시스템이란 것은 무죄와 사형밖에 없는 형법과 같은 것입니다. 조금 어울리지 않지 않나요. 예를 들어 소매치기범은 유죄인 게 틀림없습니다. 그러니 무죄라고 방면할 수도 없고, 그렇다고 갑자기 사형을 내리자니 불쌍하잖아요. 이럴 경우에는 연옥이라는 곳에서 어느 정도 괴로운 시련을 견디고 과오를 씻어낸다면 갑자기 지옥에 가지 않아도 됩니다.

르-고프는 이 연옥의 성립이 이자의 정당화나 정착에 좋은 구실이 되었다는 설을 전개하고 있습니다. 연옥이 있는 덕택에, 고리대금업자들이 느닷없이 지옥에 떨어지지 않는다는 거죠. 바꿔 말하자면, 이자를 받는 장사를 해도 구제받을 가능성이 있다는 겁니다. 그래서 점점 이자가 인정받게 되었다는 이야기입니다.

그렇다고는 하지만 연옥이 있다고 해도 기껏해야 이자는 필요악일 뿐, 적극적으로 정당화되는 건 아닙니다. 이자가 대대적으로 응용되어 발전하는 것은 산업 자본주의가 보급되었을 때인데, 그 주요한 담지자는 아까 말한 프로테스탄트였습니다. 그리고 물론, 프로테스탄트는 연옥을 인정하지 않았습니다. 성서에는 연옥과 같은 중간 영역에 대한 근거가 나오지 않으니까요. 그래서 연옥의 탄생·정착과 이자의 보급 사이에는 생각만큼 깊은 상관관계가 있던 건 아니었나봅니다.

# 12 자연과학의 탄생

오사와 베버의 논의에서 자본주의 정신과 그리스도교(프로테스탄트)의 연계를 살펴봤는데요. 생각해보면 자본주의 정신 그 자체는 그리스도교와는 전혀 다른 것입니다. 오히려 세속적이고 반종교적으로조차 보이기까지 하니까요.

아까 말씀드렸지만, 그리스도교의 영향이란 건 이렇듯이 전혀 그리스도교적이 아닌 형태로, 혹은 그리스도교 그 자체를 부정하는 듯한 형태로 자주 발현됩니다. 자본주의 정신이 그 일례로, 가장 단적인 예는 자연과학이 아닐까요?

우리는 종교적 세계관을 부정할 때 종종 자연과학적인 세계관이나 합리성을 내세웁니다. 예를 들어 『창세기』의 서술은 현대 생물학이나 물리학 관점에서 보면 정말 넌센스라고 말해도 무방하거든요. 프랑스 혁명 당시의 이성 숭배도 그런 케이스인데요. 계몽주의적인 자연과학이나 합리주의는 종교를 부정하는 데 이용되었습니다.

하지만 잘 생각해보면 자연과학이란 것은 역시 그리스도교 문화, 특히 프로테스탄티즘에서 시작된 것입니다.

우리들이 오늘날 "자연과학"으로서 이해하고 있는 것과 같은 진리의 시스템은, 간단히 말해서 16세기부터 17세기에 서양에서 일어난 "과학 혁명" 이래의 것이라고 보면 됩니다.

예를 들어 중세 철학자의 자연관이나 자연학을 들어보면 어딘지 이상하다는 느낌이 드는데요. 중세에는 아리스토텔레스의 『자연학』이 절대적인 권위를 갖고 있었습니다. 아리스토텔레스는 굉장히 치밀하게 자연을 관찰해서 하나하나 끄집어서 보면, 이는 현대를 살아가는 우리들이 봐도 놀라울 정도로 정확한 서술이 있습니다. 그러나 근본 로직이 우리들의 합리성과는 어울리지 않습니다. 예를 들어 "땅"은 아래로 향하는 목적인目的因을 갖고 있기 때문에 땅을 많이 포함하고 있는 것은 지면에 떨어진다는 등의 설명을 하는데, 사고방식의 기본이나 전제가 우리와는 전혀 다르다고밖에 생각되지 않습니다.

그에 반해서 과학 혁명 이래의 지[식]는, 설령 현대 과학에서 봤을 때 잘못된 부분이 많다고 해도 근본적인 사고방식은 지금 우리들과 비슷한 방향성을 보인다고 생각합니다. 실제로 지금까지도 고등학교나 중학교의 이과理科에서 배우는 내용 대부분은 이 과학 혁명 시기에 확립된 아이디어입니다. 그 중심에는 뉴턴의 물리학이 있습니다.

물론 미시micro적으로 보면 과학 혁명 이전에 서양 이외의 지역에서 발견된 지식이나 기술도 있지요. 중국은 세계 최초로 화약을 발명했고, 일본의 와산和算 역시 서양과는 독립된 상당히 높은 수준의 수학이었습니다. 그러나 하나의 지[식] 시스템 전체로 봤을 때 오늘날 주류가 된 것은 역시 서양에서 발생한 자연과학입니다.

그리고 그 자연과학을 만들어낸 과학 혁명은 실은 종교개혁과 시기적으로 상당히 겹치는데요. 게다가 과학 혁명의 담지자가 되었던 학자 ― 요즘 식으로 말하자면 "과학자"이지만, 당시에는 이런 호칭이 없었으므로 철학자 ― 는 결코 신앙심이 천박하지 않았습니다. 지금은 종종 과학자가 열심히 종교를 비판하지만, 과학 혁명의 담지자는 오히려 열렬한 그리스도교 신자, 더군다나 프로테스탄트였던 겁니다.

그래서 지금 보면 그리스도교적인 세계관을 명백히 부정하는 근거인 진리 시스템이야말로 사실은 그리스도교에서 나온 것이라는 이야기가 됩니다. 이슬람교나 불교에서는 찾아볼 수 없는 이야기죠.

이런 패러독스, 역설, 역사의 아이러니 같은 것에 대해서 하시즈메 씨는 어떻게 생각하시나요?

하시즈메 자연과학이 왜 그리스도교, 특히 프로테스탄트에서 나왔을까요?

그건, 아까 말씀하신 것처럼 우선 인간의 이성에 대한 신뢰가 두터워졌기 때문입니다. 또 하나 중요한 건 세계를 신이 창조했다고 확고하게 믿었기 때문입니다. 이 두 가지가 자연과학을 이끄는 두 바퀴가 된 거예요.

신이 세계를 창조하고 물리 현상이나 화학 현상, 생물 현상도 신이 만든 그대로의 네이쳐[자연]라면 신은 더 이상 그곳에 존재하지 않습니다. 신이 창조했다는 흔적만 있을 뿐입니다. 예를 들어 일본의 신토神道 같은 걸 생각해보면 산에는 산의 신, 강에는 강의 신, 식물에는 식물의, 동물에는 동물의 신이 있잖아요. 산을 파거나 자연을 실험·관찰하려고 하면 신과 충돌해버리는 겁니다. 신에게 제발 그것만은 멈춰달라고 애원할 거예요. 일본에서는 공사를 하려면 반드시 지친사이地鎭祭를 지내는데, 아마 옛날이었다면 차라리 공사를 안 하겠다고 했을 겁니다.

**오사와** 일단 용서부터 빌 거예요. 제발 노하지 말아주세요 하고.

**하시즈메** 맞아요. 그런데 일신교에서는 신은 세계를 창조한 뒤에 가버렸습니다. 이 세계 속에는 더 이상 어떤 신도 존재하지 않아서 인간이 가장 위대합니다. 인간이 신을 믿고 복종하는 것도 중요하더라도 신이 만든 이 세계에 대해서 인간의 주권이 있는 것입니다. 사실은 신에게 주권이 있지만, 인간에게 넘어간 것이죠. 스튜어드십stewardship이라는 건데, 신이 떠나버려서 빈 집이 된 지구를 인간이 관리·감독할 권한이 있는 거지요. 그 권한에는 마치 [놀이 동산의] 자유 이용권 같은 것도 포함되어 있어서 비계가 많은 고래를 잡아 양초를 만들어도 되고, 석탄을 캐도 됩니다……. 그런 일은 오직 그리스도교 신자밖에 할 수 없는 겁니다.

신이 세계를 만들었으나, 그 뒤에는 그저 사물에 지나지 않습니다. 단지 사물인 세계의 중심에서, 인간이 이성을 갖고 있는 것입니다. 이런 인식에서 자연과학이 시작되는 것입니다. 사실 이런 인식 자체가 좀처럼 성립하지 않습니다. 그래서 그리스도교 신자, 그것도 특히 경건한 그리스도교 신자가 우수한 자연과학자가 되는 것입니다. 우수한 불교 신자나 우수한 유교의 관료 등은 자연에 흥미를 가졌다고 해도 자연과학자가 되지 않습니다.

**오사와** 머리가 좋다고 다 과학자가 되는 게 아니니까요.

**하시즈메** 전혀 다릅니다. 과학자가 되는 것과 머리가 좋은 건 별개죠.

**오사와** 삶의 스타일이나 어떤 사고방식을 갖고 사는지가 중요하지요.

**하시즈메** 맞습니다.

**오사와** 기본적인 것으로는 충분하다고 생각되지만, 좀 더 질문해도 될까요.

지금 일신교적인 세계관과 자연과학의 태도가 어떤 관계인지 설명하셨는데요. 하지만 일신교에는 유대교에서 시작해서 그리스도교, 이슬람교가 있습니다. 그럼 왜 유대교와 이슬람교에서는 체계적인 자연과학이 생겨나지 않았을까요? 방금도 잠깐 이야기했지만, 중세에 해당하는 시기의 이슬람 문화는 상당히 선진적이며, 현대 자연과학과 관련되는 지식이라는 점에서 연금술 같은 지식도 있었습니다. 이런 점에서 보면 유럽보다도 훨씬 앞섰기 때문에 상당히 불가사의한데요.

혹은 똑같은 그리스도교라고 해도 동방 정교가 아니라, 가톨릭에 반항하며 출현한 프로테스탄트로부터 자연과학적인 것의 사고방식이 발생했는데요. 프로테스탄트가 서유럽에서 확산되는 것과 보조를 맞추며 자연과학은 폭발적인 탄생을 이뤄낸 것입니다. 그렇다고 한다면 일신교 가운데서도 좀 더 종차種差를 둬야 하는 거 아닌가요?

하시즈메 그리스도교가 유대교, 이슬람교와 다른 점은, 말하자면 이 세상에 혼자 남겨졌다는 점입니다.

유대교, 이슬람교는 종교법(즉 세계 속의 인간에 대한, 신의 배려)이 있기 때문에 뛰어난 지식인들은 우선 이 종교법의 해명과 발전을 생각합니다. 그에 반해서 그리스도교는 종교법이 없기 때문에 어떻게 살아야 신의 뜻을 따르는 것인지 도무지 알 길이 없습니다. 그래서 매일 기도를 하거나, 신학을 배우거나, 철학이나 자연과학을 배우는 등 창의적인 노력을 하지 않으면 안 되는 겁니다. 특히 종교 개혁이 자연과학의 불씨를 당겼는데요.

프로테스탄트는 신을 절대화합니다. 신을 절대화하면 물질 세계를 앞에 둘 때 이성을 갖춘 자신을 절대화할 수 있습니다. 이성을 구사하는 자신은 신과 비슷하다고 할 수 있거든요. 이성을 통해서 신과 대화하는 방식의 하나가 바로 자연과학입니다. 수학의 경우도 데카르트와 같은 사고방식이 되고, 공리계에 따른 수학의 재구성이 시작됩니다. 정치의 경우에는 절대 왕정이나 주권 국가의 사고방식이 되고요. 이것들 모두 뿌리가 똑같습니다. 교회의 권위에 기대지 않고 자신의 이성에 의지한다는 점에서 가톨릭보다는 프로테스탄트 쪽이 이것들을 성실하게 발전시켜가기 쉬운 겁니다.

**오사와** 그렇군요.

조금 더 보충하자면, 근대적인 자연과학의 세계관과 그것 이전의 세계관을 비교할 경우에 누구나 금방 알아채는 명백한 차이점은 진리의 규준입니다. 중세의 규준은 텍스트였습니다. 아리스토텔레스가 이렇게 말했다든가, 성서에 이렇게 적혀 있다든가. 하지만 근대적인 자연과학에서는 그건 규준이 될 수 없습니다. 그래서 경험과학이라는 것이 출현하게 된 거예요. 이 차이를, 바꿔 말하자면 신의 진정한 의도가 성서를 비롯한 텍스트에 있는지, 아니면 자연 그 자체에 있는지의 차이라고 말해도 무방한 겁니다.

계속 이야기했듯이, 그리스도교의 경우에 성서가 아주 애매하기 때문이지요. 그렇다고 한다면 신이 직접 창조한 자연 쪽이 신의 의도를 더 잘 알 거라는 생각이 더욱 강해지는 것이죠. 실제로 갈릴레오 갈릴레이 ― 그는 과학 혁명 초기의 담지자라고 봐도 무방합니다 ― 가 이런 말을 한 적이 있습니다. "'아리스토텔레스주의자들은『이야기 책』에 진리가 있다고 생각하는데, 자연이야말로 정말 위대한 책입니다"라고요. 곧 자연은 성서 이상의 성서라는 겁니다.

# 13 세속적인 가치의 기원

**오사와** 아까 절반 정도만 대답하신 것 같은데요. 자연과학 이야기부터 시작했지만, 사회적·정치적인 개념에 관해서도 똑같이 이야기할 수 있는지 궁금합니다.

예를 들어 주권이나 인권, 근대적인 민주주의 등은 일반적으로 종교에서 독립한, 혹은 종교색에서 벗어난 개념이라고 보고 있습니다. 실제로 이슬람권의 어떤 나라가 이슬람교를 기반으로 한 제도나 정책을 취하면 서양을 필두로 한 나라들이 "그런 신권 정치는 안 된다. 인권이나 자유, 민주주의라는 세속적 가치를 우선시해야 한다"고 비판합니다. 곧 종교를 배척하기 위해서 이용하고 있는 거죠.

그런데 이런 종교색에서 벗어난 개념 자체가 실은 그리스도교라는 종교의 산물이 아닌가요?

**하시즈메** 맞습니다. 지금 말씀하신 주권이나 국가의 사고방식은 모두 신의 아날로지analogy[유비]입니다.

예를 들어 근대 국가는 모두 입법권을 가지고 있는데요. 신의 아날로지이기 때문입니다. 그리스도교 신자는 그리스도법이라는 게 없고, 로컬한 세속법을 따라왔습니다. 그 연장선이라고도 생각합니다.

인권도, 신이 자연법을 통해서 사람들에게 부여한 권리라는 의미가 있습니다. 신이 부여한 권리를 국가가 빼앗을 수 없으니, 그 권리를 좀 더 명확히 하여 헌법에 인권 조항을 포함시킨 것입니다. 자연법은 천지 창조와 동시에 만들어졌습니다. 그래서 네이춰(신이 만든 그대로)의 법이라고 불리는 것입니다. 그리스도교 신도들에게는 종교법이 없었기 때문에 일부러 자연법이라는 사고방식을 만들지 않으면 안 되었습니다. 세속법에 모든 것을 맡기면 그리스도교 신자의 권리를 지킬 수 없을지도 모른다고 생각했기 때문입니다.

시장 메커니즘에도, 그리스도교는 독특한 의미를 부여합니다. 그리스도교는 처음에 시장 메커니즘에 대해서 회의적이어서, 상품의 가격도 자유롭게 정할 수 없었습니다. 중세에는 저스트 프라이스just price[정당 가격]이란 게 있어서 신발은 얼마고, 빵은 얼마인지 가격은 전통적으로 정해져 있었습니다. 그것을 통해서 모든 직업들이 보호받을 수 있었습니다. 수요 공급의 관계에 가격을 맡기면 악랄한 상인이 이득을 취하는 건 불 보듯 뻔한 일이니까요. 그래서 아담 스미스가 수요 공급의 관계로 상품의 가격이 결정되는 시장 메커니즘에, "신의 보이지 않는 손"이 작동하고 있다고 이를 정당화시킨 것이 얼마나 혁명적이었는지 알 수 있습니다. 이로써 사람들에게 필요한 상품을 점점 저렴하게 생산하는 것은 바람직스러운 일이고, 근면하게 일해서 생산을 늘리는 것도 매우 바람직한 일이 되었습니다. 이 논리가 없었다면 자본주의는 성립하지 못했을 거예요.

**오사와** 맞습니다. 그리스도교가 자본주의적인 화폐 경제나 시장을 성립시키는 드라이브가 되고 있다고 하는 것도, 가만히 생각해보면 역사의 불가사의함의 하나이죠. 저는 종종 근대 자본주의가 왜 이슬람교 쪽에서 나오지 않았을까 생각합니다.

왜냐면 무함마드 자신이 상인이었거든요. 이슬람교에서는 무함마드가 신의 목소리를 들었고 그게 쿠란이 되었다고 간주하지만, 제3자의 관점에서 보자면 쿠란에는 상인에게 있어서의 정의나 공정성이 세련되게 표현된 곳들이 많이 나옵니다. 그런 의미에서 누구보다도 상인들이 쿠란을 받아들이기 쉬운 데요. 그래서 저는 이슬람교 쪽에서 자본주의가 탄생할 거라고 생각했어요. 역사는 그렇지 않았지만.

# 14 예술에 미친 영향

**오사와** 계속해서, 예술 방면은 어땠나요?

예술적 창조와 일신교는 직접적인 관계가 없다고 생각하기 쉽잖아요. 예술은 우상 숭배 쪽에 가까우니까요.

하지만 예술에 관해서도 우리들의 세계는 명백히 서양풍의 양식을 기축으로 삼고 있습니다. 물론 예술은 상당히 다양해서 여러 지역이나 문화가 각각의 독자적인 전통이나 스타일을 가지고 있습니다. 서양의 그것은 그러한 것의 하나일 수밖에 없습니다. 그러나 크게 보면 음악이나 시각적인 예술 역시 서양에서 나온 게 세계적인 스탠다드가 되고 있습니다. 이런 예술의 스타일은 그리스도교와 어떤 관계가 있다고 보시나요?

좀 더 자세히 말씀드리자면, 예를 들어 그리스도교가 찬송가나 성서의 어느 장면을 표현한 그림, 조각 등에 영향을 끼친 건 우리들도 잘 알고 있습니다. 그러나 그런 예술의 "내용"이 별도로 세계 표준이라고 할 것까진 없잖아요.

제가 궁금한 건 내용 이전의 형식이나 양식입니다. 더 구체적으로 말하자면, 회화에서의 원근법이나 음악에서의 조성調性, 평균률 등은 직접적으로 종교적인 가치를 갖고 있다고 할 수 없고, 그리스도교 그 자체보다 좀 더 참신한 것입니다. 이것들은 서양에서 만들어지고 전 세계에서 받아들여지고 있습니다. 지금까지 자연과학이나 자본주의나 인권 등의 정치적 개념에 대해서 설명한 것처럼 설명해주실 수 있나요.

**하시즈메** 그리스도교의 불가사의함은 음악, 미술 등의 예술에 지대한 영향을 끼쳤다는 점입니다. 문학에도 영향을 미치긴 했지만, 예술만큼 직접적인 건 아니에요.

우선, 음악은 그리스도교의 경우에 금지된 건 아니었습니다.

이슬람에는 종교 음악이 없어요. 금지되어 있습니다. 그래서 아잔(예배의 소리)도, 쿠란의 낭독도 우리들이 듣기에는 음악 같아도 절대로 음악이라고 간주하지 않습니다. 세속 음악이 있을 뿐, 종교는 음악에 어떤 영향도 미치지 않습니다.

그런데 그리스도교는 그 점이 모호합니다. 교회에서 음악을 사용해도 그만, 아니어도 그만입니다. 미사 때 딱히 할 게 없으니 시간 때우기 식으로 노래를 부르기로 한 거예요. 그래서 그레고리오 성가가 생긴 건데, 이는 사실 유대교의 구약성서를 낭독할 때 쓰던 곡조를 따라한 것입니다. 가사를 라틴어로 바꿨고, 그 속에 악기(오르간 등)가 교회에 들어오면서 다양한 악곡이 교회 음악으로 만들어졌던 것입니다. 유니존이나 그레고리오 성가를 폴리포니polyphony, 더욱이 화성 음악으로 변화시켰습니다. 세속 음악도 폭발적으로 발전했습니다. 바흐나 모차르트까지는 종교적인 악곡과 세속 음악을 모두 만들었습니다. 베토벤 이래로는 시민들을 위해 콘서트홀에서 심포니를 연주하기도 했습니다. 서유럽의 음악은 이렇게 교회 음악이 토대가 되어서 만들어졌습니다.

이어서 회화에 대해서 알아볼게요. 우상 숭배를 금지하던 그리스도교에 종교화가 있는 건 참 이상한 일입니다. 하지만 그리스도교 신자는 아무리 해도 성서를 읽을 수 없고, 도대체 글자를 읽을 수 없어서 그림으로밖에 보여줄 수 없었습니다. 그래서 이콘이나 성인의 상, 예수 그리스도 상이 엄청 만들어졌는데요. 프레스코화로, 교회당을 꾸미기도 했습니다. 제단화도 많이 만들어졌고요. 르네상스가 되자 풍부한 자금을 바탕으로 가톨릭 교회가 하나둘 주문하여 다빈치, 라파엘로, 미켈란젤로 같은 종교 미술의 황금 시대를 맞이하게 됩니다.

프로테스탄트는 종교 음악을 간소화하고, 회화나 쓸데없는 장식을 하지 않은 채 교회당을 텅 비게 만들었습니다. 그래서 어쩔 수 없이 프로테스탄트의 화가들은 정물화나 풍경화를 그렸습니다. 일본에서는 인상파 다음으로 세속화가 인기인데요. 고흐, 루오Georges Rouault, 달리, 샤갈도 성서를 주제로 한 작품을 남겼습니다. 이처럼 서구 회화의 본류는 어디까지나 종교화입니다.

**오사와** 말씀하신대로 서양에서는 적어도 일정 시기까지는 그림이란 것은 기본적으로 종교화를 의미했습니다. 아니면 종교화가 압도적으로 그림으로서의 격이 높다고 간주되었습니다. 종교화에는 없는 회화, 구체적으로는 풍경화나 풍속화, 정물화가 종교화보다 격이 떨어지지 않는 회화의 장르로 여겨지게 된 것 역시 16세기 무렵이지요. 그러고보니 미셸 푸코가 『말과 사물』이라는 저서 앞부분에서 벨라스케스의 「라스 메니나스(시녀들)」를 분석했는데, 이 또한 종교와는 전혀 상관없는 그림이었습니다.

음악가도 오랫동안 교회든지, 혹은 궁정에 고용되어 활동했는데요. 모차르트는 교회와도, 궁정과도 독립하여 활동한 거의 최초의 음악가입니다. 베토벤은 좀 더 독립성이 두드러진 편이었고요.

# 15 근대 철학자 칸트에게서 볼 수 있는
   그리스도교 색채

**오사와** 제가 같은 것을 계속 질문하고 있는데요. 정작 그리스도교에서 벗어났다고 볼 수 있는 지점이야말로 바로 그리스도교의 영향에 의해서 개척받은 것이잖아요. 저는 이런 역설이 그리스도교의 불가사의한 점이라고 생각합니다.

그런 역설이 드러나는 응용적인 예를 한 가지 들어볼게요. 바로 칸트인데요. 칸트는 18세기부터 19세기에 걸쳐서 살았던 인물로, 19세기 초반에 사망했기 때문에 철학자로서 활약했던 건 18세기 말이라고 볼 수 있습니다. 프랑스 혁명의 동시대인이고, 전형적인 근대 철학가라고 할 수 있죠.

최초의 근대적인 철학가로 데카르트를 꼽는 사람이 많습니다. 데카르트는 과학 혁명 시대의 철학자입니다. 그래서 데카르트에서 칸트로 향하는 선이 근대 철학이 탄생하고 성숙해가는 과정이라고 간주해도 좋을는지 모르겠습니다. 칸트 바로 다음에는 헤겔이 등장하는데요. 저 개인적으로는 헤겔은 상당히 중요한 철학자라고 생각하지만, 상당히 난해하고 해석도 이해하기 힘들어서 일단 칸트를 근대 철학을 성숙시킨 예로 들고자 합니다. 칸트도 어려운 건 마찬가지인데, 그래도 헤겔에 비하면 단연코 명쾌한 편입니다.

그런데 칸트는 상당히 엄격한 프로테스탄트였습니다. 나고 자란 가정도 엄격한 프로테스탄트였습니다. 하지만 칸트의 철학은 신이나 그리스도교를 전제로 하지 않습니다. 이 점이 중세 철학자와 칸트의 분명한 차이점이라고 할 수 있습니다. 예를 들어 토마스 아퀴나스나 마이스터 에크하르트의 논리는 신을 전제로 하지 않으면 이해하기도 힘들고, 타당성을 찾기도 어렵습니다.

그러나 칸트는 그렇지 않습니다. 칸트의 철학, 그의 인식론이나 도덕론의 타당성을 판단할 때 신의 존재를 완전히 무시해도 상관없습니다. 칸트 자신은 그리스도교 신자겠지만 칸트 철학의 설을 받아들일지 말지, 그것이 올바른 것인지 평가할 때 독자는 전혀 그리스도교 신자일 필요가 없습니다. 이 점이 칸트가 근대적이라고 평가받는 이유입니다.

곧 칸트는 신의 존재를 괄호에 넣고서 철학하고 있는 겁니다. 그럼에도 불구하고 다른 한편으로 칸트의 철학은 전체적으로 상당히 그리스도교적이라고 생각합니다.

예를 들어 칸트의 윤리학에, 정언 명법定言命法이라는 중요한 개념이 있습니다. 정언 명법이란 언제 어떤 경우에도 절대적으로 따르지 않으면 안 되는, 윤리적인 명령을 의미합니다. 정언 명법을 어떻게 해서 도출하는가. 중세의 철학자·신학자였더라면 성서에 씌어 있는지, 예수가 그렇게 말했다고 한다면 절대의 윤리적인 명령을 정당화할 수 있었지만, 칸트는 그렇지 않았습니다. 그럼 어떻게 한 걸까요.

칸트는 우선 개개인이 스스로 이렇게 행동하겠다는 원칙을 가지고 있다고 생각했습니다. 이를 "의지의 격률"이라고 하는데, 그 의지의 격률을 보편화한다면 어떻게 될지 상상해봐왔습니다. 곧 모든 사람이 똑같은 의지의 격률을 가졌다고 치면 제대로 돌아갈지 생각해본 거죠. 예를 들어 제가 "내가 하고 싶을 때 하고 싶은 말을 한다"라는 의지의 격률을 갖고 있다고 칩시다. 이것을 보편화시킬 수 있을까요. 모두가 하고 싶을 때 하고 싶은 걸 멋대로 해도 된다면 어떻게 될까요. 이 세상은 엄청난 혼란에 빠질 것이고 원만하게 흘러가지 않겠죠. 자기 마음대로 하고 싶은 말을 막 한다면 대화도 안 될 겁니다. 그래서 "하고 싶을 때 하고 싶은 말을 한다"라는 격률은 정언 명법이 될 수 없습니다. 곧 "보편화"의 테스트에 합격한 격률만이 정언 명법이 될 수 있다는 게 칸트의 논리입니다.

이런 윤리학의 설이 정의의 이론으로 타당한지 여부를 생각해볼 때 그리스도교든, 다른 종교든 신앙을 전제로 삼을 필요는 없습니다. 그리스도교 신자가 아니어도 이게 타당한지 여부를 판단할 수 있으니까요.

그러나 동시에 이 정언 명법이라는 건 칸트식의 이웃 사랑이라고 생각합니다. 그리스도가 설파한 이웃 사랑을, 칸트 방식으로 철학적으로 정당화하고 있다고 볼 수 있습니다. 의지의 격률을 보편화한다는 것은 모든 사람을 인격으로 존중한다는 것과 마찬가지입니다. 칸트는 타인을, 자신의 도구나 수단으로(만) 취급하는 것을 상당히 나쁜 짓이라고 생각했습니다. 어떤 사람이든 상대가 나쁜 녀석이든, 죄가 많은 녀석이든 독립적인 인격으로서 존중하지 않으면 안 됩니다. 그게 정언 명법의 핵[심]입니다. 이렇게 생각하면 정언 명법은 그리스도교적인 이웃 사랑을 칸트식으로 재해석한 것이라는 걸 알 수 있습니다.

제가 말하고 싶은 건, 칸트는 철학을 할 때 종교를 완전히 괄호에 넣어버린다고 하는 겁니다. 신의 존재에 대한 판단을 정지하고 있습니다. 그럼에도 불구하고 그의 결론은 매우 그리스도교적이라는 거죠.

그러니 여기에도 그리스도교적인 특징이 드러나는 것입니다. 바로 그리스도교에서 벗어난 것처럼 보이는 부분에서, 실은 가장 강한 영향력이 나타나고 있다고 하는 역설입니다.

보통 세속화라고 하면 종교의 영향력을 벗어난다는 걸 의미합니다. 하지만 그리스도교는 세속화에서 가장 큰 영향을 미친다고 하는 구조가 되고 있다는 이야기죠. 다른 종교에는 이런 게 없지 않나요?

**하시즈메** 가만히 이야기를 듣다보니 정말 흥미진진하네요.

오사와 씨 말씀대로 칸트는 그런 면이 있습니다. 한편 헤겔의 변증법은 좀 더 그리스도교 논리를 차용하고 있습니다. 삼위일체설을 깔고 들어가니까요. 독일어에는 재귀동사라는 게 있는데요. "스스로를 **한다"처럼 자동사도 타동

사도 아닌 제3의 동사인데, 이 동사의 용법이 변증법의 논리와 비슷합니다. 루터의 독일어 성서 번역이 이 조합을 만들었다고 치면 헤겔도, 마르크스도 그 영향 속에서 활동했다고 할 수 있습니다.

마르크스주의를 움직이고 있는 건 바로 이 변증법입니다. 마르크스주의는 유물론을 표방하기 때문에 언뜻 보면 그리스도교와 전혀 관계가 없는 셈이지만, 제가 봤을 땐 신이 없을 뿐 거의 그리스도교와 똑같습니다. 교회 대신에 공산당이 있습니다. 공산당은 가톨릭 교회처럼 하나가 아니면 안 되는 겁니다. 이는 세계 전체가 역사 법칙으로 관철되어 있기 때문입니다. 이윽고 도래할 세계 혁명은 종말과 상당히 비슷합니다. 프롤레타리아트/부르주아지라는 이분법도 구제를 받는 자/그렇지 못한 자, 의 분할선인 겁니다. 이미 전체가 그리스도교의 부품 장치로 만들어지고 있지요. 이런 식으로, 예를 들어 마르크스주의를 만들어내버린 것은 그리스도교의 중요한 성질 중의 하나라고 생각합니다.

**오사와** 저도 그렇게 생각합니다.

**하시즈메** 일본인들은 그다지 그리스도교를 받아들이지 않습니다, 일본인들은 그다지 마르크스주의를 수용하지 않습니다. 인원수는 어쨌든간에, 대체로 비슷하다고 생각합니다.

**오사와** 마르크스주의자는 그리스도교 신자 이상으로, 누구라고 특정하기가 어렵죠(웃음).

**하시즈메** 하지만 일본공산당이나 혁마르革Mar파[혁명적 마르크스주의파라는 의미로 일본 학생 운동 세력의 하나. 중핵파와 경쟁 관계에 있다. — 옮긴이], 중핵파[1963년 학생 운동 단체 '혁명적 공산주의자 동맹'에서 분리된 극좌파 세력으로, 테러 실행 그룹을 만들어 폭탄 설치 및 방화 등을 계획하기도 했다. — 옮긴이] 등의 추산할 수 있는 집단도 있어요. 그리고 동조자라고 해야 하나, 세례를 받은 건 아니지만 교회를 가는 것처럼 당원이 아니더라도 캄파니아[조직적인 대중 투쟁]에는 참여하는 주변층도 있습니다. 하지만 일반인들로의 확산은 매우 한정적이지요. 이 점도 크리스찬과 비슷하네요.

하지만 일본인은 마르크스주의를 받아들이지 않았지만 중국인들은 받아들였습니다. 일본보다도 인원수도 훨씬 많고요. 그런데도 최근에 그리스도교를 대대적으로 받아들이고 있어서 도시, 농촌 가릴 것 없이 가정 교회가 확산되고 있습니다. 한반도는 북반부가 마르크스주의를 받아들이고 있고, 남반부는 그리스도교를 받아들였습니다. 마르크스주의와 그리스도교를 함께 생각하면 일본인들은 어느 쪽도 수용하지 않았다는 특징이 있습니다.

**오사와** 확실하게 마르크스주의는 그리스도교적 종말론과 비슷한 구성, 어딘가 신학적인 구성을 갖고 있습니다. 일반적으로 마르크스가 "종교는 아편이다"라고 말해서 마르크스주의와 종교가 적대적이라고 생각하는데, 사실 마르크스주의 그 자체가 종교였다는 부분도 한몫 한다고 봐요. 예를 들어 소련 시대에 동방 정교는 상당한 피해를 입었는데, 그건 거꾸로 말하자면 마르크스주의가 있었기 때문에 마침 잘된 일일지도 모르겠네요. 정교가 사라진 자리에 전혀 다른 게 아닌, 똑같은 게 들어왔다고 생각할 수도 있고요.

헤겔에 대해서 말씀드리자면, 헤겔 자신이 본래는 신학자였기 때문에 신학의 논리를 추상화시켜 나가면 변증법 같은 게 되는 거지요.

# 16 무신론자는 정말 무신론자인가?

**오사와** 이런 생각을 하다보면 과연 무신론이란 무엇일까 생각하게 됩니다. "당신은 신을 믿습니까"라는 질문에 "저는 믿지 않습니다"라고 대답한다고 해서 그 사람을 무신론자라고 볼 수 있을까요?

왜냐면 지금 보셨듯이, 칸트의 정언 명법은 신에 대해서 한 마디도 언급하지 않지만 상당히 그리스도교적입니다. 마르크스주의는 큰 소리로 무신론이라고 주장하지만, 마르크스주의의 세계관이나 역사관은 구석구석까지 그리스도교의 종말론의 재현입니다. 그래서 스스로가 무신론자라고 생각하는 것과 실제로 무신론인 것은 다른 게 아닐까 싶은데요. 신을 믿지 않는다고 믿고 있는 것과, 실제로 믿지 않는 건 별개가 아닐까요. 그렇게 생각하면 무신론이란 무엇인지가 굉장히 어려운 문제가 됩니다.

하시즈메 씨는 종교사회학에 대해서 책을 쓰시면서, 종교란 무엇인지에 대해서 추상적인 정의를 내리고 있습니다. 종교란 행동에 있어서 그 이상의 근거를 갖지 않는 것을 전제로 한다고. 이렇게 독특하고, 증명되지 않은 전제 같은 것을 두고서 행동의 전제로 삼습니다. 이렇게 폭 넓게 종교를 파악하면 진정한 의미에서의 무종교나 무신론이란 건 거의 존재하지 않는 게 아닌가 하는 생각이 듭니다.

예를 들어 대부분의 일본인은 적어도 일신교의 신을 전제로 삼지는 않는다고 하지만, 별도의 의미에서 보면 행동의 전제로 삼기도 합니다. 야마모토 시치헤이山本七平 씨는 예전에 이를 두고서 "일본교"라고 표현하기도 했습니다.

**하시즈메** 일본인이 생각하는 무신론은 신에게 지배당하고 싶지 않다라는 감정인 겁니다. "종교에 빠지면 무섭다"는 생각이 대부분일 겁니다. 이는 대다수 사람들의 공통 감각이기 때문에, 만약 이를 무신론이라고 지칭한다면 일본인들은 무신론을 매우 반길 거예요.

하지만 이것은 일신교가 상정하는 무신론과는 상당히 다릅니다.

일본인이 신에게 지배당하고 싶지 않다는 건 그만큼 자신의 주체성을 뺏기기 때문입니다. 일본인들은 주체성을 좋아하기 때문에 노력하는 것을 즐기고 그런 노력을 통해 더 좋은 결과를 실현하고자 합니다. 그래서 노력을 하지 않는 게으른 사람을 매우 싫어해서 신에게 모든 것을 맡기는 것도 싫어합니다. 이처럼 생각하지요. 따라서 신이 많은 것도 이런 이유인데요. 신이 많으면 많을수록 신 하나의 세력은 어느 정도 분산됩니다. 그러니 인간의 주체성이 발휘되기 쉬운 거예요.

**오사와** 막 생각이 났는데요, 일본 사회는, 일신교적 관점에서 보면 우상밖에 없는 상태지요. 그런 의미에서 말하자면, 일본인은 무신론자라고 말하면 무신론자가 아닐수도 있겠네요…….

**하시즈메** 일본의 신토神道가 신의 상을 만들지 않았다는 점은 그리스도교 입장에서 봤을 때 흥미롭게 느껴질 겁니다. 상을 만들지 않은 이유는 상이 있으면 숭배하지 않으면 안 되기 때문입니다. 그건 지배당한다고 하는 것이어서 싫어했다고 합니다. 그래서 신의 상이 없는 거예요. 불교는 불상을 만들었죠. 하지만 이상한 게 아닙니다. 오히려 이제 중국에서는 불상이 없으면 말이 되지 않습니다. 그래도 잘 들어보면 불상은 그다지 중요한 게 아닙니다. 부처의 깨달음이 더 중요하지요. 그걸로 됐다, 안심해라, 모시고 있는 것 같지만 사실 모시고 있지 않다…….

**오사와** 그렇다고 한다면 흥미롭네요. 일신교의 사람들과 일본의 신토가 정반대의 이유로 상을 만들지 않는 거지요. 일신교에서는 정말 신을 잘 모시고 싶어서, 진짜 신만을 따르기 위해서 − 바꿔 말하자면 가짜를 따르지 않기 위해서 − 상을 금지했습니다. 하지만 신토는 숭배하여 따르는 게 싫어서 상을 만들지 않았습니다. 한편에는 진심으로 신을 따르기 위해 [우]상을 만들지 않은 사람들과 다른 편에서는 가능한 한 신을 따르지 않기 위해 상을 만들지 않은 사람들이 있습니다.

# 17 그리스도교 문명의 행방

**오사와** 지금까지 근대 사회의 가장 바탕이 되는 제도, 아이디어, 태도가 언뜻 그리스도교에서 벗어난 것 같아 보이지만, 얼마나 깊게 그리스도교적인 전제 속에서 만들어졌는지를 확인해봤습니다.

바꿔 말하자면, 우리들이 평소에 자각하고 있는지 여부와는 별개로, 그리스도교적인 세계관이 깊이 침투한 사회를 만들어내고 있는 것입니다.

마지막으로 그리스도교의 영향을 받고 있는 이 사회가 어떻게 흘러갈지 듣고 싶은데요.

글로벌화 속에서 그리스도교적인 전통을 기반으로 하는 서양 문명과 다른 배경에 놓인 문명, 예를 들어 이슬람이나 중국도 그렇지만, 일본 – 헌팅턴의 『문명의 충돌』에서는 일본을 일단 하나의 문명으로 카운트되고 있지만 – 등의 서로 다른 문명과 조우하고, 경우에 따라서는 충돌하는 게 곧잘 문제가 될 수 있습니다.

이런 상황 속에서 그리스도교에서 유래한 근대 문명은 앞으로 어떻게 될까요. 그리스도교 논리를 더욱 철저화해서 관철해나갈 것인지, 아니면 다른 문명과의 만남이나 충돌을 통해서 상대화되면서 뿌리를 바꿔나갈 것인지. 하시즈메 씨는 어떤 전망을 갖고 계시나요?

**하시즈메** 그리스도교 세계와 다른 세계가 몇 개 있는데요. 크게 이슬람 세계, 힌두 세계, 중국 세계를 꼽을 수 있습니다. 각각 고유한 논리를 가지고 있어서 간단히 바뀔 수 없다고 생각합니다. 각각 전통적인 에토스가 있기 때문이지요. 단 유럽-아메리카 연합(그리스도교 문명)이 사실상의 표준de facto standard이기 때문에 지금은 다들 이에 맞춰 살고 있습니다.

그 결과 중국과 인도는 최근에는 자본주의 모드에 돌입했습니다. 중국은 상당한 성공을 이뤄냈습니다. 인도도 나름대로 성공을 맛보았고요. 뒤처지고 있는 건 이슬람인데요. 이슬람은 제조업이 형편없는데, 딱히 물건을 만드는 데 힘을 쏟고 있지 않습니다. 그게 바로 이유입니다. 반면 일본인은 물건을 만드는 데 엄청 공을 들이고 있습니다.

**오사와** 분명히 생각해보면, 이슬람은 제조업의 이미지가 전혀 없네요. 그건 어째서입니까?

**하시즈메** 우선 이슬람 쪽은 상업에 뛰어난 재능이 있잖아요.

**오사와** 그거야말로 우상 숭배의 금지와 관련이 있지 않을까요?

**하시즈메** 일본인이 물건을 만드는 데 장기가 있는 건 애니미즘과도 관계가 있어서 로봇에도 전혀 거부감이 없는 거예요. 물건에도 영혼 같은 게 깃들어 있다고 생각해서 로봇

에 "모모에쨩"이라는 이름을 붙여서 공존하고 있습니다. 중
국이나 인도는 이렇게까지 제조업에 힘을 쏟지 않거든요.
물건을 만드는 사람보다도 무엇인가 생각하는 사람들이 더
대접받는 나라이기에 물건을 만드는 사람의 사회적 지위가
그렇게 높지 않습니다. 그래도 제조업 자체를 싫어하거나
그런 건 아니고요. 일본이 물건을 만드는 사람의 사회적 평
가가 가장 높다고 생각합니다.

그에 반해서 이슬람의 제조업은 기술이 매우 부족하고
사람들의 인식도 그리 좋지 않다고 생각합니다. 정확한 이
유는 모르겠지만, 쿠란이 문학적으로 너무 완벽하기 때문
에 쿠란의 정신 세계가 매력적으로 느껴진 게 아닌가 싶은
데요. 따라서 쿠란에서 촉발된 문학 등은 굉장히 우수합니
다. 그래서 쿠란에 기초한 법학도 완성도가 높고요. 정치,
비즈니스, 상업도 우수합니다. 하지만 제조업은 아닙니다.
쿠란이 묘사하는 것은 철저한 일신교의 세계이기 때문에
물건에 영혼이 있다고 생각할 여지가 없는 것이지요.

**오사와** 일본의 제조업이 뛰어난 이유는 하시즈메 씨가 말
씀하신대로라고 생각합니다. 완벽한 물건을 만들려고 하는
일본의 장인이나 기술자의 정열은 정말 대단하죠. 물건에
영혼이 있어서, 단지 물건 그 이상의 것이라 여기며 기술을
극단적으로 발전시켜온 느낌입니다. 이런 식으로 제조업에
대한 맹렬한 정진, 오타쿠적이라고 말해도 무방할 만큼 극
렬하게 나아간 것은 일본인의 세상과의 관련방식을 이해하

는 것과 어느 정도 관련이 있는 것 같습니다.

　이슬람 또한 우상 숭배 금지의 영향이 있었던 것 같은데요. 좋은 물건을 만들 수 있어서 다행이라고 생각하는 것 자체가 일신교 입장에서 보면 신을 모독하는 행위로 간주될 수 있습니다. 그래서 제조업에 열을 올린다는 건 이슬람 정신을 벗어난 것이 됩니다.

　힌두교와 유교는 그렇게까지 나아가지 않지만, 말씀하신 대로 무언가 만드는 것보다 생각하는 쪽이 더 대단하다고 여기는 경향이 있습니다.

**하시즈메** 근대화를 위해서는 무엇보다 법률을 제정하는 게 필요합니다. 일본인은 이에 크게 저항하지 않았습니다. 서로 의견을 나눈다면 그게 룰이 된다고 하는 전통이 있어서 뭐든지 법률이 되어버렸습니다. 하지만 일신교와는 상관이 없기 때문에 인간의 입장을 우선합니다.

　우선 서로 의견을 나누는 걸 상당히 중요시하여 이 과정이 없으면 반발심이 생깁니다. 일본인은 자신들이 동의하지 않은 법률을 따를 필요가 없다고 가슴 속에 생각하고 있습니다. 물론 헌법은 인정합니다. 국회는 법률을 만드는 게 일이니 새로운 법률을 만드는 걸 막을 수 없지만, 국회를 제외한 다른 기관이나 기업들은 되도록 자기들에게 피해가 가는 법을 만들지 말아줬으면 하는 겁니다. 이는 행정 기관도 마찬가지인데요. 가스미가세키霞ヶ關[도쿄도 지요다구 남부에 위치한 지역으로 후생노동성, 문부과학성, 경제산

업성, 환경성, 법무성, 총무성, 국토교통성, 외무성, 국세청 등 거의 모든 일본의 중앙 행정 기관 및 부속 기관이 들어서 있다. ─ 옮긴이는 가스미가세키대로, 국회와 별개로 자기 나름대로의 룰을 만들고 싶다는 생각을 하게 됩니다. 자기 들이 룰(법률이라 하지 않고사 조례, 행정 명령 등의 이름을 붙 입니다)을 만드는 걸 방해하지 말고서 가만히 맡겨주길 바 란다는 거예요. 그러니 현장에서는 가스미가세키가 주제넘 게 행동하지 말았으면 하는 의견도 나오는 거고요. 이런 식 으로 일본은 룰로 가득 차 있습니다. 끊임없이 새로 생기고 없어지고 하는 거예요. 이는 법의 지배와는 상당히 다른 겁 니다. 법의 지배에 반대한다는 의미가 아니라, 법의 지배를 잘 알지 못한다는 겁니다. 이렇게 법의 지배를 실행할 수 없 는 게 일본의 특징입니다.

중국인도 룰을 만드는 데 전혀 저항이 없습니다. 예전부 터 인간이 법을 만들어온 겁니다. 개혁 개방이나 자본주의 가 어느 정도 들어오면서 기꺼이 많은 법률을 만들었는데, 여기에도 비슷한 문제가 있어서 뭐든지 중앙에서 결정하는 걸 반기지 않는 로컬 주권의 현상이 있습니다. 하지만 큰 문 제는 아니었습니다.

이와 마찬가지로 인도 또한 의회도 있고, 민주주의도 비 교적 잘 정착하여 자유롭게 법률을 만들고 있습니다.

법률 제정에 가장 저항하는 건 이슬람입니다. 왜냐면 이 슬람법이 너무 뛰어나기 때문입니다. 그래서 이슬람법에

저촉되는 법률을 만들기 위해서는 변명 아닌 변명을 해야 하고, 이슬람권 나라 중 의회가 있는 나라도, 없는 나라도 있습니다. 사우디아라비아처럼 처음부터 민주주의도 없던 나라도 있고요. 이슬람법과 근대화에 필요한 의회의 입법 행위의 관계가 제대로 정리되지 않은 것입니다.

또 하나, 근대화의 원동력인, 시장 경제에 대해서는 어떨까요? 시장은 자본이나 노동 등의 자원을 가장 효율적이고 빠르게 필요한 부분에 배치하는 메커니즘입니다. 근대화에서 시장을 빼놓을 수는 없죠.

이슬람은 비교적 시장 경제에 어울리는 편입니다. 무함마드가 상인이었거든요. 문제는 이슬람법이 이자를 금지하는지라, 이런 이슬람법을 따르자는 원칙주의자들이 있어서 페르시아만 연안 쪽 나라들은 이슬람 무이자 은행을 많이 설립했습니다.

인도는 카스트 제도가 있어서 노동력 시장이 완전히 개방된 편이 아닙니다. 노동력 시장이 개방되지 않으면 제조업을 발전시키려고 해도 제조업에 종사하는 사람이 없어서 문제가 됩니다. 그래도 IT업계는 문제가 없어서 포스트 공업화 시대에 접어들자 인도는 계속 발전하고 있습니다.

중국은 시장 자체는 괜찮지만, 아직 정치가 개방되어 있지 않아서 정치와 시장 경제가 완전히 분리되지 않았습니다. 그래서 엄청난 수의 농민들이 호적(호구)에 따라서 이동의 자유를 제한당하고 있고, 대등한 입장에서 시장 경제에 참여할 수 없습니다. 이런 문제들의 해결하기 위해 앞으로 수십 년이 걸리기 때문에 그동안은 완전한 시장 경제라고 할 수 없습니다. "사회주의 시장 경제'"라는 이름의, 중국 공산당이 관리하는 세상에 불가사의한 시장 경제입니다. 중국 공산당이 관리하는 동안에는 사적 소유권을 승인할 수 없는데요. 소유권이 절대로 없는 시장 경제는 실은 시장 경제가 아닌 거죠. 이런 기묘한 상태로 글로벌 경제에 참여하여 압도적인 존재감을 나타내고 있습니다.

이런 기묘한 상태로 글로벌 경제는 진행되고 있어서, 이 현실을 유럽-아메리카 연합은 승인할 수밖에 없었습니다. 승인한다는 것은 거기로부터 영향을 받는다는 이야기가 됩니다. 그리스도교 문명이 비그리스도교 문명의 룰을 승인해서 거기로부터 영향을 받을 수밖에 없게 되었다는 겁니다.

이건 19세기의 식민지 시대와는 전혀 다른 상황입니다. 식민지 시대에는 그리스도교 문명이 글로벌 룰이다, 뭐 불만 있냐는 식으로 밀어붙였습니다. 그리고 식민지 정책에 지장을 주지 않는다면 "너희들만의 로컬 룰을 만든 거 자체는 신경 쓰지 않는다. 그런데 그만큼 근대화가 늦어질 수도 있어"라는 태도를 취합니다. 이중 기준이라는 거죠.

이제는 이런 이중 기준의 경계가 모호해지면서 진짜 승부가 펼쳐지게 된 겁니다. 중국 기업이 IBM의 PC 부문을 사거나, 중국이 아메리카 국채를 대량 취득하거나, 유럽의 재정 파탄국의 국채를 사들이고 있습니다. 앞으로 일본이나 아메리카의 기업들이 점점 중국 기업에 매수될 거라 봅니다. 정신차리고보니 어느새 중국인 상사를 모시게 되는 거지요. 이렇게 되면 중국인의 사고방식에 그리스도교 신자들이 영향을 받아갑니다. 이런 새로운 국면이 21세기에의 기조가 될 것입니다.

오사와  그렇군요.

이야기를 듣고서 여러 면에서 이슬람이 뒤쳐진다는 생각을 했습니다. 하지만 생각해보면 이슬람은 그리스도교와 가장 가깝잖아요. 중국이나 인도에 비하면 훨씬요.

하시즈메  그런데도 상대적으로 뒤처졌죠.

오사와  네. 그리스도교와 가까운 만큼 이건 아니다 싶은데요.

하시즈메  이슬람교 나라의 과학 기술자들이 모인 국제 회의에 참석한 적이 있습니다. 거기에서 세계 주요 나라가 과학 기술의 연구 개발(R&D)에 얼마나 투자하는지 수치화한 걸 본 적이 있는데, 이슬람 나라들이 가장 낮았어요. 이공계 대학도 상당히 적고요. 이공계 대학을 나와도 취업할 곳이 별로 없다더군요. 제조업이 없어서.

오사와  그렇습니까. 기술자나 제조업과 관련된 계층의 "위신"이 별로 높지 않나 보네요.

하시즈메  그 대신에 아메리카의 전투기 같은 걸 사들인다고 해요. 이웃 나라가 공격해오면 큰일이니 최신형보다 조금 이전에 나온 걸 매우 비싸게 사들이는 겁니다. 장기적인 국가 플랜 같은 건 없어 보이더라고요.

**오사와** 그래도 이슬람권에는 석유가 나오잖아요……. 자기네들이 그 석유를 사용해서 무엇인가 만들면 좋을 텐데, 무슨 이유에서인지 석유는 수출하기로 한 겁니다.

**하시즈메** 오일 머니가 쌓이잖아요? 일본인이라면 우선, 그 오일 머니로 자기 나라의 산업을 만들려고 생각을 할 텐데, 이슬람에는 반드시 "자국"이라는 발상이 없는 거예요. 자신들은 왕의 일족뿐인 거예요. 그래서 우선 사치도 하고, 아이들을 외국으로 유학보내고, 스위스 은행에 저금을 하고, 남은 돈은 구미에 투자하는 겁니다. 우상 숭배를 긍정적으로 보지 않으니 영화 산업에는 투자하지 않는 것 같고, 그 밖에는 그래도 투자를 하는 편입니다.

**오사와** 조금 아깝다는 생각도 드네요.

어쨌든 이렇게 세계 각지의 국민이나 민족의 행동양식이나 태도를 조금 엿보는 것만으로도 다양한 종교, 특히 세계 종교의 영향이 상당했다는 것을 알 수 있네요.

이른바 글로벌리제이션이란 건, 우리들이 이제까지 논해온 "불가사의한 그리스도교"에서 유래하는 서양 문명이, 그것과는 전혀 다른 종교적인 전통을 이어온 문명이나 문화와 종래와는 다른 깊은 레벨에서 교류, 융합을 이뤄낸다는 것입니다.

여기서 이제까지의 서양화와 다른 것은 "서양"에서 유래하는 "근대"에도 한계나 문제가 있다는 것이 서양 자신에 의해서도, 그 외부에 있어서 서양을 받아들여온 사람들에 의해서도 명확히 자각되지 못했다고 생각합니다. 환경 문제나 에너지 문제, 혹은 민족이나 종교 사이의 심각한 분쟁이나 전쟁, 혹은 자본주의가 만들어낸 격차의 문제에 대해서도 서양=근대의 한계를 드러내고 있습니다. 그래서 "포스트" 근대라는 말도 생긴 것입니다.

이런 가운데 그리스도교가 뒷받침해온 문명이 어떻게 변해갈 것인가. 혹은 어떻게 스스로 뛰어넘지 않으면 안 될 것인지. 그게 다음 주제입니다.

긴 시간 저의 도발적인 질의에 함께 해주셔서 정말 감사합니다. 3회에 걸쳐서 여러 이야기를 나눴기 때문에 이 책만 읽어도 그리스도교에 대해서 많은 부분을 이해할 수 있지 않을까 싶은데요. 적어도 당연히 아는 줄 알았는데 사실은 잘 몰랐다는 걸 알 수 있을 거예요.

그리스도교의 임팩트가 좋은 영향을 미쳤는지 나쁜 영향을 미쳤는지 판단하는 건 차치하더라도 얼마나 큰 영향을 끼쳤는지, 그리고 그리스도교의 논리가 시간이 흐를수록 얼마나 굴절되었는지 이 책을 통해 알게 된다면 정말 기쁠 것 같습니다.

왜 일본인은 그리스도교를 이해하지 않으면 안 되는가. 그리스도교를 이해하면 어떤 일이 일어날까.

이런 느낌이 아닐까요.

아주 오랜 옛날, 어떤 마을에 가족 일곱 명이 살고 있었습니다. 부모와 다섯 형제는 "전후 일본"이라는 문패를 달고 살았습니다.

5형제의 이름은 "일본국 헌법", "민주주의", "시장 경제", "과학 기술", "문화 예술"로, 매우 착한 아이들이었습니다.

그런데 어느날 다섯 명 모두 양자라는 사실이 밝혀졌습니다. "그리스도교"라는 이웃집에서 데려온 아이들이었던 거예요.

어쩐지 자기들도 이상하다는 생각을 가끔 했었어요. 그래서 형제들은 서로 이야기를 나눈 뒤에 "그리스도교" 집에 찾아가기로 했어요. 진짜 부모님을 만나서 자신들이 어떻게 태어났는지, 그리고 어떻게 자랐고 교육받았는지 들었어요. 잊고 지냈던 자신들의 뿌리를 알게 되면 좀더 착실하게 살 수 있을 것 같았거든요…….

오사와 마사치 씨는 저와 마찬가지로 사회학자이지만, 철학에도 조예가 깊으신 분입니다. 유럽 근현대 사상의 본질을 파악하고, 이를 바탕으로 현대 사회를 분석하고 있습니다. 그런 오사와 씨가 역시 그리스도교야라고 합니다. 그리스도교에 대한 이해가 없으면 유럽 근현대 사상의 본질을 알 수 없습니다. 현대 사회도 알 수 없고요. 저는 일본인이 우선 공부해야 할 것은 그리스도교가 아닐까 하는 생각을 했습니다.

서점에 가면 그리스도교 입문서는 산더미처럼 쌓여 있습니다. 하지만 별로 도움이 안 되죠. "신앙의 입장"은 뒤로 숨긴 채, 어쩐지 강요하는 듯이 아무렇지 않게 이야기를 풀어나갑니다. 아니면 이 정도는 쉽지 하며 성서학 수준의 지식을 가르치려 합니다. 사람들이 가장 알고 싶어하는 중요한 핵심은 없는 채 말이에요. 근본적인 의문은 싹 피하는 거예요.

그래서 오사와 씨와 이런 이야기를 하면서 대담을 실현시킬 수 있었습니다. 서로 이야기를 주고받으며 보통 그리스도 신자라면 감히 말할 수 없었던 화제도 끌어냈습니다. "신앙의 입장"을 존중하면서도 자유롭게 들락거리며 "사회학적인" 논의를 나눴습니다. 분명 재미있는 책이 될 거라고 확신합니다. 왜냐면 저희들이 정말 재미있게 대담을 나눴거든요.

이번 대담 녹음본을 책으로 편집하셨던 가와지 호세이川治豊成 씨께 정말 많은 신세를 졌습니다. 진행이 늦어져서 여러 모로 심려 끼쳐드렸습니다. 항상 저희를 서포트해주신 겐다이신쇼現代新書 오카모토 히로치카岡本浩睦 출판부장님께도 감사의 말씀을 드립니다.

이 책으로 인해 일본에 살고 있는 사람들이 그리스도교와 보다 좋은 관계를 만들어가는 데 일조할 수 있다면 그보다 행복한 일은 없을 겁니다.

2011년 4월 24일 부활절에
하시즈메 다이사부로